LA CABRA QUE ENCONTRÓ A RAMSÉS II

Gonzalo Gómez García

LA CABRA QUE ENCONTRÓ A RAMSÉS II

Y otras historias del azar arqueológico en Egipto

la esfera de los libros

Primera edición: enero de 2026

© Gonzalo Gómez García, 2026
© Del prólogo: Nacho Ares, 2026
© Del epílogo: Antonio J. Morales Rondán, 2026
© La Esfera de los Libros, S. L., 2026
Avenida de San Luis, 25
28033 Madrid
Tel. 91 443 50 00
www.esferalibros.com

ISBN: 978-84-1094-203-5
Depósito legal: M-23247-2025
Fotocomposición: Creative XML, S. L. U.
Impresión y encuadernación: Huertas
Impreso en España-*Printed in Spain*

ÍNDICE

A los que me acompañaron: Fernando Yagüe, Carlos Aladro, Ahmed Ragab, Luisma Llorente y Jesús Mena.

A mis hijos: Vera, Mauro y Gael.

Y a Susi Pazos «Hazel», por la luz que abre caminos.

AGRADECIMIENTOS

A dos personas de referencia en el mundo egiptológico, Nacho Ares y Antonio J. Morales, pues he aprendido y aprendo tanto, no solo sobre Egipto, sino de vuestra categoría humana. A Alfredo Alvar, maestro, y a César Cervera, de La Esfera de los Libros. A Ali Kamel y al gran equipo de Tawy Tours por hacer posible lo imposible en cada viaje. A mi madre y a mi hermano Fernando, especialmente. A José Antonio, quien seguro estará en la barca solar de Ra disfrutando como un niño.

«Entre otros pueblos, algunos son extremadamente avaros y esconden sus riquezas en sus propias casas; por ello se dice que a veces los campesinos, al cavar la tierra, encuentran antiguos tesoros que ciertos hombres de antaño ocultaron en tumbas. Pues esto ocurre a menudo también en la tierra de los griegos, y especialmente en Egipto, porque la tierra ha estado habitada ininterrumpidamente desde hace mucho tiempo y debido a la riqueza de los antiguos».

Diodoro SÍCULO, *Biblioteca histórica* I.63.6-8

Prólogo

AL AZAR, LA PATA Y LA PIRÁMIDE

La realidad siempre supera la ficción. En este libro tenemos la prueba más evidente de tal hecho. Tienen entre sus manos un libro que no va de grandes expediciones perfectamente planificadas (aunque a veces sí), ni de sesudas excavaciones con organización milimétrica. No. Este libro es una oda al bendito azar, a la casualidad más torpe, y a esos momentos en la historia de la arqueología donde la suerte y, a menudo, una pata descuidada han hecho de las suyas.

Porque, admitámoslo, a veces los grandes descubrimientos no son fruto del genio, sino de que un burro o un caballo, cansado de tanto caminar bajo el sol abrasador, decide que es buen momento para que su pezuña se hunda unos centímetros más de lo normal en la arena. Y ¡*voilà*! Justo debajo no hay más arena, sino un escalón de piedra, o el borde de un muro, o, con más suerte todavía, la boca sellada de una tumba que llevaba miles de años esperando ser molestada.

Egipto es un país propicio para ello. Incluso a mí que no me considero equino, aunque seguramente alguno sí lo ha pensado, me ha sucedido que, andando por la orilla oeste de Luxor so-

bre los caminos que recorren la montaña Tebana, a mis pies se
ha abierto un agujero. Fue un día de febrero después de comer
aprovechando que no había nadie visitando la zona de Qurnet
el Muray. Tuve que dar un paso atrás debido al tamaño que iba
adquiriendo el agujero, convertido en boca que cada vez se tragaba más arena. ¿Qué pasó después? Se preguntarán ustedes. Pues
lo de siempre. Una nueva tumba, aunque ya conocida, como los
grandes hallazgos que vamos a ver en este libro.

La historia de la arqueología está repleta de momentos casuales. Historias en las que un protagonista descubre de forma
absolutamente inesperada, normalmente gracias a la ayuda de un
animal, un gran descubrimiento arqueológico. Como egiptólogo,
o egiptoloco, conozco en el valle del Nilo al menos un puñado
de esos hallazgos casuales. Siempre hay cabras, caballos o burros
por medio. Lo curioso es que, aunque pensemos que esto podría
ser un añadido literario para dar más emotividad a la historia,
muchas de ellas son reales.

Y, si no hay un animal por medio, se pone un crío. Es el caso
del descubrimiento de la tumba de Tutankamón, en donde la
presencia de un supuesto niño aguador da una perspectiva mucho más emocional al momento del hallazgo del primer escalón
de la tumba del Faraón Niño el 4 de noviembre del año 1922.
Incluso hay quien se arriesga a poner nombre y apellidos a esa
criatura niño, Hussein Abd el-Rasul y, sin embargo, todo no
es más que una leyenda urbana con cierto poso de realidad. El
hallazgo se produjo en el lugar en donde Howard Carter había
señalado que excavaran a los jefes de los obreros. Por allí no podía
aparecer ningún niño ni nada que se le pareciera. Se trataba de
un pozo de casi 2 metros de profundidad en donde la presencia
del crío no estaba justificada de ninguna forma.

Pero la historia a veces es ensombrecida por la leyenda. Tampoco pasa nada, ya que, en definitiva, lo que tenemos que valorar es la importancia del hallazgo, en este caso, una tumba increíble con 5.500 objetos, muchos de ellos de oro.

Como decía antes, el aspecto más importante que tienen los hallazgos casuales en la historia de la arqueología es que cuentan con un elemento humano o biológico que los coloca en un nivel superior si los comparamos con otros descubrimientos realizados de forma sistemática siguiendo un plan de trabajo previo. El descubrimiento de la tumba de Tutankamón por parte de un niño no podría ser considerado casual. Sí lo es si lo encajamos en el entorno de la leyenda que se ha construido a su alrededor. Sin embargo, la presencia de un burro caminando por el desierto y que de pronto hunda sus patas en lo que a todas luces parece una necrópolis de momias doradas, como sucedió en el oasis de Bahariya al este del desierto Líbico egipcio, tiene un elemento animal que le da otro sentido más humano.

Lo mismo sucede con el hallazgo por parte de Howard Carter del cenotafio de Mentuhotep II, cuando, siendo un joven arqueólogo, después de un día de lluvia, su caballo, de nombre Sultán, hundió las patas en tierras húmedas frente al templo de la reina Hatshepsut, frente a Deir el-Bahari. La presencia de esos animales otorga un toque intimista, que ensalza el descubrimiento.

Este libro, amigos, va de esos tropezones con historia. De cómo una mula testaruda puede, sin saberlo, ser la llave de una necrópolis. Piensen en el contraste: por un lado, la inmensidad, el misterio y la sacralidad del antiguo Egipto; por el otro, la simplicidad, la torpeza y el mero instinto de un animal. La conexión entre estos dos mundos, lo trascendental y lo terrenal, es lo que hace que estas historias sean tan fascinantes y, a la vez, tan importantes.

Y aquí viene la parte de la reflexión. ¿Por qué le damos tanta importancia a estos descubrimientos «casuales»? Pues porque nos enseñan algo fundamental sobre la historia de la arqueología: su fragilidad y su dependencia del azar. Si la pezuña del animal no hubiera topado con ese lugar exacto, esa tumba, ese templo o ese poblado podría seguir escondido hoy bajo la arena. Estos hallazgos nos recuerdan que la inmensa mayoría del pasado sigue oculto y que los descubrimientos que celebramos a menudo no son la norma, sino una excepción afortunada. Aún recuerdo cómo una turista estadounidense descubrió el cementerio de los constructores de las pirámides al sur de la meseta de Guiza de forma casual cuando el caballo que usaba para un paseo por el desierto hundió sus patas en un agujero. Así se dio a conocer la primera tumba de la necrópolis. La historia no trascendió apenas, ya que Zahi Hawass señaló que, bueno, es cierto que lo había descubierto la señora, pero él ya había mandado sondear aquel lugar. Y, si no era entonces, ya lo habría descubierto él después. Sin comentarios.

Además, estos descubrimientos son un recordatorio constante de que la arqueología no es una ciencia hermética que solo avanza con grandes presupuestos y tecnología punta. A veces, avanza con humildad gracias a la observación del terreno y, sí, gracias a un bache inesperado en el camino. Los animales, sin quererlo, han actuado como los pioneros más modestos de la egiptología. Ellos cavaron el primer agujero, nos mostraron el camino y luego se fueron a beber agua sin pedir reconocimiento alguno.

Son muchos. Recuerdo ahora el zorro que decía haber seguido en Saqqara el *gafir*, nombre que reciben los cuidadores de los monumentos, para dar con la entrada a la pirámide de Unas y descubrir en su interior los documentos religiosos más antiguos de la humanidad, los llamados «Textos de las Pirámides».

Este libro de Gonzalo Gómez García nos abre los ojos a una realidad que pocas veces ha sido tratada: cómo la ciencia es soportada por algo tan trivial como la simple casualidad para poder conseguir un objetivo, a veces, no esperado.

Espero que lo disfruten tanto como lo he hecho yo.

NACHO ARES, desde Dentro de la Pirámide

Introducción

EL AZAR COMO COMPAÑERO
DE LOS FARAONES

En la historia de la arqueología, hay algo que ningún método científico ni tecnología avanzada puede garantizar: el azar. Por mucho que los arqueólogos planifiquen sus excavaciones, sigan pistas históricas o utilicen drones para mapear las arenas de Egipto, la historia tiene su propia manera de revelarse. A veces, es una cabra que se cae en un pozo. Otras, es un campesino que golpea algo extraño mientras ara su campo. El hallazgo puede estar en un contenedor de basura, en un rincón olvidado de un templo o incluso bajo la pala de una excavadora moderna.

Este libro es un homenaje a esos momentos de pura casualidad que nos han acercado al Egipto antiguo de una forma inesperada y mágica, como esa cabra traviesa que reveló un escondite lleno de faraones en las laderas de Deir el-Bahari. Pero no es solo la Antigüedad lo que se desvela por casualidad. En los últimos años, seguimos asistiendo a momentos asombrosos que confirman que Egipto aún guarda secretos bajo sus arenas. En el 2024, por ejemplo, el descubrimiento de un templo ptolemaico en Sohag fue posible gracias a la exploración de un área que muchos creían agotada. Ese mismo año, un grafiti de hace más de 3.000 años en la pirámide de Zoser resolvió un misterio que llevaba siglos desconcertando a los historiadores.

Y no olvidemos el azar del día a día: en Neoi Epivates (Grecia), una estatua de mármol helenística apareció junto a un contenedor de basura, y, en Al-Bahnasa (Egipto), momias con lenguas de oro nos susurraron desde las arenas del pasado. Estos ejemplos recientes muestran que el azar sigue siendo una fuerza poderosa en la arqueología, y Egipto, con su inmenso legado, es el escenario perfecto para estos golpes de suerte.

¿Qué tienen en común estas historias? Que cada una de ellas combina lo cotidiano con lo extraordinario, lo mundano con lo trascendental. Una cabra, una pala, un niño curioso o un obrero cansado pueden ser los protagonistas inesperados de un momento que transforma lo desconocido en algo que cambia la historia.

En estas páginas, te invitamos a caminar junto a esos protagonistas. A sentir la emoción de encontrar algo que lleva milenios enterrado. A maravillarte con el talento de los antiguos egipcios, que construyeron monumentos y escribieron mensajes destinados a la eternidad. Y a recordar que, aunque los faraones vivieran en un mundo de dioses y rituales, a veces sus secretos se revelan gracias a las cosas más simples: el golpe accidental de una pala o el juego inocente de un niño. Porque, al final, este libro trata de eso: de cómo el azar, el ingenio y la curiosidad humana nos han permitido escuchar las voces de un pasado que aún tiene mucho que decirnos.

1

LA CABRA QUE ENCONTRÓ
A RAMSÉS II

Contexto histórico novelado

Ahmed se ajustó el *shemagh* en la cabeza. El sudor le bañaba la cara y, en forma de goterones, caía sobre su chilaba gris. Cuando terminó, bebió un buche de agua. La brisa seca del desierto levantaba remolinos de arena. Amanecía sobre Luxor y el sol parecía ya una hoguera en el cielo, empeñada en cocerlo todo. A pesar de estar acostumbrado al calor de agosto, aquel día prometía ser abrasador. Recogió el largo bastón que había apoyado en una roca y silbó a las cabras. Lo hacía sin pensar, de forma natural, como quien respira. Sabía que se despistaban nada más perderlas de vista. Así que, cuando se detenía para lo que fuera, silbaba.

A unos metros de distancia, Zahra, su cabra más inquieta, trataba de subirse a una roca más alta que las demás. Ahmed torció la boca. Siempre había sido la más testaruda de todas, la que desobedecía cualquier silbido. Así que había perdido la cuenta de las veces que aquella cabra se había perdido.

«¡Baja de ahí, maldita sea!», gritó, secándose el sudor que le caía por la frente. Las demás cabras pacían tranquilamente entre las pocas hierbas que crecían en aquella ladera rocosa de Deir el-Bahari, pero Zahra no. Ella quería ver mundo.

Le miró y soltó un balido breve, como si estuviera riéndose de él. Con un salto ágil trepó a una roca aún más alta.

«¡Ven aquí, testaruda!», le chilló. Por más que protestara, Zahra era su favorita. Era la más problemática, sí, pero también la más lista. Había algo en sus ojos, en la manera en que lo miraba, que le hacía pensar que esa cabra entendía más de lo que debería.

Un estruendo seco interrumpió el silbido de Ahmed. Levantó la cabeza y la cabra ya no estaba.

«¡Zahra!», gritó mientras apretaba el paso hacia la roca. Con paso ágil tiró el bastón y se levantó la chilaba para saltar y trepar como si fuera un gato.

El silencio fue lo único que le respondió. Cuando llegó al borde de las rocas, encontró un agujero apenas visible entre los escombros. Se agachó y miró hacia abajo, pero no podía ver nada más allá de la oscuridad.

«¡Zahra!», llamó de nuevo junto a varios silbidos. Un débil balido respondió desde las profundidades. Zahra estaba viva pero atrapada.

Ahmed suspiró. Sabía que no tenía elección. Se quitó las sandalias y se preparó para bajar. La abertura era estrecha, pero lo suficientemente grande para que un hombre delgado como él pudiera deslizarse. Con mucho cuidado, comenzó a descender, apoyándose en las piedras que sobresalían de las paredes. Tenía suerte de que amanecía con rapidez. El sol le daba luz. De haber sido tres horas antes, justo cuando salía con las cabras, le hubiera resultado imposible bajar.

El aire cambió a medida que descendía. De pronto, el calor abrasador del exterior fue reemplazado por una frescura casi irreal. Olía a tierra húmeda y a algo más…, un olor seco, antiguo, que le erizó la piel. Cuando sus pies tocaron el suelo, se tomó un momento para ajustar sus ojos a la penumbra. Zahra estaba allí, oliendo y moviendo algo en el suelo. Ahmed sonrió aliviado, pero su atención se derivó hacia lo que estaba en el hocico de la cabra. Había una momia. Sabía que era una momia de los antiguos, aquellos que habitaron Egipto. Había visto varias en el embarcadero de Luxor con los occidentales de piel blanca. La momia estaba recubierta de grandes colgantes, pectorales y joyas entreveradas en las vendas. Los ojos se le abrieron tanto que se le hubieran caído como canicas al suelo si no estuvieran sujetos a su cuerpo. Zahra movía el lino y quiso morderlo, pero Ahmed la apartó con la mano. La cabra se movió hacia otro lado y siguió con su empeño. El pastor la siguió con la mirada.

Estaba claro que no era un simple pozo. Frente a él se extendía una cámara amplia, oscura y misteriosa. Y en el centro, iluminados por los rayos de sol que se filtraban desde la abertura, había varias momias más en una estancia con forma de ele. Ahmed dio un paso hacia ellas, olvidando por completo a Zahra, que seguía con su interés en esos vendajes que le completaban el desayuno.

Los ojos de Ahmed se llenaron de codicia. Sonrió dando gracias a gritos a Alá. Cogió la cabra a los hombros como si estuviera enferma. Zahra le había traído un regalo divino y la iba a cuidar. Trepó con agilidad y alcanzó el exterior. Tales eran las emociones que se agolpaban en su pecho que se olvidó de silbar y apresuró el paso con la cabra encima camino de El Kurna. Ni se dio cuenta de que las cabras le seguían hasta que su hermano les abrió el corral para que entraran. Soltó a Zahra cuando se sentó y comenzó a reír. Reía como un loco mientras su familia comenzaba a hacer un corrillo alrededor. Le miraban con pena. Al hermano mayor de la familia le había dado algo.

De la risa pasó a los saltos y a abrazar a sus hermanos al grito de «¡Alá es grande!» mientras recordaba las bendiciones que les había otorgado. La cara de incredulidad de todos pasó a un grito comunitario —acompañados de saltos— cuando a duras penas y entrecortado contó el suceso.

«Si esto es lo que dices que es, podría hacernos ricos», dijo con los ojos abiertos su hermano menor.

Durante la década siguiente, los Abd el-Rassul estuvieron vendiendo algunos de los objetos más pequeños que encontraban en la cámara: amuletos, estatuas, piezas de lino… e incluso una de las momias, la de Ramsés I.

La cabra Zahra, que casi se come parte de la momia de Ramsés II, vivió semivenerada por la familia. Años después fue enterrada como un miembro distinguido. Tras su década de éxitos, los objetos que vendían acabaron llamando la atención de las autoridades y los Abd el-Rassul fueron detenidos por la policía. Se les había acabado la suerte.

Cómo se produjo el hallazgo y quiénes estuvieron involucrados

El hallazgo de la tumba DB320 —o TT320, según la nomenclatura actual— es una de esas historias donde la línea entre la leyenda oral y el hecho arqueológico documentado se hace fina, como el lino que envolvía a los faraones. La versión más popular, repetida incluso por los propios habitantes de Qurna durante generaciones, comienza con una cabra. Una cabra testaruda, una cabra que se aleja del rebaño, tropieza, cae y, al hacerlo, arrastra consigo a un pastor a las entrañas del tiempo. Lo cierto es que nunca sabremos con exactitud si fue así, pero esa es la forma en que los lugareños de la familia Abd el-Rassul contaban su historia: una historia de accidente, oportunidad… y de silencio.

Lo que sí está documentado es que en torno al año 1871, uno de los hermanos Abd el-Rassul descubrió, por motivos nunca del todo claros —pero siempre con la cabra por medio—, una entrada oculta en las laderas escarpadas de Deir el-Bahari, al sur del templo de Hatshepsut. No se trataba de un pozo cualquiera. Aquello era un corredor angosto, semicolapsado, que conducía a una cámara funeraria profunda. A medida que descendía, probablemente con una lámpara de aceite en la mano y el pulso acelerado, empezaron a aparecer las momias: una tras otra, alineadas con solemnidad. Nombres que cualquiera en Luxor —aunque no supiera leer— conocía de oídas: Ramsés, Seti, Ahmose.

La familia tomó una decisión que marcaría el destino de los objetos hallados: no decir nada. En lugar de alertar a las autoridades o a la policía de antigüedades —una figura cada vez más activa en Egipto bajo presión europea—, optaron por el silencio. Durante casi una década, los Abd el-Rassul comerciaron en secreto con objetos procedentes de la tumba. Amuletos, shabtis, fragmentos de lino inscrito y piezas de madera pintada empezaron a aparecer en el mercado de El Cairo, en Luxor, en manos de anticuarios de confianza. Fue entonces cuando la comunidad internacional de egiptólogos, encabezada por el francés Gaston Maspero, empezó a detectar un patrón: objetos que solo podían proceder de tumbas reales apareciendo de forma súbita, sin excavación registrada ni procedencia declarada. En 1881, tras una investigación intensa y el interrogatorio forzado de varios miembros de la familia, uno de los hermanos —según se dice, bajo presión física y psicológica severa— reveló finalmente la ubicación del escondite.

Maspero organizó una expedición rápida. Lo que hallaron superó cualquier expectativa: más de cuarenta momias reales y de nobles, muchas con inscripciones y restos de ajuares funerarios. La tumba había sido utilizada por los sacerdotes de Amón durante el Tercer Período Intermedio para rescatar los cuerpos de sus soberanos y protegerlos de los saqueos sistemáticos que devastaban el Valle de los Reyes. Ramsés II, Seti I, Ahmose-Nefertari, entre otros, yacían juntos, como exiliados en su propio país, protegidos por quienes aún les rendían culto siglos después de su muerte.

> *Je fus conduit à Thèbes où la famille Abd el-Rassoul avait depuis longtemps vendu au marché noir des antiquités tirées de la cachette que nous avons finalement ouverte.*
>
> Fui conducido a Tebas, donde la familia Abd el-Rassul había vendido desde hacía tiempo en el mercado negro antigüedades extraídas del depósito que finalmente abrimos.
>
> MASPERO, G., *Rapport sur la cachette royale de Deir el-Bahari*, Imprimerie Nationale, París, 1881, p. 5.

Importancia arqueológica del descubrimiento

El hallazgo de la tumba DB320 fue, y sigue siendo hoy día, un acontecimiento fundacional en la historia de la egiptología. Antes de 1881, muchos de los grandes faraones del Imperio Nuevo parecían haber desaparecido del mapa arqueológico, como si el tiempo los hubiese devorado sin dejar rastro. Ramsés II, Seti I, Thutmose III, Ahmose I…, nombres que habían construido el gran Egipto, pero sin cuerpos, sin tumbas, sin huella material completa. El descubrimiento del escondite en Deir el-Bahari cambió eso de un plumazo, como si Egipto mismo decidiera recordar en voz alta.

A nivel histórico, DB320 reveló una práctica hasta entonces desconocida: la reubicación sistemática de momias reales por parte de los sacerdotes de Amón durante el Tercer Período Intermedio. Este fue un tiempo de una gran fractura política en el que los saqueos a tumbas reales eran una amenaza constante. Para salvar lo que quedaba, los sacerdotes decidieron retirar los cuerpos de sus tumbas originales —en el Valle de los Reyes en su mayoría— y esconderlos juntos, en una ubicación secreta, dentro de una tumba antigua reutilizada. Aquellos sacerdotes, administradores del culto real, ejecutaron un plan fabuloso a nuestros ojos, de gran escala, para evitar que el linaje sagrado de Egipto fuese horriblemente mutilado.

En el campo arqueológico, el contenido de la tumba era abrumador; sobre todo por el grado de conservación de los cuerpos. Ramsés II, por ejemplo, protagonista de la primera historia de este libro, fue identificado gracias a las bandas de lino inscritas con su nombre, y su momia acabó revelando 100 años después detalles físicos que nos informaron de su estatura, edad avanzada y patologías (como artritis severa, lógica dada su longevidad: 90 años). El muy reciente estudio forense ha ayudado a reconstruir aspectos fisiológicos de los faraones: la alimentación, las enfermedades degenerativas, el embalsamamiento como arte ritual y técnico. Los restos de los ajuares funerarios ofrecieron información igual de interesante. La reutilización de objetos y la mezcla de cuerpos de distintas épocas hacen de DB320 una cápsula del tiempo fantástica y maravillosa.

> *La découverte de cette cachette royale, en 1881, permit de soustraire à la destruction les corps des plus grands pharaons du Nouvel Empire, que les prêtres avaient cachés avec un soin extrême.*
>
> El descubrimiento del depósito real, en 1881, permitió salvar de la destrucción los cuerpos de los más grandes faraones del Imperio Nuevo, que los sacerdotes habían ocultado con sumo cuidado.
>
> LEGRAIN, G., Catalogue général des antiquités égyptiennes du Musée du Caire, Momies royales de Deir el-Bahari, IFAO, El Cairo, 1903, p. III.

> *The Deir el-Bahari cache contained the most complete collection of royal mummies ever discovered, allowing the reburial policy of the Twenty-first Dynasty to be reconstructed in detail.*
>
> El depósito de Deir el-Bahari contenía la colección más completa de momias reales jamás descubierta, lo que permitió reconstruir con detalle la política de reinhumación de la dinastía XXI.
>
> DODSON, A., The Royal Tombs of Ancient Egypt, Pen & Sword Books, Barnsley, 2016, p. 10.

Toque humano: conflictos, emociones y errores

Junto a las momias de reyes sagrados, con su dignidad milenaria aún intacta, hay también una historia de silencios cómplices, de codicia rural, de instituciones torpes, de lealtades a medias y, sobre todo, de tensiones entre tradición y modernidad. Es aquí donde la arqueología se funde con la vida. Y no siempre sale ilesa.

La familia Abd el-Rassul no era una familia cualquiera. Eran parte de un largo linaje de pastores, cultivadores y, según dicen las malas lenguas y también algunos informes oficiales, saqueadores de tumbas a pequeña escala. No eran ignorantes: sabían lo que tenían entre manos, y sabían también que declarar el hallazgo podía costarles también la oportunidad de negociar en un sistema que, a finales del siglo XIX, aún favorecía al comprador extranjero.

Durante al menos una década, vendieron objetos procedentes del escondite. Lo hicieron con cautela, pero sin poder evitar dejar un rastro: amuletos y piezas aparecían en el mercado sin que nadie supiera su procedencia exacta. Gaston Maspero y su predecesor, Mariette, ya habían recibido informes de que estaban circulando antigüedades «anómalas». Las piezas eran demasiado buenas para no levantar sospechas. Cuando finalmente Maspero logró cerrar el cerco en torno a los Abd el-Rassul, en 1881, el clima era tenso. Uno de los hermanos, según el propio Maspero, fue torturado por la policía local otomana hasta que confesó la ubicación de la tumba. Esa violencia oficial, poco conocida del público, forma parte también del precio pagado por el conocimiento.

Tras el hallazgo, lo que vino fue un episodio único en la historia contemporánea de Egipto: el traslado de más de cuarenta momias reales por el Nilo, desde Luxor hasta El Cairo. Fue una procesión sin ceremonia oficial, pero no sin emoción. Las crónicas de la época describen a los pobladores de la ribera saliendo a despedirse de los antiguos reyes, como si aún fuesen sus gobernantes. Las momias estaban envueltas en tela basta, protegidas en cajas de madera, sin trono ni estandarte, pero acompañadas por el murmullo del río, los disparos al aire y el ulular de quienes entendían que algo sagrado se marchaba.

Fue también un momento de fricción entre el poder colonial, los arqueólogos europeos, los funcionarios y la conciencia local egipcia. ¿De quién eran esos cuerpos? ¿De la historia universal? ¿De la ciencia? ¿Del pueblo egipcio? No había respuesta clara, y tampoco la hay ahora. Lo cierto es que el destino de los reyes se decidió sin su consentimiento: fueron exhumados, catalogados, trasladados, fotografiados y encerrados en vitrinas de museo. Para su salvación, sí. Pero también para nuestra mirada.

Y no faltaron los errores por parte de los que recopilaron los cuerpos: algunos cuerpos fueron mal identificados inicialmente, como el de Seti I, cuyo sarcófago fue hallado vacío en su tumba original. Otros, como el de Ramsés II, debieron ser tratados más de un siglo después con técnicas de conservación modernas para evitar su deterioro. Incluso el destino del ajuar funerario fue incierto: parte de los objetos ya había sido vendido en el mercado negro y se perdió sin ningún registro.

Una de las anécdotas más curiosas es que los Abd el-Rassul llegaron a atribuir el hallazgo no solo al azar, sino a una especie de «llamada» de los faraones. Creían que los antiguos reyes querían ser descubiertos…, o eso decían de cara al público, mofándose por dentro mientras tanto, a sabiendas de las muchas horas que habían pasado recorriendo las montañas tebanas en busca de tumbas que saquear.

Reflexión final

El linaje entero de un imperio dormido, apilado en una tumba secundaria, esperando ser visto de nuevo. Lo que une a Zahra, la cabra imposible, con Ramsés II, el rey que se enfrentó a los hititas y construyó monumentos por todo Egipto, no es la fábula, sino el azar: esa fuerza que, sin pedir permiso, conecta a un pastor anónimo con el trono del Nilo. Y quizá ese sea el verdadero mensaje de Deir el-Bahari: que a veces lo sagrado se manifiesta no con grandeza, sino por error. Por accidente.

Les voleurs de Thèbes savent depuis longtemps que ces signes sont ceux de la dignité royale: nos fellahs connaissaient trop bien leur métier pour ne pas deviner, au premier coup d'œil, que le hasard leur avait livré une tombe entière de Pharaons. Les cercueils étaient nombreux et lourds: il n'en fallait pas moins d'une douzaine d'hommes pour les remuer.

Los ladrones de Tebas saben desde hace mucho tiempo que esos signos son los de la dignidad real: nuestros *fellahin* conocían demasiado bien su oficio para no adivinar, a primera vista, que el azar les había entregado una tumba entera de faraones. Los ataúdes eran numerosos y pesados: no eran menos de una docena de hombres los necesarios para moverlos.

MASPERO, G., «Les momies royales de Deir el-Bahari». *Mémoires de la Mission Archéologique Française au Caire*, t. I. Institut Français d'Archéologie Orientale, El Cairo, 1889, pp. 511-516.

2

EL *ENFANT DE LA PATRIE*
QUE FUE A HACER AGUAS MAYORES
Y VOLVIÓ CON LA PIEDRA ROSETTA

Contexto histórico novelado

Julio de 1799. Bajo el sol abrasador del Delta egipcio, los ingenieros franceses sudaban mientras removían bloques de piedra para reforzar las defensas del fuerte Julien. Era una posición estratégica cerca de la ciudad de Rashid, conocida por los europeos como Rosetta. Pierre-François Bouchard, teniente del cuerpo de ingenieros, supervisaba las obras distraído. Al terminar de dar una orden determinó separarse del grupo por necesidad fisiológica. Apartó con las botas los escombros y buscó un lugar tranquilo: el *petit déjeuner* había sido de todo menos *petit*. Así que aquello pintaba mal.

Hacía calor y la camisa le apretaba como si fueran dos manos otomanas. Se sintió mareado y al ponerse de cuclillas se apoyó en el murete. Algo le cortó la misión. El tacto de sus dedos palpó algo en la piedra del fuerte. Al principio parecía solo otra piedra de construcción, reciclada en tiempos posteriores, como tantas otras en las viejas fortalezas egipcias. Pero algo llamó la atención de Bouchard: no era solo su color negro-grisáceo, sino las marcas grabadas en su superficie. Se subió los pantalones y tras colocarse los tirantes se acercó. Sacó su pañuelo y escupió para limpiarla. Distinguió líneas de escritura. Aquello era increíble.

La losa medía poco más de un metro de altura y estaba fracturada en su esquina superior derecha, como si hubiese sido parte de un bloque mayor. Bouchard, intrigado, regresó y ordenó que la retiraran con extremo cuidado. La piedra, pesada y densa, fue depositada en una tienda improvisada del fuerte y pronto atrajo a varios eruditos de la expedición, miembros de la Commission des Sciences et des Arts, el grupo de sabios que acompañaba a Napoleón.

La emoción comenzó a extenderse como un incendio silencioso. Aquella piedra, extraída de un muro sin nombre, podía contener la clave para desvelar los jeroglíficos egipcios, hasta entonces indescifrables. El texto griego —que los estudiosos podían leer— hablaba de un decreto real emitido en honor a Ptolomeo V, fechado en el noveno año de su reinado. Parecía lógico suponer que sus otros dos textos estuvieran escritos en las otras lenguas del Egipto antiguo, pues se sabía que en la época ptolemaica se utilizaban el griego y el egipcio. Pero nada de eso era evidente aún. En ese momento, la piedra era simplemente una curiosidad arqueológica con un potencial desconocido, arrancada del olvido gracias al golpe fortuito de una piqueta militar.

El hallazgo fue rápidamente comunicado a los oficiales superiores y posteriormente, transportado a El Cairo. En los márgenes del río, al atardecer, mientras los obreros se reagrupaban tras la jornada, Bouchard anotaba cuidadosamente el hallazgo. Ya con mucha más tranquilidad que esa mañana…

Cómo se produjo el hallazgo y quiénes estuvieron involucrados

El hallazgo de la Piedra de Rosetta fue accidental. Ocurrió el 15 de julio de 1799, durante la expedición militar francesa en Egipto liderada por Napoleón Bonaparte. Mientras se realizaban obras de fortificación en el fuerte Julien, cerca de Rosetta (actual Rashid), el teniente Pierre-François-Xavier Bouchard, ingeniero militar, observó que uno de los bloques empleados en una antigua estructura otomana tenía inscripciones inusuales. Ordenó su extracción y limpieza, y reconoció que el fragmento podía ser de valor histórico. La losa medía aproximadamente 114 cm de alto, 72 cm de ancho y 28 cm de espesor. Estaba fracturada en su parte superior, pero claramente presentaba tres escrituras diferenciadas: una en jeroglíficos egipcios, otra en demótico —la escritura cursiva usada cotidianamente en Egipto y muy complicada de leer— y una tercera en griego antiguo. Pronto los eruditos de la Commission des Sciences et des Arts, que acompañaban a la expedición, comprendieron la importancia del hallazgo. Entre ellos estaban Jean-Joseph Marcel y Michel-Ange Lancret, quienes hicieron las primeras transcripciones del texto griego y dedujeron que las tres inscripciones eran probablemente versiones del mismo decreto.

El texto en griego, que estaba mejor conservado, revelaba que se trataba de un decreto sacerdotal fechado en el noveno año del reinado de Ptolomeo V Epífanes (196 a. C.), promulgado por una asamblea de sacerdotes reunida en Menfis. El decreto exaltaba los méritos del joven rey y decretaba que se debía erigir una copia de este texto en todos los templos importantes del país. La existencia de tres escrituras en un mismo documento —una trilingüe pública— ofrecía, por primera vez, una posibilidad real de comparar y eventualmente descifrar los jeroglíficos egipcios, cuyo significado se había perdido tras la clausura de los templos paganos en época romana.

Tras la rendición de los franceses ante los británicos en 1801, la piedra fue confiscada por los ingleses según lo estipulado en la Capitulación de Alejandría. Fue trasladada a Londres en 1802 y depositada en el Museo Británico, donde permanece hasta hoy. En su base se inscribió en blanco: *Captured in Egypt by the British Army in 1801.*

La primera publicación científica sobre la piedra se realizó en 1802, en París. El texto griego fue pronto traducido, pero el verdadero avance llegó con el trabajo del francés Jean-François Champollion, quien en 1822 logró establecer un sistema para leer los jeroglíficos, basándose en la relación entre los signos fonéticos y sus equivalentes griegos. Champollion escribió:

> *J'ai le sentiment que le voile qui couvre encore cette antique civilisation est près de tomber.*
>
> Tengo la sensación de que el velo que cubre aún esta antigua civilización está a punto de caer.

> CHAMPOLLION-FIGEAC, J.-F., *Lettre à Monsieur Dacier*, Diderot, París, 1822, p. 3.

Desde entonces, la Piedra de Rosetta ha sido considerada el objeto clave para la fundación de la egiptología moderna.

Importancia arqueológica del descubrimiento

La importancia arqueológica de la Piedra de Rosetta es difícil
de exagerar: su hallazgo transformó para siempre el estudio del
antiguo Egipto y sentó las bases de una nueva ciencia —la egiptología—. El valor del objeto no reside en su contenido histórico
como decreto ptolemaico, sino en su estructura trilingüe, que
permitió, por primera vez, el desciframiento de los jeroglíficos
egipcios, un sistema de escritura que había permanecido incom-
prendido durante casi 1.500 años. La inscripción, grabada en tres
escrituras diferentes, actuaba como una piedra de comparación
lingüística. El texto en griego antiguo, bien conocido por los
eruditos europeos del siglo XIX, permitió inferir que los pasajes en
demótico y jeroglífico eran versiones paralelas del mismo decreto. Esta correspondencia fue la clave para comenzar un proceso
de análisis comparativo y fonético que culminaría, décadas más
tarde, con el trabajo decisivo de Jean-François Champollion.

Como explicó Iversen en su estudio clásico:

> *The Stone thus provided the key that unlocked the phonetic system*
> *hidden beneath the pictorial appearance of the hieroglyphs.*
>
> La Piedra proporcionó así la clave que desbloqueó el sistema
> fonético oculto bajo la apariencia pictórica de los jeroglíficos.

IVERSEN, E., *The myth of Egypt and its hieroglyphs*
in European tradition,
Princeton University Press, Princeton, 1961, p. 103.

Antes de este hallazgo, los jeroglíficos eran comúnmente considerados como símbolos puramente ideográficos o místicos, sin

valor fonético. El trabajo de Champollion, a partir de la Piedra, demostró que los jeroglíficos también representaban sonidos (fonogramas) y que muchos signos podían usarse como letras de un alfabeto egipcio. Esta revelación permitió el estudio sistemático de inscripciones monumentales, papiros y objetos funerarios. A nivel metodológico, el impacto del hallazgo también fue notable: la Piedra de Rosetta estableció el paradigma de la epigrafía comparada como herramienta filológica. No fue un hallazgo monumental en términos arquitectónicos o artísticos, pero supuso una revolución epistémica. Como ha resumido el especialista John Ray:

> *Without the Rosetta Stone, Egypt would have remained silent.*
> Sin la Piedra de Rosetta, Egipto habría permanecido en silencio.
>
> RAY, J., *The Rosetta Stone and the rebirth of ancient Egypt*, Profile Books, Londres, 2007, p. 12.

Desde su desciframiento, miles de textos egipcios antiguos —desde inscripciones en tumbas hasta tratados administrativos— han podido ser leídos, lo que ha permitido reconstruir aspectos clave de la religión, la política, la vida cotidiana y el arte egipcio. Incluso más allá del ámbito egiptológico, la Piedra ha sido citada como símbolo universal de la traducción y el entendimiento intercultural. El término «piedra de Rosetta» se ha convertido en metáfora de cualquier hallazgo que permite comprender un sistema previamente opaco o desconocido, como ha sido el caso en genética, informática y lingüística.

Por todo ello, el valor arqueológico y cultural de este hallazgo fortuito no reside únicamente en su antigüedad o rareza, sino en su capacidad de dar voz a una civilización entera. La Piedra de

Rosetta representa la intersección entre el azar del descubrimiento y la determinación científica para desvelar el pasado.

Toque humano: conflictos, emociones y errores

La emoción del momento fue inmediata: sabían que aquel fragmento de basalto con inscripciones tenía un valor potencial, aunque no imaginaban aún su repercusión. El primer conflicto surgió en el propio campo militar. El hallazgo, aunque realizado por Bouchard, fue rápidamente reclamado por el general Jacques-François Menou, quien lo consideró «propiedad del Estado francés». Lo trasladaron a El Cairo, donde fue mostrado a varios sabios de la Commission des Sciences et des Arts, el grupo de eruditos que acompañaba a Napoleón. En una carta fechada el 19 de julio, Bouchard describía con emoción que la piedra contenía tres inscripciones, una de ellas en griego, lo cual fue reconocido rápidamente como un punto de partida para futuras traducciones.

> *Cette pierre contient trois sortes d'écritures. L'une est grecque; il y a donc quelque espoir qu'on pourra la traduire.*
>
> Esta piedra contiene tres tipos de escrituras. Una es griega; por lo tanto, hay alguna esperanza de que podamos traducirla.
>
> BOUCHARD, P.-F.-X., *Lettre à l'Institut d'Égypte, juillet 1799*; cit. en CHASSINAT, *L'expédition d'Égypte 1798-1801*, El Cairo, 1910.

El siguiente gran conflicto fue de carácter geopolítico. Tras la derrota francesa en Egipto, los británicos reclamaron la piedra como parte del botín científico. En 1801, con la Capitulación de Alejandría, la Piedra fue cedida a los británicos y enviada al Museo Británico, donde sigue. En El Cairo hay una copia. Los franceses protestaron, y muchos miembros de la Commission consideraron que aquello era un «robo cultural». Este agravio sigue siendo motivo de debate hoy día, y Egipto ha solicitado oficialmente su repatriación en varias ocasiones. Mientras tanto, el proceso de desciframiento fue un camino lleno de emociones, hipótesis erróneas y tensas rivalidades. El sueco Johan David Åkerblad, el británico Thomas Young y finalmente Jean-François Champollion se enfrentaron al desafío de romper el código jeroglífico. Champollion, quien trabajó incansablemente durante casi dos décadas, finalmente anunció su desciframiento en 1822. Se dice que al comprender que los jeroglíficos contenían signos fonéticos se desmayó de la emoción en el escritorio de su hermano:

> *Je le tiens, je le tiens!* —gritó antes de perder el conocimiento.
> ¡Lo tengo, lo tengo!

> CHAMPOLLION-FIGEAC, J.-J. (fils), *Souvenirs sur Champollion, son oncle*, Maison Baratier, Grenoble, 1868, p. 45.

El error más común antes de Champollion fue asumir que los jeroglíficos eran puramente simbólicos, sin valor fonético. Esta interpretación, promovida incluso por figuras como Kircher en el siglo XVII, retrasó el entendimiento de la lengua egipcia durante siglos. La historia de la Piedra de Rosetta es, por tanto, también una historia humana: de soldados y eruditos, de ambición imperial y pasión intelectual, de disputas nacionales y descubrimientos individuales.

Reflexión final

Lo más fascinante es cómo un hallazgo en apariencia menor
—una piedra reutilizada como material de construcción en una
fortaleza otomana— acabó por reconfigurar por completo nuestra comprensión del pasado egipcio. El azar jugó su parte, pero
fueron también la insistencia, el intelecto y la pasión humana los
que transformaron ese fragmento de basalto en un puente entre
mundos. La piedra no contenía un secreto esotérico ni un mensaje divino, sino un decreto burocrático: una ley escrita en tres
idiomas para que pudiera ser entendida por todos los habitantes
del país, desde los egipcios nativos hasta los administradores gre-
coparlantes. Y, sin embargo, en su modestia reside su grandeza:
al repetirse tres veces, permitió la comparación, el cotejo y, con
el tiempo, el renacimiento de una lengua muerta.

Champollion no solo descifró signos, restituyó nombres propios, títulos reales, plegarias, contratos, himnos; además restauró
la voz a una civilización que parecía haber sido condenada al
silencio eterno. Gracias a esa traducción, los templos dejaron de
ser enigmáticos y los sarcófagos empezaron a contar historias. En
palabras del propio egiptólogo francés:

> *Le système graphique des Égyptiens, longtemps impénétrable, est
> maintenant un livre ouvert.*
>
> El sistema gráfico de los egipcios, largo tiempo impenetrable,
> es ahora un libro abierto.

CHAMPOLLION, J.-F., Lettre..., *op. cit.*, p. 14.

La Piedra de Rosetta representa también una paradoja cultural. Encontrada por franceses, reclamada por británicos, pedida por Egipto, estudiada por europeos: su trayectoria resume las tensiones coloniales y los desafíos de la restitución patrimonial. Pero más allá de su ubicación física, la piedra pertenece a todos aquellos que desean escuchar al pasado. En cada museo, en cada aula, en cada página que recoge jeroglíficos traducidos, hay un eco de esa roca rescatada entre ruinas.

El azar puede abrir la puerta, pero son las preguntas humanas —insistentes, apasionadas, inacabables— las que la atraviesan. La Piedra de Rosetta no transformó el mundo por lo que es, sino por lo que permitió descubrir.

EL BUSTO QUE CONQUISTÓ EL MUNDO: NEFERTITI Y EL TALLER DE AMARNA

Contexto histórico novelado

Ludwig Borchardt se levantó antes del amanecer, cuando el aire del desierto aún tenía un frescor engañoso. Mientras los primeros rayos de sol iluminaban el horizonte, los trabajadores egipcios bajo su mando ya comenzaban a moverse, afilando herramientas y cargando espuertas en la excavación. Era 6 de diciembre de 1912 y estaban trabajando en el área que alguna vez había sido la ciudad de Aketatón, conocida hoy como Amarna, la capital construida por Akenatón.

Borchardt, arqueólogo alemán y director de la expedición del Instituto Alemán de Arqueología Oriental, estaba convencido de que aquella ciudad perdida aún tenía mucho que revelar. Habían estado excavando durante semanas, pero los hallazgos eran, en el mejor de los casos, modestos: fragmentos de estatuas rotas, paredes con relieves desgastados y piezas de cerámica que apenas susurraban historias de un pasado glorioso. Nada digno de un informe sensacional. Pero algo iba a suceder. El sol comenzaba a calentar la arena cuando Mohammed Ahmed, uno de los trabajadores más experimentados, levantó la mano. Estaba excavando en lo que parecía ser un taller de escultores, un espacio donde los artesanos habían trabajado siglos atrás para crear imágenes de la familia real de Akenatón.

—¡Señor Borchardt! —gritó Mohammed.

Borchardt, acostumbrado a que sus trabajadores lo llamaran incluso por los hallazgos más insignificantes, caminó hacia él con bastante calma. Cuando llegó al lugar, notó que algo sobresalía de la arena: un fragmento de piedra que parecía parte de una escultura.

—¿Qué has encontrado? —preguntó mientras se agachaba para mirar más de cerca.

Mohammed, con manos rápidas y expertas, comenzó a retirar la arena con cuidado. Pronto, emergió algo más: un cuello alargado, elegantemente esculpido, seguido por unos hombros perfectamente definidos. La emoción de Borchardt creció.

—¡Sigan trabajando, con cuidado! —ordenó mientras se arrodillaba para ayudar.

Con cada movimiento, la figura se revelaba un poco más. Apareció un rostro, sereno pero poderoso, con pómulos altos y labios ligeramente curvados en una sonrisa enigmática. Borchardt se detuvo por un momento, incapaz de apartar la mirada. Nunca había visto algo como aquello.

Cuando finalmente levantaron el busto de la arena, el silencio se apoderó del lugar. Era una escultura que desafiaba el tiempo: un busto de caliza pintada, con un rostro tuerto pero hipnotizante, culminado por una alta corona azul que parecía flotar sobre su cabeza.

Borchardt apenas podía contener su emoción. Se dio cuenta de que tenía en sus manos algo único, una pieza que capturaba la belleza y el poder de Nefertiti, la esposa de Akenatón y una de las figuras más enigmáticas de la historia egipcia.

Más tarde, al describir el hallazgo en su diario, Borchardt escribió una frase que se haría famosa: «Es indescriptible. Hay que verla». Sin embargo, mientras los trabajadores celebraban el descubrimiento, Borchardt ya estaba pensando en el siguiente paso. Sabía que la política y la burocracia podían complicar la situación y, en el fondo, también sabía que quería llevarse aquella obra de arte a Berlín.

El busto de Nefertiti, aunque había permanecido oculto bajo la arena durante más de 3.000 años, estaba a punto de iniciar un nuevo capítulo de su historia, uno lleno de controversia, fascinación y disputas internacionales.

Cómo se produjo el hallazgo y quiénes estuvieron involucrados

El 6 de diciembre de 1912, el hallazgo del busto de Nefertiti se produjo sin aviso, sin gloria y sin objetivo claro. El equipo de excavación, dirigido por Ludwig Borchardt bajo los auspicios de la Deutsche Orient-Gesellschaft, se encontraba trabajando en una zona marginal de la ciudad de Amarna. El sitio era conocido como el «barrio de los artesanos» o «distrito de los talleres», un conjunto de casas y almacenes sin monumentalidad, lejos del eje palaciego o de los templos solares.

La vivienda que excavaban ese día —designada como Atelier 47— había sido identificada como un posible taller, quizá vinculado al escultor real Thutmose, por la presencia de moldes, herramientas de yeso y fragmentos de estatuillas inacabadas. Era una excavación rutinaria, nada prometía un hallazgo sensacional. La sorpresa surgió en una habitación secundaria, probablemente un almacén: al retirar escombros, uno de los obreros locales encontró un bloque parcial cubierto por polvo fino, parcialmente encajado en la pared.

El bloque resultó ser un busto de piedra caliza revestido de estuco pintado. No tenía pedestal, estaba ligeramente inclinado, como si hubiese sido descartado o escondido con prisa. Su estado de conservación era extraordinario: pigmentos vivos, líneas limpias, proporciones equilibradas. Solo un ojo incrustado de cuarzo con pupila de cera negra ocupaba su cuenca; el otro estaba vacío, lo que aumentaba aún más su misterio.

El descubrimiento fue absolutamente inesperado. No había inscripsión, ni contexto ceremonial, ni indicación clara de su propósito. Fue el propio Borchardt quien reconoció de inmediato la calidad del busto y su probable identificación como retrato de Nefertiti, reina principal del faraón Akenatón. El estilo coincidía con el canon de la época amarniaca: cuello largo, pómulos marcados, simetría casi matemática. Pero lo que siguió al hallazgo fue aún más controvertido que el hallazgo en sí.

En virtud del sistema de *partage* vigente en aquel momento (el reparto de hallazgos entre Egipto y la misión arqueológica extranjera), Borchardt presentó el busto ante el Servicio de Antigüedades egipcio, entonces dirigido por Gaston Maspero, de forma ambigua. En su informe oficial, lo describió como un «busto pintado en yeso de una princesa real», sin indicar la magnitud estética o política del objeto. Según los registros internos de la Deutsch Orient-Gesellschaft, Borchardt ocultó la verdadera importancia del busto para asegurarse su traslado a Berlín.

Der Kopf ist unbeschreiblich, man muß ihn gesehen haben.
La cabeza es indescriptible. Hay que verla.

BORCHARD, L., *Diario de excavación*, 6 de diciembre de 1912,
Ägyptisches Museum Archiv,
Berlín, 1912.

*Er wurde im Inventarbericht lediglich als 'bemalter Gipskopf'
erwähnt. Das war eine gezielte Irreführung.*
Se mencionó en el inventario simplemente como «cabeza pintada de yeso». Fue una tergiversación deliberada.

STIERLIN, H., *Le buste de Néfertiti: une imposture de l'égyptologie?*,
Éditions Georg, Génova, 2009, p. 19.

La estrategia funcionó. El busto fue enviado a Berlín en 1913
junto con otros objetos, sin objeción de las autoridades egipcias.
No sería expuesto al público sino hasta 1924, más de una década
después. En esos años, se tejió un aura de misterio a su alrededor: había sido hallado por casualidad, escondido, casi como un
secreto que no debía salir a la luz.

Los verdaderos descubridores —los obreros locales que lo al-
zaron del suelo— nunca fueron nombrados. El crédito quedó en
manos de Borchardt, cuyo gesto no fue ilegal según las normas
coloniales de la época, pero sí profundamente cuestionable desde
una ética patrimonial contemporánea. El busto mismo sigue hoy
en Berlín, en el Neues Museum, mientras Egipto ha exigido en
múltiples ocasiones su restitución. La disputa continúa no solo
sobre la propiedad, sino sobre la verdad misma del hallazgo: ¿se
trató de un accidente feliz? ¿O de un encubrimiento calculado

de lo que, en ese momento, era ya la imagen más poderosa del antiguo Egipto? En el Museo de El Cairo se conserva un busto similar de la reina, pero sin el tocado. A falta de pan…

Importancia arqueológica del descubrimiento

A primera vista, el busto de Nefertiti puede parecer solo un objeto hermoso: simetría casi perfecta, colores vibrantes, técnica impecable. Pero su verdadera importancia no reside únicamente en la estética —aunque esta lo haya convertido en un icono visual global—, sino en lo que nos dice sobre una época convulsa, ambigua y durante mucho tiempo mal comprendida: el período amarniense.

Antes de su descubrimiento en 1912, Nefertiti era un nombre secundario en los registros egiptológicos. Se conocía por algunas menciones en estelas y relieves, pero su papel político, su rango real y su relevancia como figura de poder eran aún difusos. El hallazgo del busto marcó un punto de inflexión: no solo por mostrar que existió un retrato canónico de ella, sino porque ese retrato fue producido en un taller real —probablemente el de Thutmose, escultor principal del faraón Akenatón—, fuera del espacio funerario o templario. Este dato es capital: la realeza amarniaca se retrataba en talleres, en medios casi «artesanales», más que en esculturas monumentales destinadas al culto.

El busto ayudó a consolidar la idea de que Nefertiti no era una reina secundaria, sino una figura central en la iconografía del reinado de Akenatón. Como se descubrió décadas después, su presencia constante en escenas de culto y su aparente participación activa en rituales solares sugieren una condición de corregente o, como han propuesto algunos estudios, incluso de reina-faraón en los últimos años de la era amárnica.

En términos técnicos, el busto constituye también una obra macstra dc la cscultura cn picdra policromada. Su base de caliza fue recubierta con capas sucesivas de estuco fino, trabajadas con modelado escultórico para dar volumen a las mejillas, los párpados y los labios. El color azul de la corona se obtuvo mediante pigmento de frita egipcia, y el ojo de cristal de roca (el único incrustado) está tallado con una precisión oftalmológica que aún hoy asombra.

Pero más allá de su virtuosismo técnico, lo más revelador es lo que falta: el segundo ojo. La hipótesis más aceptada sostiene que el busto era un modelo de taller, utilizado como referencia estética para otras piezas. La ausencia de uno de los ojos habría sido deliberada para impedir su uso como estatua votiva o imagen cultual. Otros estudios, sin embargo, apuntan a que el busto pudo haber sido descartado o inacabado, lo cual explicaría su almacenamiento en un rincón del taller.

Desde el punto de vista histórico, el busto también representó un papel indirecto pero decisivo en la revalorización del arte amarniaco. Hasta inicios del siglo XX, este período era visto como una anomalía decadente, un error estilístico en la línea clásica de la escultura faraónica. La expresión naturalista del busto, su levedad, su humanidad incluso, forzaron a los estudiosos a reconsiderar el valor artístico e ideológico de Aketatón como proyecto político y estético.

Die Auffindung der Nofretete-Büste im Werkstattraum war eine Sensation, mit der niemand gerechnet hatte.

El hallazgo del busto de Nefertiti en la sala del taller fue una sensación con la que nadie contaba.

WILDUNG, D., *Nofretete. Ägyptens schönste Königin*,
Prestel, Múnich, 1999, p. 15.

Finalmente, no podemos omitir el impacto museológico y político del busto. Desde su exposición en Berlín en 1924, se convirtió en el símbolo de una colección extranjera formada en pleno reparto colonial. Su custodia, su exposición —inicialmente en un cuarto cerrado solo para invitados de alto rango— y su posterior uso como emblema del museo convirtieron el busto en pieza central de una disputa sobre patrimonio cultural que aún no se ha resuelto. En ese sentido, su importancia arqueológica excede los límites del Egipto antiguo: se inscribe también en la historia moderna de la arqueología, la diplomacia y la memoria cultural.

Toque humano: conflictos, emociones y errores

El busto de Nefertiti no ha generado solo debates académicos. Ha provocado también reacciones viscerales, nacionalismos cruzados, pactos diplomáticos envenenados y silencios estratégicos. No hay neutralidad posible frente a su mirada asimétrica.

Una de las emociones menos mencionadas es la incomodidad que provocó su perfección. Borchardt, pese a su formación rigurosa, dejó entrever en su correspondencia un tono de inquietud: había encontrado algo que no solo era arqueológicamente valioso, sino peligrosamente hermoso. Tan perfecto que podía eclipsar el resto de su carrera. Sus diarios muestran cierto conflicto: orgullo, pero también nerviosismo. Sabía que no sería visto solo como un arqueólogo, sino como alguien que había cruzado una línea. Como quien se lleva algo que no le pertenece, aunque lo haya hecho «legalmente».

Otro conflicto fue el de los propios alemanes, que durante años debatieron si exponer o no el busto. El problema no era técnico, sino simbólico. En los años veinte, el busto no encajaba del todo en la narrativa imperial alemana: era demasiado «oriental», demasiado femenino, demasiado ambiguo para un país que comenzaba a endurecer su identidad. El busto de Nefertiti fue visto por algunos —incluido el propio Hitler años después— como una figura peligrosamente magnética.

En paralelo, los egipcios empezaban a construir una conciencia patrimonial moderna, y el busto se convirtió en una herida. Mientras otras piezas regresaban, esta no. El conflicto no solo era legal: era emocional. En 1935, cuando se anunció una exposición permanente del busto en Berlín, el arqueólogo egipcio Selim Hassan escribió en prensa: «Nefertiti es la madre del pueblo egipcio. Tenerla en una vitrina extranjera es como exhibir el corazón de una nación fuera de su cuerpo». Hitler prohibió cualquier posibilidad de que el busto saliera de Alemania.

Uno de los errores menos conocidos fue cometido por los restauradores alemanes en los años sesenta. Al limpiar la superficie del busto para preservarlo del envejecimiento de pigmentos, usaron un barniz sintético que alteró ligeramente los tonos originales, especialmente en los labios y la corona. Hoy se considera un error menor pero irreversible. El busto que vemos hoy no es exactamente el que Borchardt desenterró.

Finalmente, está el error de fondo: haber tratado un objeto cargado de poder simbólico como una «pieza arqueológica más».

El busto fue almacenado, empaquetado, catalogado, numerado; pero no se le permitió ser lo que era: la imagen visual más potente de una civilización. Solo esa cara sin ojos, hallada por azar, adorada sin palabras, y aún hoy incapaz de regresar a casa.

Reflexión final

Apareció en un taller olvidado, sin pedestal, con un solo ojo y con una belleza que nadie estaba preparado para recibir. Desde entonces, no ha hecho más que generar deseo, conflicto y contemplación. Una belleza única que parece detener el tiempo de aquella civilización.

4

EL DIOS ENTERRADO: ABU SIMBEL

Contexto histórico novelado

Giovanni Battista Belzoni era un antiguo forzudo de circo, ingeniero autodidacta y ahora —por esas cosas del imperialismo británico— cazador de antigüedades para el cónsul Henry Salt. Belzoni no era arqueólogo. No le interesaban las inscripciones, sino los bloques. Quería templos, estatuas, columnas enteras. Y en su cabeza tenía una idea fija: la descripción maravillosa que el suizo Burckhardt le contó en El Cairo: que había un templo grandioso en los límites al sur de Egipto conocido por los lugareños.

Así que en agosto de 1817, acompañado por una docena de trabajadores locales y su inseparable ayudante, James Curtin, Belzoni llegó al lugar. Solo la parte superior de una cabeza monumental era visible. Arena por todas partes. El acceso, cubierto desde hacía siglos, bloqueado por dunas que se renovaban con cada tormenta. Y allí empezaron a sacar la tierra.

Tardaron semanas. Las palas se atascaban. El viento devolvía lo que quitaban. Pero, poco a poco, la fachada comenzó a revelarse:

cuatro colosos de más de 20 metros de altura, esculpidos directamente en la roca de la montaña. Ramsés II, multiplicado por cuatro, emergía como un dios reconstruido desde la arena. No podía saberlo, pero bajo la arena, frente a ellos, había un portal tallado, inscripciones apenas visibles y más abajo, entre sombras, el acceso al santuario.

Nadie había visto aquel lugar desde tiempos antiguos. Ni griegos ni romanos. Solo los habitantes de la región, que lo llamaban «Meha», recordaban vagamente que «allí vivía un dios de piedra». Lo que Belzoni acababa de redescubrir era el templo de Abu Simbel, mandado construir por Ramsés II hacia el siglo XIII a. C. como frontera simbólica del imperio egipcio en Nubia. Pero antes de que pudiera entrar, una tormenta de arena lo obligó a suspender las tareas. Tuvo que retirarse durante semanas porque además se quedó sin provisiones. Cuando volvió, la entrada estaba de nuevo cubierta. La historia parecía querer enterrar otra vez al faraón. La segunda vez fue la vencida. El hallazgo no fue un golpe de genio, sino un cruce de cansancio, rumores locales y… persistencia.

Cómo se produjo el hallazgo y quiénes estuvieron involucrados

El descubrimiento del templo de Abu Simbel en 1817 es un ejemplo claro de cómo la arqueología de los primeros años en Egipto —la anterior a Champollion y a los métodos científicos— era una mezcla de ambición y, sobre todo, circunstancia. Desde luego, no fue el conocimiento lo que condujo a Giovanni Battista Belzoni hasta el templo de Ramsés II.

Cuando Belzoni llegó al sur de Nubia, lo hizo por encargo del cónsul británico Henry Salt con el cuento del suizo. Tenía el objetivo de localizar templos excavados en la roca. El propio Belzoni lo reconoce en sus memorias: no tenía formación arqueológica, pero sí una capacidad notable para mover grandes bloques y abrir estructuras que llevaban siglos selladas. En su relato sobre Abu Simbel, describe el momento del hallazgo con una mezcla de épica y agotamiento:

> *I had the satisfaction of beholding one of the most magnificent monuments of ancient days concealed under a hill of sand.*
>
> Tuve la satisfacción de contemplar uno de los monumentos más magníficos de la antigüedad […] oculto bajo una colina de arena.
>
> BELZONI, G. B., *Narrative of the Operations and Recent Discoveries within the Pyramids, Temples, Tombs, and Excavations in Egypt and Nubia,*
> John Murray, Londres, 1820, p. 307.

Desde luego, son frases que relatan aquella arqueología del XIX mezcla de aventuras y azar.

Pero la realidad fue menos gloriosa. El sitio, en efecto, no era invisible: la arena cubría la entrada, pero parte de la cabeza y hombros de uno de los colosos era visible, especialmente tras las tormentas que removían parcialmente las dunas. El hallazgo no fue tanto una «excavación» como una desobstrucción repetida y agotadora. La entrada del templo estaba totalmente bloqueada, y cada noche el viento devolvía buena parte de la arena retirada durante el día. Durante semanas, Belzoni y su equipo

—compuesto por una docena de obreros nubios y sudaneses, con herramientas mínimas— cavaron sin descanso. Lo hicieron sin planos, sin datación estratigráfica, sin documentación sistemática. Pero también con una perseverancia innegable. La labor no era solo arqueológica: era física. Arena contra músculo. Duna contra pala.

Finalmente, a fines de octubre de 1817, lograron penetrar por primera vez en el templo. El espectáculo era sobrecogedor: un corredor flanqueado por estatuas de más de 10 metros, un santuario final donde Ramsés se sentaba junto a los dioses del Estado —Ptah, Amón, Ra-Horakhti— y paredes cubiertas de relieves aún vivos. Belzoni describió el interior como un lugar «tan perfecto como si hubiera sido sellado ayer». Pero ese interior llevaba siglos sin ser tocado. Desde el colapso del Imperio Nuevo y la progresiva retirada del poder egipcio en Nubia, Abu Simbel había sido engullido por el desierto. No lo destruyeron hombres: lo enterró el viento. Si sobrevivió fue gracias a ese mismo manto de arena que hoy se intenta combatir con tecnología. Ironías del tiempo.

Los verdaderos involucrados en el hallazgo fueron muchos: el joven pastor que vio el rostro, los obreros que removieron la arena día tras día, el entorno que mantuvo el templo oculto… y, sí, también Belzoni, cuya energía y visión romántica de Egipto lo llevaron a documentar —aunque sea parcialmente— uno de los templos más impresionantes de la arquitectura egipcia. Lo irónico es que, pese a todo, el hallazgo pasó desapercibido en Europa durante años. Belzoni no era Champollion. No descifró jeroglíficos ni reconstruyó dinastías. Simplemente, encontró a Ramsés dormido bajo la arena… y lo despertó.

Importancia arqueológica del descubrimiento

Cuando Belzoni logró liberar la entrada de Abu Simbel, en 1817, volvió a emerger una declaración política esculpida en roca viva, un acto de propaganda que había permanecido intacto más de 3.000 años. Siempre, en mis viajes, recomiendo a los visitantes que comparen esta fachada con las de otros templos. Porque el templo de Ramsés II, tallado directamente en la montaña de arenisca, no era un templo común: era una frontera ideológica, una afirmación visual de poder imperial plantada en pleno sur de Nubia. Alucinante. Ramsés II fue también un genio del márketing político y militar.

Desde el punto de vista arquitectónico, Abu Simbel representa una de las cumbres del arte egipcio. A diferencia de los templos tradicionales construidos en piedra tallada, aquí la roca no se transportó: se esculpió *in situ*, directamente en el acantilado del Nilo. La fachada, de más de 30 metros de alto, muestra cuatro colosos sedentes de Ramsés II —de unos 20 metros cada uno—, flanqueados por figuras menores de su familia. Una de las estatuas fue destruida por un terremoto en época ya faraónica, lo que da al conjunto un carácter de ruina preservada.

El interior del templo es aún más significativo: un eje axial que conduce hasta el santuario, donde Ramsés II aparece sentado junto a tres grandes dioses: Ptah, Amón-Ra y Ra-Horakhti. Esta tríada más uno no es casual. Ramsés, al colocarse entre los dioses, se autoproclama como un igual. Es un gesto teológico y político. Fantástico. El templo está alineado de tal modo que dos veces al año —el 22 de octubre y el 22 de febrero— los rayos del sol penetran hasta el fondo del santuario e iluminan las estatuas…, salvo la de Ptah, dios de la oscuridad, que permanece siempre en la sombra por motivos obvios. Este fenómeno de iluminación solar es una teología esculpida.

Desde el punto de vista histórico, Abu Simbel confirma la magnitud del programa edilicio de Ramsés II, cuya obsesión por el legado lo llevó a inscribir su nombre incluso sobre monumentos ajenos. Aquí, en la frontera sur, quiso la originalidad desde luego. Su función no era solo religiosa, sino también estratégica: asombrar, intimidar, dominar a través de la imagen. Desde la barca del Nilo, los nubios y comerciantes que se aproximaban veían a Ramsés multiplicado por cuatro, sentado como un dios ante el desierto.

Arqueológicamente, el valor del templo reside también en su estado de conservación. Gracias a haber estado cubierto de arena durante siglos, sus relieves internos —batalla de Qadesh, rituales y ofrendas a los dioses— lucen bastante policromía, y las inscripciones permiten reconstruir episodios clave del reinado de Ramsés. Uno de los más importantes es la representación de la batalla de Qadesh, narrada en los muros laterales de forma cinematográfica: carros, enemigos hititas…, victoria divina. Total, ni los egipcios ni los nubios iban a ir hasta Qadesh a preguntar a los hititas sobre aquello. Una *fake news* en toda regla. Qué grande Ramsés.

Es importante destacar que el redescubrimiento del templo impulsó una nueva oleada de exploraciones en Nubia. El templo, que había sido cubierto por azar, fue también redescubierto por azar. Pero su arquitectura y su simbolismo devolvieron a Ramsés II al lugar que había planeado para sí mismo: no como recuerdo, sino como presencia. No como pasado, sino como frontera del tiempo. Y desde luego más de 3.000 años después mantiene su sentido original: impresionarnos.

Toque humano: conflictos, emociones y errores

El templo de Abu Simbel volvió a ver la luz gracias al esfuerzo de muchos, pero solo un nombre ha pasado a los libros: Giovanni Belzoni. La historia oficial lo presenta como un héroe solitario que luchó contra las arenas para liberar un templo perdido, y nos suena a película. Lo que casi nunca se dice es quiénes cavaron, quién soportó el calor, quién removió con las manos lo que las herramientas no podían sacar sin dañar el relieve. Los hombres que acompañaban a Belzoni no eran voluntarios. Muchos eran reclutados en pueblos nubios cercanos con promesas de paga incierta. Algunos trabajaban por miedo, pero otros por necesidad. Sus nombres no quedaron registrados. Tampoco sus rostros. La narrativa colonial —tanto británica como francesa— excluía sistemáticamente al obrero egipcio de la autoría del hallazgo.

Lo que hubo en Abu Simbel, además de arena, fue tensión cultural y violencia simbólica. Belzoni operaba con un *firman* (permiso de excavación) concedido al cónsul británico por el valí de Egipto, que era nominalmente otomano, y en una Nubia que empezaba a resentir la presencia occidental. La mayoría de las excavaciones se hacían sin consultar a las autoridades locales, y las poblaciones miraban aquellas intervenciones con una mezcla de desconcierto, temor y resignación. El faraón que despertaba era para ellos un mito o un espectro. Para los europeos de entonces, un trofeo. Como a finales del XVIII y primeros del XIX América le hizo una peineta a Europa, Europa se fue a por África y el Mediterráneo con altanería y petulancia.

Hubo errores también. Belzoni era un hombre fuerte, pero no cuidadoso. En su intento por liberar la entrada, dañó parte de la ornamentación exterior. Documentó lo que vio…, pero no copió inscripciones, no calcó relieves. De hecho, sus descripciones son vagas en comparación con las realizadas décadas más tarde por expediciones alemanas y francesas. Otro aspecto desconocido en general es la reacción emocional de los propios obreros:

> *It was reported to me that the Arabs believed the place to be full of spirits or genii, who would destroy any person who attempted to enter it.*
>
> Me informaron que los árabes creían que el lugar estaba lleno de espíritus o genios, que destruirían a cualquier persona que intentara entrar.
>
> Belzoni, G. B., *Narrative of the operations…*, *op. cit.*, p. 295.

Finalmente, el mayor conflicto surgió no en el siglo XIX, sino en el XX: cuando en 1960 se construyó la presa de Asuán y el templo, ahora mundialmente famoso, estuvo a punto de quedar sumergido bajo las aguas del lago Nasser. Hubo que desmontarlo y trasladarlo piedra a piedra en una operación de colaboración internacional sin precedentes. De ingeniería y de trabajo físico, porque las piedras fueron cortadas con sierras mecánicas, de vaivén… por trabajadores locales de nuevo, cerca de 3.000 personas.

Reflexión final

El templo de Abu Simbel sobrevivió por su magnitud. El viento lo cubrió, el olvido lo selló, y solo el azar —y una pala persistente— lo trajo de vuelta. Su fachada no fue diseñada para desaparecer, pero su resurrección fue tan inesperada como su entierro.

EL TESORO OCULTO
EN UN ESCONDITE DE OBREROS

Contexto histórico novelado

El sol del desierto golpeaba con fuerza en las ruinas polvorientas de Deir el-Medina, la ciudad de los artesanos, aquellos que trabajaron en la construcción de las tumbas en los valles reales. Ernesto Schiaparelli, arqueólogo italiano al frente de las excavaciones, repasaba los registros de los últimos días con una mezcla de satisfacción y frustración. Habían encontrado ostracas, herramientas y fragmentos de cerámica que arrojaban luz sobre la vida de los antiguos artesanos, pero faltaba algo más. Schiaparelli tenía el presentimiento de que las laderas de aquella aldea escondían algo más grande, algo que aún no habían tocado.

Sin embargo, esa mañana de 1906, nuestro azar decidió jugar su parte. Uno de los trabajadores, Ahmed, estaba limpiando escombros cerca de una esquina que nadie había explorado demasiado. Su tarea no era particularmente emocionante: desenterrar bloques pequeños y apartarlos para que otros pudieran excavar en las capas inferiores. Pero Ahmed, distraído mientras retiraba una piedra más grande de lo habitual, escuchó un ruido hueco. Se quedó quieto, con la respiración contenida, y golpeó de nuevo el suelo con el mango de su azada. El sonido se repitió. Sonaba a hueco. Algo había allí, justo debajo de la superficie.

—¡Ernesto *Moudir*! —llamó con voz emocionada.

Schiaparelli levantó la vista desde su cuaderno y se acercó al lugar con pasos rápidos. Cuando Ahmed le mostró el área, el arqueólogo se agachó, golpeando el suelo con la palma de la mano. Allí, bajo una capa de escombros, había una entrada oculta, sellada de forma deliberada siglos atrás.

—¡Traed las herramientas! —ordenó, incapaz de contener su emoción.

A medida que despejaban la entrada, Schiaparelli se dio cuenta de que el lugar había sido enterrado a conciencia. La ubicación también era clave: al estar en un área que parecía ya explorada y poco prometedora, los saqueadores la habían ignorado.

Cuando por fin lograron abrir la entrada, un olor a historia y tiempo los envolvió. Schiaparelli entró con una lámpara y lo que vio lo dejó sin palabras. Allí estaba la tumba de Kha y Merit, intacta, como si el tiempo hubiera decidido protegerla. Cada objeto estaba en su lugar: cofres cuidadosamente sellados, muebles, ropa, comida…, todo esperando a que alguien lo encontrara.

Cómo se produjo el hallazgo y quiénes estuvieron involucrados

El hallazgo de la tumba intacta de Kha (TT8) y su esposa Merit en 1906 fue uno de los momentos culminantes de la campaña de ese año, dirigida por Ernesto Schiaparelli. En el marco de la

Missione Archeologica Italiana, promovida por el Museo Egipcio de Turín, el equipo trabajaba en la necrópolis de Deir el-Medina, lugar de residencia de los artesanos del Valle de los Reyes en el Imperio Nuevo.

Durante una excavación sistemática en la zona al oeste del poblado, uno de los trabajadores egipcios asignados para la remoción de escombros en un área marginal y tediosa detectó algo irregular en el terreno. La zona, cubierta por detritos, albergaba una casa parcialmente colapsada que ocultaba bajo sus ruinas el acceso a una cámara funeraria. Según el propio Schiaparelli, el hallazgo no fue producto de una hipótesis arqueológica concreta, sino del azar.

Este «obrero anónimo» fue quien, sin saberlo, abrió la puerta a uno de los descubrimientos funerarios más completos fuera del Valle de los Reyes. La importancia del hallazgo radicó tanto en su integridad como en su contexto social: no se trataba de una tumba real, sino de un funcionario de alto rango —un arquitecto responsable de obras reales— cuya vida podía reconstruirse a partir de su ajuar.

La excavación fue documentada con rigor, siguiendo los principios emergentes de una arqueología más científica, alejada ya del expolio decimonónico. Gaston Maspero le entregó el contenido casi completo a Schiaparelli.

Cabe destacar que el hallazgo coincidió con un momento clave en la historia de la egiptología europea. La preocupación por el contexto arqueológico comenzaba a imponerse frente al mero coleccionismo. La forma en que Schiaparelli gestionó este descubrimiento marcó una diferencia con respecto a otras misiones contemporáneas menos sistemáticas. El equipo de la misión incluía, además de obreros egipcios, técnicos italianos y dibujantes, entre ellos, Giulio Farina, que más adelante dirigiría el Museo Egipcio de Turín. El hallazgo de TT8 supuso también un impulso político y diplomático para Italia, que en plena competencia con Francia, Alemania y Reino Unido consolidaba su presencia egiptológica mediante esta excavación excepcional.

Importancia arqueológica del descubrimiento

La tumba TT8, perteneciente a Kha, jefe de los trabajos en el Lugar de la Verdad (el Valle de los Reyes), y a su esposa Merit, ofrece una ventana sin precedentes sobre la vida cotidiana, las costumbres funerarias y las creencias religiosas de la elite administrativa del siglo XIV a. C., concretamente durante la dinastía XVIII. Lo que distingue a esta tumba de otras excavadas en la misma época es la integridad del ajuar funerario. A diferencia de sepulturas reales o nobles que habían sido saqueadas en la Antigüedad, TT8 se encontraba completamente sellada. Contenía más de quinientos objetos perfectamente conservados, entre los que se incluían muebles, ropa, ungüentos, herramientas, comida, papiros, amuletos, vasos canopos, *shabtis* e incluso juegos de mesa.

La riqueza y variedad del contenido revelan el alto estatus del propietario, pese a que no fuera miembro de la realeza. Kha era responsable de la planificación y supervisión de las obras reales en la necrópolis tebana, una posición clave en la maquinaria estatal. Su título le situaba entre los funcionarios más respetados de Deir el-Medina. Merit, su esposa, aparece también mencionada como «dama de la casa».

Entre los objetos más destacados figuran un lecho funerario con cabezas de león talladas, de gran elegancia y simbología protectora, y una silla ceremonial en madera dorada, con inscripciones dedicadas a Kha. También había jarras selladas con vino y alimentos, incluyendo panes y frutas, perfectamente conservados, un espejo de bronce y peines de madera, asociados al cuidado personal de Merit. Lo más fabuloso son los instrumentos de medición, como niveles y reglas de carpintero, que reflejan el oficio del difunto.

Esta excepcional conservación ha permitido a los arqueólogos y egiptólogos estudiar por primera vez, con un grado de detalle inédito, cómo se preparaba el tránsito al más allá para un funcionario de alto rango.

The tomb equipment reflects both the official ideology of the afterlife and personal concerns for comfort, status and family continuity.

El ajuar de la tumba refleja tanto la ideología oficial del más allá como las preocupaciones personales por la comodidad, el estatus y la continuidad familiar.

TAYLOR, J. H., *Journey through the afterlife: ancient Egyptian Book of the Dead*, British Museum Press, Londres, 2010, p. 42.

El ajuar se ordenó no solo con riqueza, sino también con realismo funcional: se incluían camisas dobladas, sandalias usadas y objetos personales sin signo alguno de haber sido fabricados únicamente con fines rituales. Es decir, era su nueva casa y tenía que tener lo que cada uno tiene en su casa.

El valor de TT8 reside también en su capacidad de complementar la visión ofrecida por los textos y ostracas hallados en Deir el-Medina. Si bien estos documentos arrojan luz sobre la organización del trabajo y las tensiones sociales del poblado, la tumba de Kha proporciona una imagen íntima, casi doméstica, del individuo detrás del funcionario.

En definitiva, el hallazgo permite una relectura del Egipto faraónico desde la perspectiva de los que construyeron las tumbas reales, ofreciendo una contranarrativa a la hegemonía del discurso centrado exclusivamente en los faraones.

> *Fu veramente una fortuna insperata il trovare intatta una sepoltura di famiglia medio borghese dell'epoca tebana, con tutti gli oggetti di uso quotidiano e religioso disposti come furono lasciati migliaia di anni fa.*
>
> Fue realmente una suerte inesperada encontrar intacta una sepultura de una familia de clase media de la época tebana, con todos los objetos de uso cotidiano y religioso dispuestos tal como se dejaron hace miles de años.
>
> SCHIAPARELLI, E., *La tomba Intatta dell'Architetto*
> *Kha e della sua Sposa Merit*,
> R. Accademia Albertina, Turín, 1908, p. 15.

Toque humano: conflictos, emociones y errores

Detrás de cada descubrimiento arqueológico hay siempre personas concretas —obreros, técnicos, arqueólogos— que interactúan, dudan, se equivocan, se emocionan o simplemente trabajan bajo el sol. El caso de la TT8 no fue diferente. *Humana conditio.*

Ernesto Schiaparelli, aunque riguroso en sus métodos para la época, representaba una arqueología aún inmersa en relaciones jerárquicas marcadas por el colonialismo. Si bien reconocía en sus memorias el papel del azar en el hallazgo, no consignó el nombre del obrero que golpeó accidentalmente el terreno. Este anonimato, común en las expediciones de principios del siglo XX, contrasta con la magnitud del descubrimiento. El trabajador local permaneció fuera de los libros, mientras que la fama de la tumba quedó vinculada exclusivamente al director de la misión italiana.

Otro elemento humano importante fue la interacción con los trabajadores egipcios. Aunque Schiaparelli no dejó constancia directa de conflictos, sabemos por registros paralelos que hubo malestar entre los obreros cuando se estableció que todo el contenido sería trasladado a Turín. Si bien esta práctica era habitual en la época, muchas voces locales ya expresaban que los objetos deberían permanecer en Egipto. Esta tensión se reflejó, años más tarde, en las demandas del Servicio de Antigüedades egipcio, que limitaría progresivamente las exportaciones.

En el plano emocional, lo que más impresionó a los arqueólogos fue el contenido simbólicamente intacto de la tumba. Había una sensación compartida de haber interrumpido algo suspendido en el tiempo. Así, el hallazgo de Kha y Merit no solo aportó conocimientos, sino que removió emociones. Fue una excavación donde el respeto, el asombro y también la frustración por no poder conservarlo todo perfectamente marcaron la experiencia de los que participaron.

Io stesso, entrando per la prima volta nella camera funeraria, ebbi l'impressione di violare un focolare domestico, rimasto chiuso e silenzioso per secoli. Ogni oggetto, ogni mobile, parlava della vita di Kha e Merit.

Yo mismo, al entrar por primera vez en la cámara funeraria, tuve la impresión de violar un hogar doméstico que había permanecido cerrado y silencioso durante siglos. Cada objeto, cada mueble, hablaba de la vida de Kha y Merit.

SCHIAPARELLI, E., *op. cit.*, p. 27.

Reflexión final

El hallazgo de la tumba intacta de Kha y Merit en 1906 sigue siendo, más de un siglo después, un ejemplo perfecto de cómo el azar y la disciplina científica pueden encontrarse en el mismo gesto. Fueron las historias de dos personas, un arquitecto y su esposa, que vivieron con dignidad, trabajaron al servicio de otros y soñaron con un más allá tranquilo.

6

EL DEPÓSITO OLVIDADO
A LOS PIES DE AMÓN

Contexto histórico novelado

Era 1989, y Luxor, con su bullicio característico, vibraba bajo el calor del mediodía. El arqueólogo egipcio Mohamed el-Saghir estaba supervisando unas excavaciones rutinarias en el templo de Luxor, lugar que había sido testigo del esplendor y la decadencia de Egipto a lo largo de milenios. El templo y el pequeño tramo de la avenida de esfinges entonces excavado parecían desafiar al tiempo: llevaban décadas siendo explorados, pero la idea de encontrar algo más allá de lo que ya se conocía parecía improbable. No obstante, algo en el instinto de El-Saghir le decía que había más secretos ocultos bajo las piedras desgastadas por el tiempo.

Ese día, un grupo de trabajadores estaba despejando una sección cercana al patio de Ramsés II. Habían retirado bloques de piedra que formaban parte de antiguas restauraciones, pero el trabajo no era especialmente emocionante. De repente, uno de los obreros golpeó el suelo con su pala y escuchó un sonido hueco, diferente al de la arena y la piedra que habían estado removiendo.

—¡*Ustad* Mohamed! —gritó.

El-Saghir se acercó rápidamente, intrigado. Se arrodilló junto al lugar señalado y comenzó a examinarlo con sus propias manos. El suelo parecía ceder bajo la presión, como si ocultara algo más profundo.

Con mucho cuidado, comenzaron a despejar la zona, y lo que apareció dejó a todos sin palabras: un depósito subterráneo lleno de estatuas de granito, alabastro y caliza, colocadas unas junto a otras en un orden que parecía deliberado. Figuras de dioses, sacerdotes y faraones, algunas de más de 2 metros de altura, emergían de la tierra, intactas a pesar del paso de los siglos.

El-Saghir se detuvo frente a una estatua que representaba al dios Amón, su rostro sereno pero imponente. Era como si el propio dios estuviera contemplando el momento de su redescubrimiento.

—¿Cómo es posible que esto haya estado aquí todo este tiempo? —se preguntó en voz alta.

Lo que Mohamed el-Saghir y su equipo habían encontrado era un depósito ritual, un lugar donde los antiguos sacerdotes del templo habían enterrado estatuas dañadas o en desuso, probablemente durante alguna restauración o reforma. Pero lo que más sorprendió al arqueólogo fue la cantidad: más de veinte estatuas, algunas de las cuales eran verdaderas obras maestras del arte egipcio.

Esa noche, sentado frente a las estatuas que aún estaban siendo desenterradas, El-Saghir no podía evitar pensar en el papel que el azar había jugado en aquel hallazgo. Si el obrero no hubiera golpeado justo en ese lugar, si las excavaciones hubieran tomado otro rumbo…, el depósito habría seguido oculto, como un secreto bien guardado por los antiguos egipcios.

Cómo se produjo el hallazgo y quiénes estuvieron involucrados

El hallazgo del depósito de estatuas en el templo de Luxor en 1989 no se debió a una búsqueda dirigida ni a una hipótesis teórica previa. Fue, en sentido estricto, una casualidad. Mohamed el-Saghir, a cargo de la supervisión arqueológica del conjunto, lideraba un equipo del Supreme Council of Antiquities que ejecutaba tareas de limpieza, nivelación y consolidación estructural en sectores del patio de Ramsés II. La zona en cuestión había servido durante décadas como vía de paso para visitantes y estaba cubierta por capas acumuladas de restauraciones previas, algunas de época grecorromana, otras incluso más recientes, correspondientes a intervenciones del siglo XIX.

Durante una jornada rutinaria, al retirar una de losas reubicadas en los años treinta, un obrero detectó un hundimiento anómalo en el suelo. Al golpear, el sonido reveló una cavidad bajo la superficie. La excavación cuidadosa posterior expuso la boca de un depósito subterráneo, excavado en la capa natural de limos compactados y protegido por una cobertura deliberada de bloques y tierra prensada. Allí, en aparente orden yacían veintiséis estatuas, muchas de ellas completas, otras fragmentadas, que representaban a divinidades como Amón, Mut y varios faraones, entre ellos, Ramsés II, así como una reina y una sacerdotisa.

Lo notable del hallazgo no fue solo la calidad estética de las estatuas, sino el contexto de su disposición: no estaban diseminadas por un colapso ni mezcladas con rellenos. Se encontraban enterradas con evidente intención cultual. Este patrón responde a lo que los egiptólogos denominan *cachette rituelle*, o escondite sagrado. Tales depósitos eran utilizados en el Egipto faraónico, especialmente durante épocas de renovación del templo, para retirar de la circulación objetos sagrados que, por estar dañados o desfasados en su estilo, no podían seguir en uso, pero tampoco podían ser profanados ni destruidos.

El-Saghir interpretó con prontitud que el hallazgo se encuadraba en esta tradición. Las estatuas, datables en su mayoría entre el Imperio Nuevo y la Baja Época, formaban parte de la historia ritual del templo. Su enterramiento pudo coincidir con un momento de transformación litúrgica o de reorganización interna del clero.

La documentación del hallazgo fue rápida y rigurosa. Se fotografió y catalogó cada estatua *in situ*, se realizó un levantamiento topográfico del pozo y se organizó el traslado de las piezas al Museo de Luxor, donde muchas de ellas se exhiben actualmente.

Importancia arqueológica del descubrimiento

El depósito de estatuas descubierto en 1989 en el templo de Luxor constituye uno de los hallazgos arqueológicos más relevantes de las últimas décadas precisamente por hacerse en un espacio ya considerado exhaustivamente trabajado. Su importancia no radica únicamente en el número y calidad de las piezas, sino en lo que revela sobre las prácticas religiosas de gestión del objeto sagrado en el Egipto faraónico. A diferencia de tumbas o templos dedicados a la exposición pública del poder y la fe, los depósitos rituales como este eran deliberadamente invisibles. No estaban destinados a ser vistos ni venerados: eran lugares de reposo definitivo para aquellos objetos cultuales que, por haber sido dañados, desfasados estilísticamente o litúrgicamente obsoletos, ya no podían continuar en uso, pero tampoco ser destruidos. La cosmovisión egipcia no concebía la eliminación irreverente de una estatua con forma divina; su entierro, acompañado a menudo de ceremonias específicas, era una forma de darle un «descanso eterno» semejante al de un difunto.

En el caso de Luxor, el depósito contenía estatuas que representaban tanto a divinidades (Amón, Mut, Khonsu) como a figuras humanas identificadas (Ramsés II, Thutmose III, Horemheb, Tutankamón, Amenhotep III...). La diversidad cronológica de las piezas —que abarcan desde el Imperio Nuevo hasta la Baja Época— sugiere que el depósito incluyó elementos conservados durante siglos antes de su enterramiento final, que tuvo lugar durante la conversión del templo en un campamento romano en el siglo III d. C. La calidad artística de las estatuas es también destacable. Algunas muestran un refinamiento que rivaliza con piezas del Museo Egipcio de El Cairo o del Louvre, especialmente en el tratamiento de las proporciones y los rostros. Se hallaron piezas talladas en granito rosa, basalto y caliza fina con restos ocasionales de policromía. Una de las estatuas más notables representa a Amón sedente, con los rasgos marcadamente estilizados del período ramésida y con fragmentos del tocado pintado.

Más allá del valor estético, el hallazgo permitió a los investigadores plantear preguntas sobre la lógica espacial y funcional del templo de Luxor. ¿Por qué se eligió precisamente esa zona del patio solar de Amenhotep III para el entierro? ¿Hubo alguna remodelación estructural que lo motivara? ¿Qué factores rituales condicionaban la forma, profundidad y disposición del depósito? Estas preguntas abrieron nuevas líneas de investigación. El-Saghir propuso que el depósito se selló durante una gran renovación bajo la dinastía xxv o xxvi, cuando se intentaban recuperar espacios rituales y redefinir la ortodoxia cultual en Tebas. Otros estudiosos, como Hourig Sourouzian, han sugerido que este tipo de depósitos eran también una forma de «purificación topográfica»: limpiar mágicamente el espacio del templo de toda imagen dañada o teológicamente ambigua.

> *The statues had been carefully arranged and buried, apparently as part of a ritual disposal of images no longer required for cult use.*
>
> Las estatuas habían sido cuidadosamente colocadas y enterradas, aparentemente como parte de una disposición ritual de imágenes que ya no se requerían para el culto.

EL-SAGHIR, M., *The Discovery of the Statuary Cachette of Luxor Temple*, Philipp von Zabern, Maguncia, 1991, p. 25.

Toque humano: conflictos, emociones y errores

El descubrimiento del depósito de estatuas en el templo de Luxor en 1989 fue una experiencia cargada de humanidad. Para Mohamed el-Saghir y su equipo, el momento en que las primeras formas humanas emergieron de la tierra representó algo más que la apertura de un capítulo nuevo en la historia del templo: fue una irrupción del pasado en el presente, un instante de comunión entre siglos. El-Saghir, egiptólogo experimentado, reconocía en privado que algo en aquel hallazgo lo había conmovido más de lo habitual. Acostumbrado a rescatar fragmentos, a estudiar relieves dispersos, se encontraba ahora ante una escena casi teatral: los dioses, dispuestos uno junto a otro, como actores a punto de salir a escena, detenidos en el umbral de una eternidad suspendida. No era simplemente un depósito: era una procesión detenida por la arena.

Pero no todo fue emoción contenida. El hallazgo generó tensiones logísticas y lógicamente políticas. Las autoridades locales exigieron rapidez en la extracción, preocupadas por posibles filtraciones mediáticas que atrajeran saqueadores. El museo de Luxor no tenía espacio suficiente para acoger todas las piezas con garantías, y hubo que improvisar un almacén provisional, lo que supuso un riesgo evidente para la conservación de las obras.

Reflexión final

Los egipcios no arrojaban a sus dioses cuando se rompían, los enterraban. Ese gesto, humilde y poderoso, nos obliga a mirar de otro modo los objetos que solemos admirar tras vitrinas. Eran imágenes vivas, entidades con nombre, función y voz. Cuando ya no podían servir, se les ofrecía la inmovilidad como santuario.

El azar, una vez más, eligió el momento de devolvernos lo olvidado. El suelo se abrió, pero no por violencia ni por gloria, sino por rutina. Fue una pala en el lugar justo. Fue la paciencia de los siglos esperando que alguien escuchara.

Más que un hallazgo, fue una conversación entre tiempos. Y en esa conversación, los arqueólogos no hablaron primero: solo supieron escuchar.

7

LAS *CARTAS DE AMARNA*: UN ALDEANO, LADRILLOS Y UN DESCUBRIMIENTO SIN IGUAL

Contexto histórico novelado

A mitad de camino entre Menfis y Tebas se hallaba entonces el futuro. La ciudad de Amarna, fundada por Akenatón en el siglo XIV a. C., albergaba el lugar en que se inició una de las primeras religiones monoteístas de la historia. Fiel reflejo de nuestro presente, el faraón quiso enfrentarse a los poderes fácticos y decidió llevarse la corte lejos de los grandes sacerdotes tebanos y convertir el culto a Atón (disco solar) en el principal, por encima de los demás. Aquello les escoció bastante a los sacerdotes de Tebas, que eran tremendamente poderosos. Por eso Akenatón decidió dónde estaba la mitad de su reino —lejos de Tebas y de Menfis— y puso allí su nueva capital. Pero en cuanto murió fue silenciado. Así que, en ese momento, todos decidieron que se dejaran de menos culto a Atón y menos gaitas y volvieran las aguas a su cauce. Y la corte volvió a Tebas. Fin.

Pero la historia ahora se traslada al siglo XIX de nuestra era. Un día cualquiera un aldeano llamado Mohammed Ali —sí, como el boxeador— había salido al desierto con un objetivo simple: recoger barro para fabricar ladrillos, como lo habían hecho durante generaciones. Son los famosos adobes que hoy día siguen secándose al sol al lado de las carreteras egipcias. Mohammed era un hombre práctico. Las ruinas no le interesaban más allá de lo que podían ofrecer como fuente de materiales. Entre los bloques caídos y los restos de templos y palacios, encontraba el barro perfecto para hacer ladrillos resistentes. Esa tarde, mientras llenaba su cesto con escombros de una estructura semienterrada, notó algo diferente. Sus dedos tocaron un objeto liso, distinto a la piedra que estaba acostumbrado a manejar. Cavó un poco más y sacó un pequeño bloque rectangular, de color barro, cubierto de marcas que parecían garabatos. Mohammed lo giró entre sus manos, curioso pero confundido. «¿Qué es esto?», murmuró para sí.

Siguió cavando y pronto encontró más bloques similares. Había decenas de ellos, cuidadosamente alineados en lo que parecía ser un depósito. Aunque no sabía leer las extrañas marcas en los bloques, algo en su interior le decía que aquello era importante. Decidió llevar algunos al mercado local, donde los comerciantes de antigüedades solían pagar bien por objetos extraños. Al día siguiente, un occidental que pasaba por el mercado los vio. Su rostro cambió al examinarlos con más detalle. Esas marcas no eran garabatos, sino escritura cuneiforme, un sistema utilizado en Mesopotamia. ¿Qué narices pintaba eso en Egipto?

Cómo se produjo el hallazgo y quiénes estuvieron involucrados

El descubrimiento de las *Cartas de Amarna* tuvo lugar en 1887 en el sitio de Aketatón, la capital fundada por este faraón en el siglo xiv a. C., la actual Tell el-Amarna. Según los informes más difundidos, el hallazgo fue completamente fortuito: un aldeano local, cuyo nombre no ha quedado registrado de forma concluyente (aunque a veces se alude al nombre genérico de Mohammed Ali), estaba extrayendo barro para fabricar ladrillos cuando dio con un conjunto de tablillas de arcilla cocida. Estas tablillas, que al principio pasaron desapercibidas, comenzaron a ser vendidas en el mercado de antigüedades egipcio, lo que alertó a coleccionistas y egiptólogos europeos. Entre ellos, el egiptólogo noruego Jørgen Alexander Knudtzon reconoció su valor filológico y diplomático, siendo el primero en publicar una edición crítica en 1907 con el título *Die El-Amarna Tafeln*. Más adelante, arqueólogos como Flinders Petrie y Norman de Garis Davies investigaron el contexto arqueológico del hallazgo, aunque para entonces muchas tablillas ya se habían dispersado por distintas colecciones europeas.

La mayor parte de las cartas hoy se conserva en el Museo Egipcio de El Cairo, el Museo Británico de Londres y el Vorderasiatisches Museum de Berlín, aunque algunas piezas terminaron en colecciones privadas o universidades. En total se conocen unas 382 tablillas, redactadas en acadio —la lengua diplomática del momento— y escritas en cuneiforme, lo que fue en su momento una gran sorpresa para los estudiosos egiptólogos, acostumbrados al hierático y el jeroglífico.

Estas cartas fueron halladas en el área del archivo de palacio, concretamente en una zona adyacente al complejo administrativo que había sido arrasado tras el abandono de la ciudad. El depósito estaba semioculto bajo capas de escombros, lo que permitió que muchas tablillas sobrevivieran al saqueo, aunque fragmentadas o mal conservadas. El hallazgo no fue, pues, un fruto de excavación sistemática en sus comienzos, sino de una combinación de azar y reacciones rápidas por parte de comerciantes y académicos extranjeros.

> *The tablets had been discovered by local villagers digging for sebakh (fertilizer), and the site was subsequently looted before any proper archaeological intervention could take place.*
>
> Las tablillas habían sido descubiertas por aldeanos locales que excavaban en busca de *sebakh* [fertilizante], y el sitio fue posteriormente saqueado antes de que pudiera realizarse una intervención arqueológica adecuada.

MORAN, W., *The Amarna Letters*,
Johns Hopkins University Press, Baltimore, 1992, p. XXIII.

Importancia arqueológica del descubrimiento

El hallazgo de las *Cartas de Amarna* transformó por completo el conocimiento que teníamos sobre la política exterior del Egipto del Imperio Nuevo, especialmente durante el reinado de Akenatón (*ca.* 1353-1336 a. C.). Hasta ese momento, Egipto era visto sobre todo como una civilización cerrada sobre sí misma, con escasa interacción diplomática más allá del intercambio comercial o la guerra. Las tablillas de Amarna revelaron lo contrario: se trataba de cartas diplomáticas de una red compleja de correspondencia entre Egipto y los grandes poderes del mundo antiguo, como Babilonia, Asiria, Mitanni, Hatti (los hititas), Alashiya (Chipre) y una serie de ciudades-Estado de Siria-Palestina. Se las conoce hoy día como el grupo de las cinco superpotencias. Una denominación avaramente occidental. ¿Verdad? Estas cartas, redactadas en acadio —la lengua franca de la diplomacia en la Edad del Bronce Tardío—, trataban temas muy diversos: acuerdos matrimoniales, peticiones de oro, disputas fronterizas, envío de embajadores, problemas con vasallos locales y denuncias de traiciones políticas. Un corpus excepcional que permite reconstruir una «internacional» del siglo XIV a. C., cuyos ecos son comparables a los tratados y comunicaciones interestatales modernos.

Entre las cartas más significativas se encuentran las misivas de Tushratta de Mitanni, que describen el envío de una hija suya para casarse con Akenatón, o las de las quejas reiteradas de Rib-Hadda, príncipe de Biblos, en las cuales suplica ayuda militar contra sus enemigos locales. También son reveladoras las cartas enviadas por reyes de Babilonia que, pese a ser unos recién llegados al club internacional, reclamaban trato de igual a igual con el faraón egipcio. En términos arqueológicos, el valor del hallazgo reside también en su contexto: las tablillas provienen del archivo administrativo de la ciudad de Aketatón, capital efímera construida desde cero por este faraón en su ruptura con el culto de Amón y su adopción del culto exclusivo a Atón. El archivo diplomático es, por tanto, uno de los pocos ejemplos directos de una oficina de relaciones exteriores del antiguo Egipto. Además, el descubrimiento de las tablillas permitió revalorizar la formación de los escribas egipcios. Algunos textos muestran errores de ortografía o interferencias del egipcio hablado, lo que indica que los escribas egipcios que redactaban en acadio no eran nativos de esa lengua, sino que habían recibido una formación especializada. Esto plantea interesantes cuestiones sobre la educación burocrática y los vínculos con otras culturas.

> *This extraordinary corpus provides the most vivid picture we have of the network of international diplomacy that linked Egypt with the other great powers of the Late Bronze Age.*
>
> Este extraordinario corpus ofrece la imagen más vívida que tenemos de la red de diplomacia internacional que vinculaba a Egipto con las otras grandes potencias de la Edad del Bronce Final.

RAINEY, A. F. y NOTARIUS, H., *The el-Amarna correspondence*, Brill, Leiden, 2015, p. XVIII.

Toque humano: conflictos, emociones y errores

Mohammed Ali, el campesino que recogía barro en las ruinas de Aketatón, no tenía forma de comprender que los bloques de arcilla cocida que encontró aquel día contenían la correspondencia más sofisticada del siglo XIV a. C. Como tantos otros en contextos similares, su primera reacción fue la de vender lo encontrado en el mercado local, pieza a pieza, a comerciantes de antigüedades. La falta de supervisión arqueológica oficial en ese momento permitió que muchas de las tablillas fueran vendidas a intermediarios y terminasen dispersas por museos y colecciones privadas de Europa y Estados Unidos. Al enterarse de las ventas, el egiptólogo francés Urbain Bouriant intentó adquirir las tablillas restantes, pero ya era tarde: buena parte del corpus había salido de Egipto. Solo más adelante, cuando estudiosos como Hugo

Winckler y Ephraim Speiser comenzaron a analizarlas en profundidad, se reconoció su valor incomparable. Para los filólogos y egiptólogos que estudiaban las tablillas, la emoción era palpable. El acadio usado en estas cartas no era exactamente el literario: reflejaba el habla diplomática, con interferencias fonéticas, calcos del egipcio y un estilo más práctico que poético. Era como leer correos electrónicos de cancillerías antiguas, llenos de súplicas, quejas, exigencias…, humanidad, en suma. La dispersión de las tablillas también generó errores y conflictos académicos. Durante décadas, no se sabía cuántas cartas existían realmente, ni si varias tablillas pertenecían a una misma carta rota. La edición inicial de Knudtzon en 1915 fue revolucionaria, pero incompleta. Solo con la publicación del trabajo de William Moran en los años noventa se contó una traducción fiable y unificada, que puso orden en el caos filológico heredado.

> *One of the great problems with the Amarna tablets has been that many of them surfaced on the antiquities market without any archaeological context, which has hampered attempts to reconstruct the original organization of the archive.*
>
> Uno de los grandes problemas de las tablillas de Amarna ha sido que muchas de ellas aparecieron en el mercado de antigüedades sin ningún contexto arqueológico, lo que ha dificultado los intentos de reconstruir la organización original del archivo.

MORAN, W., *op. cit.*,
Johns Hopkins University Press, Baltimore, 1992, p. XII.

Más allá de las tensiones entre coleccionistas, museos y académicos, el verdadero drama fue el de las voces invisibles: los escribas egipcios que copiaron con esmero estos textos, los embajadores que viajaron con ellos en barco o a lomo de asno por caminos hostiles, los reyes que esperaban respuestas… Todos ellos quedaron atrapados en barro cocido durante más de tres mil años, hasta que un campesino, con una pala y sin saberlo, los liberó. Nuestro querido azar.

Reflexión final

El *affaire* de Akenatón con Atón parecía una anomalía en la historia egipcia y con ello todo lo que conllevaba la historia de este rey. No fue el que comenzó la correspondencia diplomática, que ya heredó de su padre. Pero este hallazgo nos recuerda la importancia que tenían el comercio y la política para mantener la *maat* —el equilibrio y el orden previo al bien y mal que se inventó Zoroastro y que copiaron los griegos— y no solo las hazañas militares. No hacía falta meterse en guerras y Akenatón, con aquella probable polio que sufría, no estaba para subirse a muchos caballos. Fue listo mientras pudo y le echó arrestos para vivir a su manera. Pero al morir, las voces discordantes fueron apagadas, un sino de la historia de nuestro mundo. El mundo que, por cierto, nosotros hacemos.

8

MI FAMILIA Y OTROS ANIMALES

Contexto histórico novelado

El amanecer teñía el horizonte con suaves tonos rosados mientras Amir, un humilde agricultor, trabajaba en su campo de trigo en Tuna el-Gebel. Era a mediados de los años veinte, y la vida en esta pequeña aldea egipcia seguía el mismo ritmo tranquilo que milenios atrás. Para Amir, la tierra lo era todo, y su única preocupación era asegurarse de que sus cultivos prosperaran bajo el abrasador sol del desierto.

Aquel día, sin embargo, la rutina iba a romperse. Amir estaba cavando una zanja para desviar un canal de riego. El trabajo era arduo y el calor del sol ya comenzaba a apretar, pero había algo que lo motivaba: la posibilidad de ampliar su campo y mejorar su cosecha. Al hundir su pala en la tierra seca, sintió un golpe distinto. No era el sonido opaco de la arena ni la resistencia de una roca, sino algo más frágil, como si hubiera roto una vasija. Intrigado, se agachó y comenzó a excavar con las manos. Pronto apareció un objeto envuelto en un lino antiguo, tan apretado que parecía una pieza de madera tallada.

Con cuidado, retiró más tierra y lo que vio lo dejó perplejo: un cuerpo pequeño, envuelto en vendas, con una forma inconfundible. Era una momia, pero no humana. Parecía un animal, tal vez un ibis. «¿Qué es esto?», murmuró para sí mismo.

Pronto se dio cuenta de que no era una momia aislada. A medida que cavaba, aparecían más y más cuerpos envueltos en lino, algunos de ellos con formas alargadas que recordaban serpientes, mientras que otros eran claramente pájaros. Ahmed, que no era ajeno a las leyendas locales sobre los antiguos egipcios, sintió una mezcla de curiosidad y temor. Decidió acudir al jefe de la aldea, quien contactó con las autoridades. No pasó mucho tiempo antes de que un grupo de arqueólogos llegara al lugar, liderados por el egiptólogo egipcio Sami Gabra. Lo que descubrieron fue mucho más grande de lo que Ahmed había imaginado: una vasta red de catacumbas subterráneas que albergaban miles de momias de animales, cuidadosamente depositadas en nichos y cámaras funerarias.

Esa noche, Amir, sentado junto a su familia, miraba el lugar donde había trabajado aquella mañana. Lo que había comenzado como un simple intento de mejorar su campo lo había convertido, por un instante, en parte de una historia mucho más grande, una historia que había permanecido oculta bajo la arena durante miles de años…

Cómo se produjo el hallazgo y quiénes estuvieron involucrados

El descubrimiento de las catacumbas de momias animales en Tuna el-Gebel fue el resultado de una combinación de azar y una posterior excavación sistemática por parte del egiptólogo egipcio Sami Gabra. Aunque los primeros indicios salieron a la luz durante labores agrícolas —posiblemente entre 1928 y 1931, según informes preliminares del Servicio de Antigüedades—, fue a partir de 1931 cuando Gabra, en colaboración con el Institut Français d'Archéologie Orientale (IFAO) y la Universidad de El Cairo, inició una campaña metódica para explorar los túneles funerarios bajo el desierto de Hermópolis Oeste.

Las investigaciones revelaron una vasta red de galerías excavadas en la roca que servían como depósito de momias de animales, principalmente ibis y babuinos, ambos asociados al culto del dios Thot. El trabajo de Gabra fue pionero por su enfoque interdisciplinar: combinó excavación, epigrafía e interpretación religiosa. En palabras suyas:

> *Les catacombes consacrées à Thot constituent un véritable sanctuaire souterrain, reflet de la piété populaire à l'époque tardive.*
>
> Las catacumbas consagradas a Thot constituyen un verdadero santuario subterráneo, reflejo de la piedad popular en la época tardía.

GABRA, *Les catacombes de Thot à Hermopolis-Ouest,* IFAO, El Cairo, 1930, p. 7.

El contexto arqueológico de Tuna el-Gebel es fundamental: se trata de la necrópolis de Hermópolis Magna, capital del nomo xv del Alto Egipto. Allí, la monumentalidad del templo de Thot se extendía más allá de sus muros, en forma de rituales y peregrinaciones populares que desembocaban en estos depósitos votivos. Gabra identificó varios niveles de uso del sitio, desde el período saíta hasta época ptolemaica.

Las excavaciones, que se extendieron durante dos décadas, mostraron una estratigrafía compleja y signos de reutilización ritual. Las galerías fueron talladas a lo largo de más de 2 kilómetros y albergaban millones de momias animales. El descubrimiento no fue producto de una predicción arqueológica precisa, sino del seguimiento de indicios vagos, rumores locales y una interpretación inteligente del terreno. Este descubrimiento demostró la amplitud del culto animal en el Egipto tardío. Fue también un hito en la investigación de la religiosidad popular egipcia al centrarse en prácticas que no involucraban a faraones ni templos estatales, sino a comunidades devotas que ofrecían animales a su dios patrono.

Importancia arqueológica del descubrimiento

El hallazgo de las catacumbas votivas de Tuna el-Gebel transformó el estudio del Egipto tardío al ofrecer una visión tangible de la religión popular y su escala logística. Este sitio confirmó que el culto a los dioses animales, y en especial al dios Thot, no era un fenómeno marginal, sino una práctica sistemática que involucraba a miles de devotos, intermediarios sacerdotales, criadores de animales, momificadores y escribas. Uno de los aspectos más impactantes fue la magnitud del conjunto. Estos millones de animales no se capturaban en estado salvaje, sino que eran criados específicamente para ser momificados y ofrecidos. La evidencia arqueológica sugiere la existencia de verdaderas granjas de animales sagrados cerca del sitio. Como señala Dieter Kessler:

Los papiros y ostracas hallados en el sitio confirmaron la existencia de un sistema de contabilidad detallado, en el que se registraban las ofrendas, el nombre del devoto, el tipo de animal y la fecha del ritual. Estas inscripciones, junto con los sellos funerarios hallados en los nichos, permitieron reconstruir no solo el aspecto ritual, sino también la infraestructura económica del culto. Además, las momias fueron clasificadas por Gabra según las técnicas de embalsamamiento aplicadas. Algunas estaban recubiertas de resina negra, envueltas con vendas finas y colocadas en sarcófagos miniatura; otras, más simples, estaban apenas protegidas con un paño rudimentario. Esta variedad ilustra un sistema de precios y accesibilidad religiosa que abarcaba todas las clases sociales.

Desde el punto de vista iconográfico, muchas de las cámaras contenían estelas votivas, con representaciones del dios Thot en su forma de ibis o de babuino, acompañado de inscripciones breves: oraciones, nombres, agradecimientos. La religiosidad que aquí se revela es íntima, comunitaria, concreta.

These votive catacombs reflect not only the religious beliefs but also the economic systems that sustained late Egyptian temples.

Estas catacumbas votivas reflejan no solo las creencias religiosas, sino también los sistemas económicos que sustentaban los templos egipcios tardíos.

KLOTZ, D., *Sacred gifts and worldly treasures*,
AUC Press, El Cairo, 2012, p. 56.

Toque humano: conflictos, emociones y errores

Aunque hoy la arqueología lo recuerda como un descubrimiento extraordinario, el hallazgo de las catacumbas de Tuna el-Gebel tuvo sus propias tensiones y complicaciones. En primer lugar, el campesino que alertó del hallazgo nunca recibió reconocimiento oficial, y su nombre no quedó registrado en los informes. Este anonimato no fue casual: en los años treinta, los egipcios rurales eran vistos como «informantes accidentales», rara vez como agentes del conocimiento.

Durante las primeras campañas, el equipo de Sami Gabra tuvo que lidiar con saqueos nocturnos. Varias momias fueron robadas y vendidas en el mercado negro, especialmente las que contenían pequeños amuletos en su interior. Gabra, consternado, escribió en su diario de campo:

> *Chaque nuit, nous perdons ce que le jour nous a révélé. Il faut protéger le passé de la convoitise du présent.*
>
> Cada noche, perdemos lo que el día nos ha revelado. Hay que proteger el pasado de la codicia del presente.

TUNA EL-GEBEL, *Carnet de fouilles*,
Archives de l'IFAO, saison 1932-1933.

Las condiciones de excavación también fueron duras. El calor extremo, la escasa iluminación y la fragilidad de los túneles pusieron en riesgo al equipo. Varias galerías se colapsaron parcialmente durante los trabajos, y Gabra tuvo que suspender la campaña de 1934 por razones de seguridad. Más allá de los peligros físicos, hubo errores de interpretación. En un principio, Gabra pensó que se trataba de una gran necrópolis animal sin organización litúrgica. Solo tras años de análisis, y gracias a la colaboración de especialistas como Hermann Kees y Étienne Drioton, se entendió que las galerías estaban organizadas cronológicamente según festividades y campañas de ofrendas. Lo más conmovedor, sin embargo, fueron los objetos personales hallados junto a algunas momias. Pequeñas plaquetas con nombres, inscripciones como «que Thot escuche mi plegaria» o «para la salud de mi hijo» daban rostro y emoción a un ritual que, desde fuera, parecía meramente repetitivo. Estos detalles recordaban que detrás de cada momia había un deseo, una angustia, una esperanza.

Reflexión final

El complejo de momias animales de Tuna el-Gebel no fue redescubierto por una profecía, ni por una teoría arqueológica brillante. Fue un azar —una pala campesina— lo que abrió el umbral de este santuario subterráneo. Y, sin embargo, lo que salió a la luz no fue solo polvo o huesos, sino una forma de fe cotidiana, colectiva, sostenida durante siglos.

9

UNA LINTERNA Y UN EJÉRCITO DE MADERA

Contexto histórico novelado

Era una noche tranquila de 1924 en Saqqara, y el arqueólogo británico Cecil Mallaby Firth estaba sentado en su tienda, revisando notas y bocetos de las excavaciones que llevaba meses dirigiendo en la necrópolis. El viento del desierto susurraba entre las dunas mientras las estrellas iluminaban un paisaje marcado por tumbas y pirámides que llevaban milenios guardando sus secretos.

El día había sido agotador, pero Firth no podía evitar sentirse frustrado. Aunque habían encontrado algunos artefactos interesantes, las grandes revelaciones seguían sacándole la lengua en forma de burla, como si nunca fuera a hallar nada más que migajas. Había algo en Saqqara, lo sabía, que todavía no había salido a la luz.

Al otro lado del campamento, un trabajador llamado Abdel había decidido revisar una galería cercana. La zona, llena de cámaras subterráneas, era conocida por su complejidad y Abdel quería asegurarse de que ninguna entrada quedara bloqueada por la arena que el viento había acumulado durante el día. Con una linterna de aceite en la mano, Abdel se adentró en una de las galerías más antiguas. El aire era pesado, y el eco de sus pasos resonaba entre las paredes. Mientras iluminaba el suelo, notó algo extraño: una pequeña grieta en la pared que no parecía natural. Intrigado, golpeó suavemente con el mango de su pala. El sonido hueco que escuchó confirmó sus sospechas: detrás de esa pared había algo más.

—¡*Effendi* Firth! —gritó, corriendo de vuelta al campamento.

A Firth le pilló en medio de sus divagaciones y frustraciones. Así que oír a Abdel, levantarse, salir de la tienda y llegar hasta la galería fue todo uno: probablemente fueron los 100 metros más rápidos de la historia. Cuando llegó al lugar, se inclinó para examinar la grieta. Con la emoción latente en su voz, ordenó a los trabajadores que retiraran cuidadosamente los escombros. Lo que encontraron detrás de la pared dejó a todos sin aliento.

Era una cámara completamente sellada, y en su interior descansaba un conjunto de figuras de madera pintadas con detalles intrincados. Había soldados en formación, armados con lanzas y escudos, junto con pequeñas réplicas de barcos, animales y sirvientes. Las figuras, aunque pequeñas, estaban colocadas con precisión, como si fueran parte de un ejército preparado para el más allá.

Firth, con la linterna en la mano, recorrió lentamente la cámara, maravillado por el nivel de detalle. Sabía que aquello era un hallazgo único: un ejército funerario de madera, dispuesto para acompañar al difunto en su viaje al más allá. La conservación de las figuras, a pesar de los siglos que habían pasado bajo tierra, era asombrosa.

Cómo se produjo el hallazgo y quiénes estuvieron involucrados

El hallazgo de la cámara funeraria en Saqqara, registrado en 1924, fue una mezcla de trabajo metódico y pura casualidad. Bajo la dirección de Cecil M. Firth, arqueólogo de la Egypt Exploration Society, se realizaban excavaciones sistemáticas cerca de la Pirámide Escalonada de Djoser. El equipo examinaba antiguos pozos funerarios de la dinastía VI, buscando evidencias de estructuras intactas.

El azar intervino cuando un trabajador local, inspeccionando una grieta, detectó un eco anómalo. Firth ordenó abrir con cuidado la pared de roca, revelando una cámara sellada desde hacía más de 4.000 años. En su interior encontraron un conjunto inédito de figuras de madera, cuidadosamente alineadas: soldados portando lanzas y escudos, barcas, animales y sirvientes domésticos.

Este descubrimiento era vital para entender las prácticas funerarias del Reino Medio, pues demostraba que los nobles, al igual que los faraones, disponían ejércitos simbólicos para garantizar su protección en la Duat. El propio Firth describió la importancia de estos modelos:

> *The wealth of wooden models gives us a unique view into the idealized afterlife imagined by the Middle Kingdom Egyptians.*
>
> La abundancia de modelos de madera nos ofrece una visión única del más allá idealizado por los egipcios del Reino Medio.

FIRTH, C. M., *Excavations at Saqqara*,
Egypt Exploration Society, Londres, 1926, p. 54.

El hallazgo se documentó minuciosamente mediante fotografías en placas de vidrio, dibujos técnicos y registros de ubicación. Los objetos fueron trasladados al Museo Egipcio de El Cairo, donde aún se conservan varias piezas. Según el arqueólogo James Quibell, colega de Firth, la sorpresa fue doble:

> *It is not the wealth in gold that astonishes, but the wealth in meaning: each figure was made to serve, protect and accompany the dead forever.*
>
> No es la riqueza en oro lo que asombra, sino la riqueza de significado: cada figura fue creada para servir, proteger y acompañar al difunto por siempre.

QUIBELL, J. E., *The Tombs of Saqqara*,
EES Archives, El Cairo, 1928, p. 42.

El descubrimiento no estuvo exento de tensión: varios fragmentos se dañaron durante la extracción inicial, ya que la madera estaba reseca y frágil. El equipo implementó técnicas pioneras de consolidación para evitar que la pintura se desprendiera.

El hallazgo reforzó la hipótesis de que Saqqara —incluso después de la época de Djoser— fue un centro funerario clave para altos funcionarios y sacerdotes. Hoy, la cámara se estudia como ejemplo magistral del simbolismo egipcio y la maestría de sus artesanos.

Importancia arqueológica del descubrimiento

La cámara sellada de Saqqara se considera uno de los hitos de la arqueología del Reino Medio, precisamente porque ilustra cómo los antiguos egipcios fusionaban creencias religiosas, estatus social y arte funerario de forma magistral. Su relevancia no se limita a la calidad de las figuras halladas, sino al testimonio que ofrecen sobre la mentalidad funeraria de toda una elite administrativa. Como destaca la egiptóloga Salima Ikram:

> *These wooden models are windows into the afterlife dreams of ancient Egyptians. They reflect both daily life and cosmic order.*
>
> Estas maquetas de madera son ventanas a los sueños del más allá de los antiguos egipcios. Reflejan tanto la vida cotidiana como el orden cósmico.
>
> IKRAM, S., Death and burial in ancient Egypt,
AUC Press, El Cairo, 2003, p. 112.

Los volúmenes pintados de estas figuras muestran técnicas de manufactura avanzadas, como la aplicación de yeso estucado sobre madera y la inclusión de pigmentos naturales mezclados con resinas protectoras. Gracias a este tratamiento, los colores se mantuvieron visibles pese a los siglos de encierro bajo la arena de Saqqara. Este detalle revela un dominio técnico comparable al de los talleres que producían estatuillas *shabtis* y modelos de barcas reales.

Uno de los aportes más valiosos del hallazgo es que confirma que la costumbre de incluir ejércitos miniatura, barcas solares y modelos de sirvientes no era exclusiva de faraones como Mentuhotep II o Sesostris I. A partir de este hallazgo, los arqueólogos pudieron demostrar que también altos funcionarios y nobles aspiraban a proteger su viaje al más allá mediante estos objetos. Esta democratización de rituales se interpreta como un síntoma de la reorganización política del Reino Medio, cuando el poder real se descentralizó y surgieron nuevas elites locales.

Otro aspecto clave es la función de estos modelos como «magia operativa». Según se deduce de inscripciones paralelas halladas en tumbas de Beni Hassan y Asyut, cada figura debía ser activada mediante conjuros grabados en papiros o recitados por sacerdotes funerarios. Así, el ejército de madera no era solo un símbolo de poder terrenal, sino un batallón mágico que garantizaba la protección del *ka*.

El hallazgo de Saqqara inspiró excavaciones posteriores en otras necrópolis, como las de Meir y Qau el-Kebir. En todos los casos, los ejércitos miniatura aparecían cuidadosamente dispuestos en nichos o cámaras secundarias, nunca en las cámaras principales. Esta segregación espacial refleja la visión egipcia de un más allá organizado jerárquicamente, donde cada figura tenía una misión precisa: desde remar en las barcas solares hasta escoltar al difunto entre las estrellas.

Finalmente, la conservación de estas piezas plantea un desafío moderno: equilibrar la exposición museística con la protección de pigmentos frágiles. Hoy, varios de estos soldados de madera se encuentran en el Museo Egipcio de El Cairo, protegidos ahora bajo atmósfera controlada para evitar la pérdida de color y de los restos de resina original. Sin duda, cada figura sigue custodiando, en su pequeño tamaño, el gran deseo de eternidad que definía la espiritualidad egipcia del Reino Medio.

Toque humano: conflictos, emociones y errores

Si la cámara de Saqqara fascina por su simbolismo, su excavación real fue una historia cargada de tensiones humanas, improvisación y aprendizajes. El arqueólogo Cecil Mallaby Firth, responsable del hallazgo, relató que la apertura de la cámara sellada requirió semanas de trabajo bajo condiciones extremas: polvo, calor y la ansiedad de no dañar piezas frágiles tras miles de años de encierro.

Una parte poco conocida de la historia es la relación entre los obreros locales y los arqueólogos. El hallazgo comenzó con la intuición de Abdel, un trabajador que notó una grieta sospechosa en un muro de adobe mientras recogía escombros. Su aviso, ignorado en un inicio, fue clave para detectar la cámara oculta. Décadas más tarde, este episodio se cita como ejemplo de cómo la arqueología es un proceso colectivo. Firth no olvidó anotar:

> *Without the sharp eyes of my Egyptian workmen, half of what I have found would have remained underground.*
>
> Sin los ojos atentos de mis obreros egipcios, la mitad de lo que encontré habría permanecido bajo tierra.

FIRTH, C. M., op. cit., p. 47.

Una vez abierta la cámara, la emoción se mezcló con el temor: algunas figuras tenían restos de yeso tan finos que se deshacían al contacto. Se improvisaron cajas de madera para transportarlas al laboratorio de restauración, pero varias sufrieron daños por la humedad acumulada en su interior. Los conservadores de la época apenas contaban con técnicas avanzadas de deshumidificación, lo que obligó a tomar decisiones rápidas para salvar lo que se pudiera.

Además, la cámara desató disputas internas. Parte del equipo presionaba para exhibir los hallazgos de inmediato en El Cairo y atraer financiación internacional; otros insistían en documentar cada figura *in situ* antes de moverla. Estas discusiones marcaron el rumbo de la arqueología de principios del siglo xx, que empezaba a debatir la tensión entre «rescate» y «contexto».

Pero entre estos conflictos, emergieron momentos de humanidad. Se sabe que Abdel, el trabajador que detectó la grieta, recibió un pago simbólico extra por su contribución, una costumbre que instauró Flinders Petrie a finales del xix. Sus descendientes todavía cuentan esa historia en la zona de Saqqara como un pequeño legado familiar. Los diarios de Firth reflejan también la sensación de asombro cuando se iluminó por primera vez el ejército de madera.

> *In the flickering light, they seemed ready to march, a phantom battalion summoned by chance.*
>
> A la luz vacilante, parecían listos para marchar, un batallón fantasma convocado por el azar.

FIRTH, C. M., *op. cit.*, p. 57.

Hoy, la cámara de Saqqara no solo habla del pasado remoto: recuerda que toda excavación es un delicado cruce entre personas, intereses y errores, donde el azar y la determinación humana siguen entrelazados como hace 4.000 años.

Reflexión final

No fue una gran expedición internacional, ni una prospección con georradar, sino un obrero en una galería secundaria lo que condujo a uno de los descubrimientos más puros de la Saqqara contemporánea. Y desde luego una tumba anónima.

10

PSUSENNES Y EL TESORO ESCONDIDO DE TANIS

Contexto histórico novelado

Era 1939, y las excavaciones en Tanis, la antigua ciudad del delta del Nilo, se habían convertido en un desafío constante para Pierre Montet, arqueólogo francés al mando de la misión. A diferencia de las arenas secas del sur, el Delta era traicionero: la tierra empapada de agua subterránea y el barro lo cubrían todo, dificultando cada avance.

Tanis era conocida por haber sido ciudad real durante las dinastías XXI y XXII, pero hasta entonces los hallazgos de relevancia habían sido escasos. Montet intuía que algo importante debía de yacer bajo aquel lodazal interminable; sin embargo, nadie esperaba que el golpe de suerte llegara tan pronto.

Aquel día, un grupo de trabajadores, con los arqueólogos presentes, limpiaba una zona próxima al templo en ruinas. Entre ellos se encontraba Ahmed, uno de los obreros más experimentados. Mientras retiraba barro y escombros, su herramienta chocó con una losa. El sonido hueco detuvo de inmediato la faena.

—¡*Effendi* Montet! —gritó Ahmed, señalando la piedra.

Montet se acercó con rapidez. Al examinar el terreno, comprendió que no se trataba de una simple losa. Según recordaría Georges Goyon, testigo directo de la escena, «el vaciado del agujero, que se continuó hasta dos metros de profundidad, terminó con el descubrimiento de una piedra plana, una especie de losa. Ampliamos la cavidad... La superficie despejada alcanzó un centenar de metros cuadrados. Un hombre barría las losas cuando nuestras miradas se vieron atraídas por una mancha gris. La mancha resultó ser un agujero relleno».

Aquella irregularidad resultó ser la entrada indirecta a una cámara funeraria intacta. A medida que despejaban el barro y abrían la oquedad, un olor denso, mezcla de humedad y antigüedad, llenó el aire.

Cuando Montet introdujo su linterna, la luz reveló una escena extraordinaria: sarcófagos y vasos canopos de plata, pectorales y máscaras de oro, objetos que el lodo había protegido durante 3.000 años. No había incrustaciones de piedras preciosas —los egipcios no decoraban así sus sarcófagos—, pero el fulgor metálico era suficiente para cegar. Frente a él se hallaba el ajuar funerario del faraón Psusennes I, una tumba regia completamente intacta.

El barro, paradójicamente, había sido su guardián. Escribiría Montet: «Encontramos plata, plata y más plata. Increíble».

Cómo se produjo el hallazgo y quiénes estuvieron involucrados

El descubrimiento de la tumba de Psusennes I en Tanis se produjo en febrero de 1939, fruto de una combinación de método, paciencia y azar. Como diría Picasso, «si llega la inspiración —o el azar—, que me encuentre trabajando».

Pierre Montet, egiptólogo francés del Institut Français d'Archéologie Orientale, llevaba excavando en Tanis desde 1929, convencido de que aquella ciudad del delta oriental del Nilo, capital durante las dinastías XXI y XXII, ocultaba aún los enterramientos de sus reyes. Durante años había explorado templos y ruinas sin resultados espectaculares, pero con la firme sospecha de que el barro del Delta, más que un obstáculo, era un guardián.

El 4 de febrero de 1939, mientras el equipo retiraba capas de escombros al este del templo de Amón, uno de los obreros —bajo la supervisión directa de Montet y su ayudante Georges Goyon— golpeó una losa que emitió un sonido hueco. El trabajo se detuvo al instante. Tras despejar la zona, apareció una mancha gris irregular en el suelo de piedra. Al excavarla con precaución, se reveló un pequeño agujero de ladrones que descendía unos 2 metros y daba acceso a una cámara subterránea desconocida.

Goyon recordaría aquel momento con precisión:

> Comenzamos a vaciarlo: era un agujero de ladrones que conducía a un reducto subterráneo, una especie de escondrijo. Recomponiéndonos, enviamos a un *ualad* para avisar a nuestros compañeros. Sin dilación metí la cabeza dentro del agujero mientras me sujetaban firmemente por los pies.

> GOYON, G., *La découverte des trésors de Tanis*, 1957, pp. 110-111.

Cuando Montet iluminó el interior con su linterna, la luz reveló una sala cubierta de limo, donde el brillo metálico se confundía con el barro. No era oro lo que relucía, sino plata: la plata de los sarcófagos, de los vasos canopos, de los amuletos y de los ornamentos funerarios. El barro había sellado la tumba, preservándola durante casi tres milenios.

La cámara resultó ser la tumba intacta del faraón Psusennes I (c. 1047-1001 a. C.), soberano de la XXI dinastía y una de las figuras más destacadas del Tercer Período Intermedio. A diferencia de las tumbas reales del Valle de los Reyes, saqueadas en la Antigüedad, la de Tanis había permanecido inviolada gracias al entorno anóxico del Delta, que impidió la oxidación de los metales y la descomposición de la madera.

El hallazgo, comparable al de Tutankamón por su grado de conservación, tuvo, sin embargo, un carácter más silencioso. No hubo oro resplandeciente bajo la arena, sino tesoros sumergidos en barro y humedad: un esplendor opaco, casi lunar. Aquel día, en la penumbra de Tanis, la historia del Egipto faraónico recuperó una voz olvidada.

El sarcófago se puede apreciar en el Museo de El Cairo. Es fascinante.

Montet describe en su obra el momento de la apertura de la tumba:

> *En soulevant la dalle, nous avons été saisis par l'odeur de l'antiquité, humide et fongique; mais ce qui apparut devant nous, sous la lumière des lanternes, fut d'une richesse et d'une beauté que nous n'avions pas osé espérer.*
>
> Al levantar la losa, nos sorprendió el olor a antigüedad, húmedo y mohoso; pero lo que apareció ante nosotros, bajo la luz de las linternas, fue de una riqueza y belleza que no habríamos osado esperar.
>
> MONTET, P., *La nécropole royale de Tanis*,
> París, 1947, vol. I, p. 6.

El contenido de la tumba incluía un sarcófago de plata maciza, máscaras funerarias de oro, joyas de fina factura con incrustaciones de lapislázuli y cornalina, así como estatuillas, armas rituales y bastones de mando. A pesar del ambiente húmedo del Delta, muchos objetos se encontraron en excelente estado, algo que asombró a los arqueólogos. El hallazgo se produjo justo antes del estallido de la Segunda Guerra Mundial, lo cual explica su escasa repercusión mediática en comparación con el descubrimiento de la tumba de Tutankamón. Sin embargo, desde el punto de vista académico, fue una revelación fundamental. Como señaló el egiptólogo Aidan Dodson:

> *The discovery of Psusennes' tomb at Tanis is the only intact royal burial ever found in Egypt besides that of Tutankhamun.*
>
> El descubrimiento de la tumba de Psusennes en Tanis es la única sepultura real intacta hallada en Egipto además de la de Tutankamón.
>
> DODSON, A., *After the pyramids*, I. B. Tauris, Londres, 2000, p. 120.

Importancia arqueológica del descubrimiento

El hallazgo de la tumba intacta de Psusennes I en Tanis representa uno de los momentos cumbre de la arqueología egipcia del siglo XX. Aunque durante décadas pasó relativamente desapercibido para el gran público, eclipsado por la fama de Tutankamón y por haberse hallado en la Segunda Guerra Mundial, su valor científico, artístico e histórico es extraordinario. El descubrimiento no solo amplió el conocimiento sobre el Tercer Período

Intermedio, sino que también desafió muchos de los prejuicios que existían en torno a esta época considerada hasta entonces decadente o secundaria.

Una de las razones principales de su importancia es que la mayoría de los objetos y ataúdes fueran de plata. Como hoy relacionamos la plata con quedar el segundo, pensamos que Psusennes era un segundón a la fuerza. No es así, la plata era más cara que el oro (ley de oferta y demanda aplicada a Egipto en ese período), de ahí la maravilla del hallazgo. Como señaló Pierre Montet:

> *On n'avait jamais trouvé en Égypte un cercueil de ce poids et de cette matière. La découverte a modifié notre compréhension des techniques métallurgiques au Troisième Période Intermédiaire.*
>
> Nunca se había hallado en Egipto un ataúd de ese peso y material. El descubrimiento ha cambiado nuestra comprensión de la metalurgia en el Tercer Período Intermedio.

MONTET, P., op. cit., 1947, vol. II, p. 112.

Además, está el estado de conservación. La tumba, sellada bajo el barro húmedo del Delta, había permanecido inviolada durante casi 3.000. A diferencia de las tumbas del Valle de los Reyes, expuestas al saqueo desde la Antigüedad, aquí los objetos se hallaron *in situ*, en su contexto original, lo que ofreció a los arqueólogos la posibilidad de estudiar la disposición funeraria completa y sin alteraciones. Por supuesto el valor material, el hallazgo reveló información decisiva sobre el ritual funerario, la iconografía real y la continuidad cultural en un momento de fragmentación política. Aunque Egipto estaba dividido en varias esferas de poder —Tanis en el Delta y Tebas en el sur—, las prácticas religiosas y artísticas mostraban una fuerte continuidad con épocas anteriores.

A nivel político, la tumba mostró que Psusennes I supo proyectar su imagen como legítimo heredero de la tradición faraónica, a pesar de las dificultades estructurales de su tiempo. La iconografía en los objetos —especialmente en las máscaras funerarias— repite fórmulas del Imperio Nuevo, lo que sugiere un intento deliberado de presentarse como guardián de la ortodoxia religiosa. Y así lo comentó el egiptólogo Nicholas Reeves:

> *Though Tanis never achieved the fame of Thebes, the burial of Psusennes is without doubt the most complete royal tomb yet found from Egypt's later periods.*
>
> Aunque Tanis nunca alcanzó la fama de Tebas, la sepultura de Psusennes es sin duda la tumba real más completa hallada hasta ahora de los períodos tardíos de Egipto.
>
> REEVES, N., *Valley of the Kings: the decline of a royal necropolis*, Kegan Paul International, Londres, 1990, p. 132.

En resumen, el descubrimiento de la tumba de Psusennes I no solo aportó riqueza material y estética, sino también una reevaluación profunda del papel histórico y simbólico del Egipto de las dinastías tanitas. El barro del Delta había conservado, contra todo pronóstico, un fragmento intacto de la grandeza faraónica.

Toque humano: conflictos, emociones y errores

La arqueología suele representarse como una ciencia exacta y meticulosa, pero quienes la practican saben que está atravesada por el azar, el cansancio, la intuición y, a veces, por el miedo. En febrero de 1939, tras una década de excavaciones infructuosas, Pierre Montet y su equipo trabajaban en condiciones difíciles: humedad constante, suelos inestables, materiales frágiles y un horizonte político europeo cada vez más sombrío.

Fue entonces cuando una anomalía en el muro del recinto del templo de Amón —una desviación mínima en su alineación— llamó la atención de los excavadores. Montet ordenó limpiar la zona, convencido de que ocultaba estructuras más antiguas bajo el nivel del templo saíta. No fue un golpe de pala azaroso, sino una observación metódica la que condujo al hallazgo.

En el interior de la zona excavada, uno de los obreros descubrió una mancha de piedra diferente, un relleno de ladrillos rotos que resultó ser un antiguo agujero de saqueadores. Al vaciarlo, se reveló la entrada a una cámara funeraria.

Montet describió aquel instante con una mezcla de emoción y serenidad:

> *J'ai su tout de suite que c'était un tombeau intact. Mon cœur battait à toute allure…*
>
>   Supe de inmediato que era una tumba intacta. Mi corazón latía con fuerza…

Montet, P., *op. cit.*, vol. I, p. 15.

La emoción fue inmediata, pero también la ansiedad. Las cámaras estaban llenas de polvo seco y fragmentos desprendidos del techo; no había lodo, pero sí un aire denso, casi irrespirable, cargado de siglos de encierro. La luz de las linternas arrancaba reflejos metálicos a los sarcófagos de plata y a las incrustaciones de oro. Cada movimiento debía medirse: una vibración, un paso en falso, podía fracturar un objeto o desmoronar una pared.

Uno de los ayudantes de Montet recordaría más tarde:

We had to keep our hands from trembling; it was as if we were removing the very breath of a king from the earth.

Teníamos que evitar que nos temblaran las manos: era como si estuviésemos desenterrando el aliento mismo de un rey.

MONTET, P., *op. cit.*, p. 17.

El trabajo era extenuante y el contexto, incierto. En septiembre de 1939, apenas unos meses después de abrir la tumba, estalló la Segunda Guerra Mundial. Francia movilizó a sus efectivos y las misiones arqueológicas quedaron paralizadas. Las comunicaciones con El Cairo se volvieron difíciles y Montet, desde Tanis, comprendió que el hallazgo de su vida había quedado eclipsado por la tragedia colectiva.

L'histoire nous a volé l'éclat que méritait cette découverte.
La historia nos robó el brillo que este hallazgo merecía.

MONTET, P., *op. cit.*, p. 15.

Pese a todo, el equipo continuó registrando y embalando los objetos en condiciones precarias. No hubo oro cegador como en la tumba de Tutankamón, sino una belleza gris y austera, la de la plata bruñida y los jeroglíficos finamente incisos sobre las paredes de granito rosa. La tumba de Psusennes I devolvía un

Egipto distinto: sobrio, septentrional, cargado de simbolismo y de serenidad.

Hubo también tensiones humanas. Algunos trabajadores egipcios reclamaron mayor reconocimiento, y aunque Montet fue más respetuoso que otros colegas de su época, el sistema colonial seguía imponiendo distancias insalvables entre los descubridores europeos y los obreros locales. Pero entre esas fricciones también hubo un sentimiento común: el de haber rescatado un fragmento de eternidad.

Al contemplar el rostro sereno de la máscara funeraria de Psusennes, Montet escribió simplemente:

Il dormait encore, et nous l'avons réveillé avec douceur.
Todavía dormía, y lo hemos despertado con suavidad.

MONTET, P., *op. cit.*, p. 18.

Reflexión final

El hallazgo de la tumba de Psusennes I fue, en muchos sentidos, una revelación eclipsada y silenciada. Mientras el mundo se precipitaba hacia la guerra, en el lodo del Delta resurgía un faraón olvidado, no envuelto en oro reluciente, sino en barro fértil, símbolo de una tierra que también guarda sus secretos en la sombra. La historia no siempre premia en el momento. Mientras Tutankamón acaparaba la fascinación del mundo, Psusennes, sepultado con un esplendor similar —con un sarcófago de plata y una máscara de oro—, quedó relegado a una nota al pie, una apostilla de un despistado, pese a la riqueza de su ajuar y la pureza de su tumba. Pero quizá eso mismo lo hace más humano, más próximo. Su descanso no fue interrumpido por la codicia de ladrones, sino por el cuidado de un equipo que llegó hasta él con emoción en los ojos.

Pierre Montet, que dedicó años a Tanis, escribió con sencillez sobre aquel instante:

> *Il n'était pas célèbre, mais il avait gardé son secret. Et ce secret, nous l'avons écouté.*
>
> No era célebre, pero había guardado su secreto. Y ese secreto, lo hemos escuchado.

MONTET, P., *op. cit.*, vol. I, p. 23.

Tanis nos enseña que hay belleza en lo ignorado, dignidad en lo enterrado y azar en cada hallazgo. El barro, que pudo haber sido obstáculo, fue también su mejor guardián. Y en esa paradoja —oculto por la tierra y revelado por accidente— está el corazón de este libro: las veces en que la suerte se convierte en historia.

11

TUTANKAMÓN O LA ESCALERA
DEL REY OCULTO

Contexto histórico novelado

El aire del Valle de los Reyes estaba saturado de polvo y fracaso. Durante cinco años, Howard Carter había excavado el mismo *uadi* sin hallar más que fragmentos, restos de vasijas y piedras que no decían nada. A veces encontraba el mango de una estatua rota o un trozo de lino endurecido por el sol, pequeñas promesas que se deshacían en sus manos. Cada amanecer repetía el mismo ritual: caminar entre los montículos resecos, revisar los planos, escuchar el ruido seco de los picos golpeando la grava.

El calor subía temprano por las paredes del desfiladero y el eco multiplicaba el cansancio. La campaña de 1922 debía ser la última. Lord Carnarvon, su mecenas, estaba cansado de financiar un sueño que se evaporaba en el aire del desierto. Carter lo sabía. En su diario de octubre anotó: «El terreno se acaba, y con él, la esperanza».

Nada en su rostro delataba la desesperación, pero los obreros la sentían. Aquel inglés menudo y de voz seca no era un hombre de gestos; medía las palabras como medía los escalones de una tumba. Había pasado la mitad de su vida bajo este sol, excavando para otros, soportando el escepticismo de los colegas y las burlas de los periodistas. Si no encontraba la tumba de Tutankamón —ese joven faraón apenas mencionado en las listas reales—, su carrera terminaría allí, entre las piedras y los chacales.

A comienzos de noviembre, el sol caía vertical sobre las ruinas del valle. Las cuadrillas limpiaban un pequeño espacio frente a la tumba de Ramsés VI, una zona que Carter había decidido explorar «por simple completitud», casi como una despedida. Nadie esperaba ya nada.

Los hombres trabajaban en silencio, resignados. A veces se escuchaba un comentario en árabe, una risa breve, luego el golpe del pico y el murmullo de la arena cayendo por las laderas. Carter, sentado bajo una tela improvisada, repasaba los mapas de Theodore Davis, el anterior concesionario, que había declarado el valle «agotado». A su lado, un termo de té caliente y una lupa empañada por el polvo.

El 4 de noviembre, hacia el mediodía, uno de los obreros —Ahmed Gerigar, según las notas de Carter— golpeó con su pico una superficie más dura. El sonido era diferente, hueco, tenso, como si la roca respondiera desde abajo. Carter levantó la vista. Caminó despacio hasta el punto señalado. Ordenó que se despejara la zona con cuidado.

El ruido de los picos cesó. Los hombres tomaron pequeñas palas y comenzaron a retirar la arena con las manos. Un golpe más seco hizo vibrar la tierra. Carter se inclinó y pasó el cepillo. Bajo la capa de polvo apareció el borde recto de un escalón tallado en la piedra caliza. Luego otro. Y otro más.

Steps cut in rock - quite perfect! («Peldaños cortados en roca. ¡Excelente!»), escribió esa misma tarde en su diario de excavación.

El corazón de Carter, según recordaría después, «latía con una lentitud insoportable». Nadie se atrevía a hablar. Solo se oía el roce del polvo al ser barrido y el silbido del viento colándose entre los acantilados. La luz del atardecer empezó a teñir el valle de rojo, pero los hombres seguían trabajando, con una mezcla de prisa y reverencia.

Durante tres días limpiaron la escalinata. Dieciséis peldaños descendían hacia la oscuridad. En el sexto, un muro de piedra cortaba el paso. Sobre él, las huellas intactas del sello de la necrópolis real: chacales sobre los nueve arcos y la doble cartela de Tut-ankh-Amun.

Carter lo miró largo rato sin pronunciar palabra. Luego ordenó cubrir de nuevo la entrada con tablas y arena. «Hasta que llegue el señor Carnarvon —dijo—, nadie tocará una piedra».

Aquella noche, bajo la lámpara de su tienda, escribió un telegrama dirigido a Highclere Castle:

«Finalmente hemos hecho un gran descubrimiento en el valle; una tumba magnífica con sellos intactos; recubierta aún. Le esperamos para la apertura formal».

Era una frase escueta, pero contenía todo: alivio, incredulidad, miedo a equivocarse.

En su cuaderno privado, el tono fue distinto: «Después de tantos años, de tanta arena removida, me pregunto si no estaré soñando».

Los días que siguieron fueron los más largos de su vida. Carnarvon tardaría tres semanas en llegar desde Inglaterra. Carter, obligado a esperar, vigilaba la entrada cada amanecer, temiendo que los ladrones del valle advirtieran la novedad. Dormía poco, repasaba los inventarios, recontaba los obreros. El 23 de noviembre el mecenas llegó finalmente a Luxor acompañado de su hija Evelyn.

Al día siguiente, en presencia de ambos, Carter mandó despejar de nuevo los peldaños. La arena cayó en cascadas doradas. Los hombres trabajaban sin hablar. Al llegar al muro sellado, Carter se arrodilló. Su mano tembló al tocar los signos de la necrópolis. La piedra olía a tiempo.

El 26 de noviembre, poco antes del mediodía, Carter hizo practicar una pequeña abertura en el muro. Acercó una vela y observó el hueco. Una corriente de aire caliente y antiguo le rozó el rostro. Detrás de él, Carnarvon preguntó si veía algo.

Carter respondió con voz baja, como si temiera despertar algo:

—*Yes…, wonderful things* («Sí, cosas maravillosas»).

Lo que vio fue una confusión de oro, sombras y objetos amontonados: camas con cabezas de animales, cofres, carros, flores marchitas convertidas en polvo. Todo parecía intacto. En el fondo, dos estatuas negras guardaban otra puerta sellada. Era el umbral de la cámara funeraria.

El aire antiguo salió con un silbido.

Carter no dijo nada más. Los hombres retrocedieron. Afuera, el sol comenzaba a caer sobre el acantilado de Deir el-Bahari.

Aquel inglés obstinado había encontrado no solo una tumba, sino la reparación de toda una vida de disciplina y derrota. Ningún azar ni niño aguador: solo la persistencia metódica de un hombre que se negó a rendirse cuando todos los demás lo habían hecho.

Esa noche, en su tienda, Carter escribió una frase seca, sin emoción aparente: «Hoy vi la eternidad en silencio».

En los meses siguientes, el mundo entero hablaría del descubrimiento. Las fotografías de Harry Burton iluminarían los periódicos de Londres, París y Nueva York. Los titulares hablaban de «maravillas de oro», de «la tumba intacta de un faraón olvidado».

Pero en el fondo del valle, bajo las estrellas, Carter seguía volviendo al mismo lugar cada noche. Se sentaba al borde de la escalinata, en silencio. Quizá pensaba en los años perdidos, en las veces que estuvo a punto de rendirse, en los hombres que habían pasado antes que él creyendo que el valle estaba agotado.

El viento movía la arena y la cubría de nuevo. La entrada a la necrópolis, tapada con tablones, parecía dormir.

Solo Carter sabía que, bajo aquellos peldaños, dormía también su propio destino.

Cómo se produjo el hallazgo y quiénes estuvieron involucrados

El 4 de noviembre de 1922 no empezó como un día prometedor en el Valle de los Reyes. Llevaban semanas retirando escombros en lo que Howard Carter llamaba «el último rincón sin excavar» junto a la tumba de Ramsés VI. El clima era duro, el ánimo, bajo y la presión por ofrecer resultados tangibles a lord Carnarvon —mecenas cansado de financiar campañas sin hallazgos decisivos— empezaba a ser asfixiante.

El hallazgo no fue un golpe teatral ni una iluminación súbita. Lo que hubo fue trabajo metódico y una anomalía en el paisaje de escombros: un escalón tallado en la roca que afloró donde menos se esperaba. Carter lo dejó por escrito con su habitual sobriedad:

> Apenas había llegado al trabajo la mañana siguiente (4 de noviembre) cuando el inusual silencio, debido a la interrupción del trabajo, me hizo darme cuenta de que algo fuera de lo común había suce-

dido. Fui recibido por el anuncio de que se había descubierto un escalón tallado en la roca debajo de la primera cabaña en ser atacada.

CARTER, H. y MACE, A.C., 1923, vol. I, p. 87.

Desde ese primer peldaño, y con limpieza progresiva, fueron emergiendo más escalones hasta conformar una escalinata que descendía en ángulo bajo una capa compacta de derrubios. En la base, apareció un muro sellado con impresiones de la necrópolis real; entre los sellos, una cartela parcialmente visible permitió la lectura del nombre de Tut-ankh-Amun. Carter ordenó cubrir la entrada y telegrafió a Carnarvon para proceder a la apertura formal días después.

Sobre el «niño aguador»: lo que puede afirmarse con rigor

La versión popular que atribuye el hallazgo del primer escalón a un «niño aguador» —con nombre y papel muy concretos— no procede del relato original de Carter, sino que se consolidó en obras divulgativas posteriores, en especial la de Thomas Hoving (1978). Carter, por su parte, no identifica a ningún *water-boy*; describe el proceso en plural (los obreros/*diggers*) y centra su atención en la secuencia técnica del descubrimiento. La fotografía de un joven local con cántaro, reproducida con frecuencia, ha contribuido a fijar el mito, pero no sustituye a la fuente primaria.

En resumen: es razonable que un trabajador local —no identificado por Carter— diera el aviso al reconocer el primer peldaño durante la limpieza; lo que no puede sostenerse desde Carter es la escena canónica del «niño aguador» como protagonista único del descubrimiento. Esa heroización posterior pertenece a la tradición divulgativa, no al parte técnico del director de la excavación.

Qué hizo cada cual

- Carter dirigió, planificó y supervisó la limpieza que llevó a la aparición del primer escalón; tomó la decisión de sellar y proteger la entrada, y comunicó el hallazgo a Carnarvon para la apertura formal.
- Los obreros egipcios realizaron la retirada de escombros y la exposición de la escalinata; fueron, materialmente, quienes hicieron visible el acceso (así se deduce del propio texto de Carter).
- Lord Carnarvon llegó para la apertura oficial; el 26 de noviembre, cuando Carter practicó una pequeña abertura y acercó una vela, se produjo el célebre intercambio:
  —¿Ve algo?
  —*Yes…, wonderful things.*

No hubo épica romántica ni golpe de suerte caprichoso: persistencia, método y una decisión acertada de dónde seguir retirando escombros en el último sector pendiente del valle.

Importancia arqueológica del descubrimiento

Desde el punto de vista arqueológico, el descubrimiento cambió el enfoque del trabajo en Egipto. Hasta entonces, la mayoría de los hallazgos se conocían descontextualizados: objetos saqueados, momias desplazadas, tumbas vaciadas o reutilizadas. Lo que ofrecía KV62 era precisamente lo que más se necesitaba: contexto completo, relación directa entre el ajuar, la arquitectura y el ocupante. Eso permitió a los egiptólogos estudiar por primera vez un conjunto real entero, desde la distribución ritual hasta los errores y prisas del enterramiento.

Uno de los hallazgos más reveladores fue la improvisación misma del entierro. Tutankamón, muerto joven y sin herederos, fue sepultado con prisa en una tumba probablemente no diseñada para él. La decoración mural es limitada, los textos rituales, incompletos, y algunos objetos parecen reciclados de otros reinados. Incluso los sarcófagos internos muestran signos de haber sido reaprovechados: el ataúd más interno, de oro macizo, tenía cartuchos originales de Esmenkhkara, borrados y sustituidos por los de Tutankamón.

Esto reveló aspectos claves del período amarniense: la crisis política, los cambios teológicos, la vuelta al culto de Amón y la necesidad de legitimar un reinado frágil. La tumba KV62 se convirtió así en el espejo arqueológico de una transición dinástica.

Además, el hallazgo inauguró una nueva sensibilidad en la arqueología: el uso riguroso del registro fotográfico, los primeros intentos de documentación tridimensional del espacio funerario y el debate —todavía incipiente— sobre la restitución cultural. Carter fue meticuloso en sus registros, dibujos y fotografías, por lo que dejó un archivo visual que aún hoy se utiliza como base para reconstrucciones digitales.

En términos de cultura material, KV62 cambió nuestra comprensión de la vida y la muerte reales en la XVIII dinastía. El análisis de ADN y el TAC, realizados en el siglo XXI por Zahi Hawass y su equipo, han confirmado dolencias físicas, consanguinidad y detalles que humanizan al rey-niño más allá del oro:

escoliosis, malaria y una fractura en el fémur probablemente relacionada con su muerte prematura.

> *Tutankhamun's is the only royal burial to have survived more or less
> intact: all other royal tombs in the Valley were plundered in Antiquity.*
>
> La de Tutankamón es la única sepultura real que ha sobrevivido
> más o menos intacta: todas las demás tumbas reales del valle fue-
> ron saqueadas en la Antigüedad.

> REEVES, N., *The complete Tutankhamun*, Thames & Hudson,
> Londres, 1990, p. 11.

> *L'intérêt majeur de la tombe de Toutânkhamon réside dans le fait
> qu'elle est pratiquement intacte [...]. Elle fournit un exemple unique
> de mobilier funéraire royal du Nouvel Empire [...].*
>
> El principal interés de la tumba de Tutankamón reside en que
> está prácticamente intacta [...]. Proporciona un ejemplo único de
> mobiliario funerario real del Imperio Nuevo [...].

> *Dossier Toutânkhamon*, Louvre, 2005, p. 15.

Toque humano: conflictos, emociones y errores

Pocas veces un hallazgo arqueológico ha estado tan atravesado
por pasiones humanas, intereses políticos, desigualdades estructurales y errores de juicio como el de la tumba de Tutankamón.
Detrás del brillo del oro, del mito del «faraón maldito» y de la
épica victoriana, hubo también silencios, apropiaciones, abusos
y decisiones que hoy serían escandalosas.

Howard Carter, pese a su capacidad documental, no fue un arqueólogo imparcial. Era un producto de su tiempo, y su modo de operar lo reflejaba. El equipo local egipcio nunca fue reconocido formalmente. En sus diarios, Carter habla de «mis hombres», sin nombrarlos. Solo aparecen en fotos anónimas, cargando cajas, excavando, posando como fondo.

El conflicto con las autoridades egipcias no tardó en explotar. Al principio, Carter trabajó bajo una concesión privada, financiada por lord Carnarvon, que le otorgaba control sobre el hallazgo. Pero el Gobierno egipcio, cada vez más sensible al expolio colonial, comenzó a cuestionar la legalidad de la operación. Muchos de los problemas surgieron al renunciar Inglaterra al protectorado y el Gobierno nacionalista le complicó la vida a Carter. En 1924, Carter cerró la tumba y se negó a continuar trabajando como forma de protesta. Aquello se conoció como el «incidente de la tumba sellada», una crisis diplomática que casi acaba con su carrera.

La gestión del contenido también tuvo momentos oscuros. Se sabe que Carter sustrajo objetos de la tumba que hoy aparecen en colecciones privadas o museos occidentales sin procedencia clara. Uno de los casos más sonados fue la entrega, décadas más tarde, de un collar de oro a la familia Carter por parte del Museo Metropolitano de Nueva York al comprobar que la pieza nunca había sido declarada como parte del hallazgo.

Lord Carnarvon, por su parte, murió poco después del hallazgo, lo que dio origen a la leyenda de la «maldición de los faraones». Aunque la ciencia no respalda tal idea, la narrativa fue alimentada por la prensa sensacionalista de la época, ansiosa por convertir el hallazgo en espectáculo. La muerte de Carnarvon, la de otros miembros del entorno de Carter, e incluso enfermedades leves sufridas por visitantes fueron acumuladas como prueba de la maldición. Una ficción eficaz, pero sin fundamento arqueológico.

El cuerpo de Tutankamón también fue víctima de errores. Carter tuvo que forzar la momia, literalmente partirla en varias secciones, porque la resina funeraria la había pegado al ataúd. La cabeza se separó del cuerpo, las extremidades fueron manipuladas sin protocolos y durante décadas (tras unas radiografías realizadas en 1965) se creyó que el faraón había sufrido un accidente fatal. No fue hasta los estudios forenses de 2005 cuando se descartó la teoría del «asesinato por un golpe en la cabeza» y se atribuyeron las fracturas a la manipulación de la momia durante su extracción.

Emocionalmente, el hallazgo dejó cicatrices. Carter, tras perder el control del proyecto, se retiró amargado. Murió en 1939 sin recibir ningún reconocimiento oficial del Gobierno egipcio. Egipto, por su parte, inició un proceso de reapropiación simbólica del hallazgo: lo que en 1922 fue un triunfo británico se convirtió décadas después en un símbolo nacional, un emblema de resistencia cultural.

In his final years, Carter was increasingly isolated and embittered. He had secured immortality for Tutankhamun but none for himself.

En sus últimos años, Carter estaba cada vez más aislado y amargado. Había asegurado la inmortalidad de Tutankamón, pero ninguna para sí mismo.

TYLDESLEY, J., *Tutankhamun: the search for an Egyptian king*, Profile Books, Londres, 2012, p. 212.

Reflexión final

Este descubrimiento fue el paso de la arqueología de colección a la arqueología de contexto.

La tumba de Tutankamón nos dio imágenes que poblaron la imaginación del siglo xx: una máscara, una momia, tres ataúdes. Pero también nos dejó un espejo: mostró con nitidez las tensiones entre ciencia y colonialismo, entre mito y técnica, entre descubrimiento y apropiación.

Y aun así, algo permanece. Algo que ni la guerra, ni los museos, ni las disputas diplomáticas han podido empañar: la intensidad del momento en que una vela tembló en la oscuridad y un mundo cerrado durante tres milenios volvió a respirar.

Toutânkhamon est devenu le miroir de notre imaginaire, de notre fascination pour l'Égypte ancienne.

Tutankamón se ha convertido en el espejo de nuestro imaginario, de nuestra fascinación por el Egipto antiguo.

DESROCHES NOBLECOURT, C., *Toutânkhamon*,
Presses Universitaires de France, París, 1963, p. 12.

12

CUANDO LAS MATEMÁTICAS SALIERON A TOMAR EL SOL

Contexto histórico novelado

Aquel mediodía de enero, el aire de Luxor traía el olor denso del barro seco y del estiércol de burro. En las afueras del Ramesseum, donde los bloques caídos parecían dormir desde hacía milenios, unos hombres removían piedras para construir un horno de ladrillos. Uno de ellos, Mahmud, tenía fama de dormirse al sol, pero ese día le tocó suerte.

Cuando levantó una losa resquebrajada del suelo, escuchó un crujido. Dentro de un hueco había un bulto alargado, quebradizo, envuelto en una tela oscura y sucia. «¿Una momia de gato?», preguntó su primo mientras espantaba las moscas con la *tarha*. Pero al desplegar el rollo, no encontraron huesos, sino líneas y líneas de signos negros, como caminos de hormigas sobre papiro dorado por el tiempo.

Lo vendieron en el zoco esa misma tarde a un comerciante de antigüedades, el cual no tardó en ofrecérselo a un extranjero rubio, enfermizo y obstinado que había alquilado una habitación en la azotea del café de Hamam. Se llamaba Alexander Henry Rhind, venía de Escocia y, según decían, no tenía nada mejor que hacer que leer escrituras antiguas bajo una sombrilla mientras tomaba infusiones de hibisco.

Cuando Rhind desplegó el rollo, algo en él se tensó. No era una oración, ni un relato de tumbas, ni un listado de ofrendas. Aquello tenía estructura, proporción, orden. Hablaba de dividir pan, de repartir cebada, de calcular triángulos y volúmenes como si el escriba —quienquiera que fuese— hubiera querido enseñarle matemáticas al sol y a la arena.

Pasó días copiando símbolos, dibujando cuadros, anotando cifras con precisión casi maniática. Decía que era un tesoro más valioso que el oro de los sarcófagos. «Los egipcios —murmuraba Rhind— sabían contar con la misma elegancia con la que construían pirámides».

No lo llevó a Londres enseguida. Antes lo envolvió como se envuelven las cosas frágiles: con respeto y temor. Cuando finalmente partió hacia el norte, sabía que no volvía solo. En su equipaje llevaba siglos de pensamiento comprimido en finas tiras de caña y tinta.

Y mientras el barco se alejaba por el Nilo, Mahmud, el jornalero somnoliento, seguía sin entender qué tenía de especial aquel trozo de papiro viejo. Pero en la cubierta, Rhind anotaba ya el título de un libro que, sin saberlo, escribiría años después: «El saber bajo el escombro».

Cómo se produjo el hallazgo y quiénes estuvieron involucrados

El descubrimiento del llamado «papiro matemático Rhind» no fue fruto de una excavación científica planificada, sino de una cadena de coincidencias ocurridas en Luxor (antigua Tebas) hacia 1858. El documento, hoy considerado la fuente matemática más importante del antiguo Egipto, fue adquirido por el anticuario escocés Alexander Henry Rhind. Eso sí, le llegó gracias a un hallazgo fortuito durante unas excavaciones no reguladas. Según los registros del propio Rhind, el papiro fue descubierto en un contexto poco claro, entre escombros de viviendas antiguas. Probablemente apareció cuando se demolían estructuras cerca del Ramesseum, en la orilla occidental de Tebas. Rhind escribe en su diario de investigación:

> *The papyrus was found at Thebes, probably in the ruins of a house.*
> El papiro fue hallado en Tebas, probablemente entre las ruinas de una vivienda.

PEET, T.E., *The Rhind Mathematical Papyrus*, British Museum, Londres, 1923, p. IX.

El documento fue comprado en el mercado local por Rhind, quien en ese momento se encontraba en Egipto por razones de salud, aunque ya era conocido por su interés en las antigüedades. De regreso en el Reino Unido, donó el papiro al Museo Británico, donde aún se conserva con el número de inventario EA 10057. El documento data de alrededor del 1550 a. C., en plena dinastía XVII (Segundo Período Intermedio), y es una copia de un original más antiguo, posiblemente del Reino Medio. El texto, escrito por un escriba llamado Ahmes (Ahmose), comienza con una fórmula de humildad y precisión:

This writing was copied in the Year 33, in the 4th month of the Season of the Inundation, under the Majesty of the King of Upper and Lower Egypt, Auserre, the blessed.

Este escrito fue copiado en el año 33, en el cuarto mes de la estación de la inundación, bajo la majestad del rey del Alto y Bajo Egipto, Auserre, el bendito.

Papiro matemático Rhind, problema 1.

El hallazgo fue especialmente valioso porque el papiro, de más de cinco metros de largo, está notablemente bien conservado y contiene más de ochenta problemas matemáticos, con soluciones y procedimientos detallados. A diferencia de otros textos egipcios, centrados en religión o administración, este manuscrito revela la aplicación práctica del pensamiento abstracto. Rhind no solo publicó un análisis del papiro, sino que su edición sentó las bases para el conocimiento moderno de las matemáticas egipcias. El estudio posterior fue completado por T. Eric Peet y otros especialistas, y su publicación en 1923 sigue siendo una fuente estándar.

The Rhind Papyrus represents the most complete insight into the arithmetic methods of the ancient Egyptians.

El papiro de Rhind representa la visión más completa de los métodos aritméticos del antiguo Egipto.

PEET, T.E., *op. cit.*, p. IX.

Este caso muestra cómo un objeto encontrado por azar, sin contexto arqueológico estratificado, puede convertirse en una de las piezas clave para comprender una civilización en su aspecto más intelectual y técnico.

Importancia arqueológica del descubrimiento

El papiro matemático de Rhind es, sin duda, uno de los documentos más valiosos para el estudio del pensamiento abstracto en el Egipto faraónico. No se trata simplemente de un listado de operaciones: el papiro ofrece una ventana directa a cómo los antiguos egipcios resolvían problemas prácticos mediante procedimientos sistemáticos, lo que lo convierte en una fuente única para comprender la educación, la contabilidad y la ciencia en el segundo milenio a. C. Compuesto por ochenta y siete problemas matemáticos en cuya resolución se utilizan desde fracciones hasta geometría, el papiro proporciona ejemplos de cálculos de áreas, volúmenes de graneros, repartos proporcionales de pan y cerveza, e incluso de ecuaciones simples. Su valor reside en que no solo enumera los resultados, sino que muestra los pasos que los escribas debían seguir, revelando una pedagogía estructurada.

> *The papyrus shows that Egyptian mathematics was based on a pragmatic approach, rooted in everyday needs.*
> El papiro muestra que las matemáticas egipcias se basaban en un enfoque pragmático, arraigado en las necesidades cotidianas.
>
> IMHAUSEN, A., *Mathematics in ancient Egypt*,
> Princeton University Press, Princeton, 2016, p. 38.

Uno de los aspectos más discutidos es el uso egipcio de fracciones unitarias (1/2, 1/3, 1/4…), con procedimientos elaborados para descomponer fracciones más complejas. Este sistema, aparentemente engorroso desde una perspectiva moderna, obedecía a convenciones religiosas y administrativas bien establecidas. En el papiro Rhind, por ejemplo, se observa cómo expresar 2/5 como la suma de 1/3 y 1/15:

> *The Egyptians developed a method of expressing any fraction as a sum of distinct unit fractions, which was based on standard tables and rules.*
>
> Los egipcios desarrollaron un método para expresar cualquier fracción como suma de fracciones unitarias distintas, basado en tablas y reglas estándares.
>
> GILLINGS, R. J., *Mathematics in the Time of the Pharaohs*, Dover Publications, Nueva York, 1982, p. 44.

Desde el punto de vista arqueológico, el papiro también plantea interrogantes sobre su procedencia. Al haber sido hallado entre los escombros de una vivienda, posiblemente ajeno a un contexto funerario, rompe con el patrón habitual de papiros administrativos o religiosos en tumbas. Este hecho sugiere que los materiales de escritura también circulaban entre escribas en contextos domésticos o escolares. Además, la autoría firmada por el escriba Ahmes le confiere un valor testimonial. Pocos textos egipcios están firmados, lo que convierte a este documento en una de las raras ocasiones donde se puede poner nombre a un profesional del saber. Como él mismo indica al principio del papiro:

Written by the scribe Ahmes, copying what was found in old writings.
Escrito por el escriba Ahmes, copiando lo que se halló en antiguos escritos.

Papiro matemático Rhind, problema 1.

Toque humano: conflictos, emociones y errores

A diferencia de otros hallazgos espectaculares realizados por arqueólogos bajo el foco de la prensa, el descubrimiento del papiro matemático de Rhind no tuvo ni fotografía ni ceremonia. Su hallazgo fue, en origen, casi anecdótico. Alexander Henry Rhind, joven anticuario escocés de salud frágil, recorría Egipto más por prescripción médica que por vocación académica. Era 1858 y, según sus propias cartas, había llegado a Tebas para evitar el invierno europeo. Mientras visitaba las excavaciones informales de Luxor, se enteró de que unos obreros habían encontrado restos de papiro entre los escombros de un antiguo edificio, posiblemente una casa saqueada. Rhind compró el lote casi por intuición, sin imaginar su importancia. De hecho, cuando lo desplegó, el papiro estaba tan fragmentado que algunos trozos parecían inutilizables. Su decisión de trasladarlo a Escocia fue arriesgada: los fragmentos eran extremadamente frágiles y mal conservados, y el transporte por barco suponía un reto. A su regreso, la restauración fue otra odisea. En una época en que el estudio del papiro aún era incipiente, Rhind confió la tarea a técnicos del Museo Británico. Algunos fragmentos se perdieron o se almacenaron por separado, dificultando durante décadas la reconstrucción completa. Además, el contexto de hallazgo era tan ambiguo que durante años los egiptólogos dudaron de su autenticidad y cronología. No había tumba, ni templo, ni inscripción que situara el papiro con claridad.

Rhind murió joven, a los 29 años, sin ver reconocida la trascendencia de su hallazgo. Fue su legado el que permitió a estudiosos posteriores, como T. Eric Peet en 1923, analizar el documento con mayor rigor. El egiptólogo británico, fascinado por la lógica interna del texto, dedicó años a reconstruirlo:

> *The state in which it reached the Museum was such as to render its interpretation a matter of extreme difficulty.*
>
> El estado en el que llegó al Museo era tal que hacía su interpretación extremadamente difícil.

Peet, E. T., op. cit., p. 1.

Más tarde, Annette Imhausen pondría en valor no solo su contenido, sino también su contexto como documento de enseñanza, probablemente usado por aprendices de escriba:

> *The problems in the Rhind Papyrus can only be understood as part of a didactic tradition, transmitted through repetition and adaptation.*
>
> Los problemas del papiro Rhind solo pueden entenderse como parte de una tradición didáctica, transmitida mediante la repetición y la adaptación.

Imhausen, A., op. cit., p. 55.

Lo que comenzó como una compra casual entre los restos de una casa derruida terminó siendo la llave de entrada a la matemática faraónica. Y tras esa revelación, hubo errores, dudas, reconstrucciones parciales, vidas breves y vocaciones intensas. En última instancia, el conocimiento sobrevivió al azar y al olvido.

Reflexión final

Un recordatorio de que la arqueología no solo rescata objetos, sino también preguntas. ¿Cómo pensaban los antiguos egipcios? ¿Cómo enseñaban? ¿Cómo resolvían las ecuaciones del día a día? Gracias a este papiro, sabemos que su mundo no era solo simbólico y religioso, sino también racional, práctico y sorprendentemente sofisticado.

En última instancia, el azar puso este documento en manos de quien supo reconocer su valor. El saber egipcio, guardado en un rollo frágil de 5.000 años, viajó de Tebas a Escocia, de la oscuridad al entendimiento. Y así, entre ruinas y casualidades, la historia sigue escribiéndose.

13

¿QUÉ TIENE QUE VER LA GINECOLOGÍA CON LAS BARBACOAS?

Contexto histórico novelado

Dicen que el viento de El Fayum nunca perdona. Al anochecer, se cuela entre las grietas de adobe de las casas de los obreros, silba entre los pasillos abandonados y arrastra consigo rumores de dioses y papiros. Era finales del siglo XIX y en la aldea de Kahun —hoy conocida como El Lahun— un puñado de campesinos egipcios trabajaba junto a un inglés de mirada viva y barba indomable: Flinders Petrie. Había llegado allí buscando respuestas sobre la pirámide de Sesostris II, pero aquella mañana, mientras apuntaba mediciones en su cuaderno, la historia decidió burlarse de sus planes por culpa del hambre.

Mahmud, uno de los obreros más jóvenes, se agachaba para recoger trozos de adobe derrumbado. Su padre, Ali, estaba harto: la paga era mala, el polvo era denso y cada ladrillo parecía idéntico al anterior. Así que, para variar, algunos decidieron que esos bloques de barro seco serían buen combustible para calentar té y asar un poco de pan plano junto a unos trozos de pollo.

Quedaría delicioso. Total, ¿qué podría esconderse en un ladrillo? Mientras tanto, Petrie comenzó a escuchar un crujido extraño, un sonido como de papiro quebrándose. Se giró y vio a Mahmud sosteniendo un puñado de tiras ennegrecidas. Los bordes estaban carbonizados, pero entre las cenizas aparecían líneas de escritura, hieráticos minúsculos como hormigas que se resistían a morir devorados por el fuego.

«¡Parad, parad!», gritó Petrie, casi arrancando los fragmentos de las manos del niño. Se arrodilló sobre el suelo polvoriento, palpó entre los restos de adobe y halló más: rollos escondidos en las grietas, comprimidos durante siglos por capas de arena y olvido.

Aquella noche, Mahmud contó a su abuelo que habían encontrado «papeles de los antiguos» entre el barro que ardía. El anciano, con su pipa encendida, rio: «Pues menuda barbacoa de faraones os habéis hecho hoy». La frase quedó en la memoria de los obreros, que desde entonces miraron cada ladrillo con respeto supersticioso.

Petrie, sin saberlo, acababa de abrir la puerta a uno de los tesoros documentales más valiosos del Reino Medio: recetas médicas, contratos de trabajo, listas de raciones, todo lo que hacía palpitar una ciudad obrera erigida para construir la tumba de un rey. Y es que, entre el adobe y el humo, la historia decidió sobrevivir.

Cuando el viento volvió a soplar esa noche, arrastró consigo un susurro nuevo: el rumor de médicos que anotaban tratamientos para partos, de escribas que registraban impuestos, de obreros que firmaban por su salario de cebada. Entre cenizas y ladrillos, Kahun les devolvió su voz. Y Petrie, con sus botas polvorientas, entendió que a veces la arqueología se esconde donde menos lo esperas: en la grieta de un muro, bajo la tea de un obrero que solo quería encender el fuego para el té.

Cómo se produjo el hallazgo y quiénes estuvieron involucrados

El hallazgo de los papiros médicos de El Lahun fue consecuencia directa de la excavación sistemática de la villa de Kahun, planificada por Flinders Petrie entre 1889 y 1890. El objetivo original de Petrie era estudiar la pirámide de Sesostris II, pero pronto comprendió que la verdadera riqueza documental se hallaba en la zona residencial construida para los trabajadores y funcionarios que participaron en la construcción y mantenimiento del complejo funerario. Tal como Petrie detalla, los papiros no aparecieron en un archivo organizado, sino dispersos entre los restos de viviendas abandonadas, enterrados en capas de escombros, sucios de hollín y tierra, y en ocasiones reutilizados como material de relleno.

> *Amongst the rubbish in these chambers were found portions of written papyri, torn and incomplete.*
>
> Entre la basura de estas habitaciones se encontraron fragmentos de papiros escritos, rasgados e incompletos.
>
> PETRIE, W. M. F., *Kahun, Gurob, and Hawara*,
> Kegan Paul, Trench, Trübner & Co,
> Londres, 1890, p. 24.

El proceso de recuperación fue lento y exigió la colaboración de un equipo mixto de obreros egipcios y asistentes británicos. Fue la minuciosidad de Francis Llewellyn Griffith —especialista en textos hieráticos— la que permitió restaurar, transcribir y traducir fragmentos tan deteriorados. En *The Petrie Papyri* (1898), Griffith describe cómo las casas de Kahun preservaron documentos que datan del Reino Medio, incluidas cuentas de graneros, registros de personal y textos médicos. Entre estos sobresalió un pequeño rollo, casi ilegible, dedicado exclusivamente a dolencias femeninas.

El llamado «papiro ginecológico de Lahun» mide aproximadamente 2,5 metros de largo, y está dividido en treinta y cuatro secciones. Cada una contiene un caso clínico: diagnóstico, pronóstico y tratamiento, a menudo combinando recetas herbales y rituales mágicos. Griffith lo resume así:

> *This papyrus is the oldest known treatise on gynaecology, full of curious details of diagnosis and treatment.*
>
> Este papiro es el tratado más antiguo conocido sobre ginecología, lleno de detalles curiosos sobre diagnóstico y tratamiento.

GRIFFITH, F. Ll., (1898), *The Petrie Papyri*,
Bernard Quaritch, Londres, 1898, p. 10.

Los papiros médicos de Kahun se hallaron junto a otros textos, como contratos de arrendamiento y listas de personal, lo que indica que pertenecieron a escribas de la comunidad. Algunos fragmentos fueron recuperados de hornos domésticos reutilizados como vertederos. Tal como subraya John F. Nunn, esta localización demuestra que la transmisión de conocimientos médicos estaba integrada en la vida diaria de la villa.

> *The Kahun papyri suggest that medical practice was part of the local administrative structure.*
>
> Los papiros de Kahun sugieren que la práctica médica formaba parte de la estructura administrativa local.

NUNN, J. F., *Ancient Egyptian medicine*, British Museum Press,
Londres, 1996, p. 38.

Gracias a estos hallazgos, se pudo entender cómo coexistían conocimientos prácticos de obstetricia y fórmulas mágicas. Hoy se conservan en el University College de Londres y siguen siendo referencia para los estudios sobre la medicina femenina del Reino Medio. Así, el descubrimiento del papiro ginecológico de Kahun refleja cómo la arqueología de lo doméstico puede aportar tanto como la de los templos y tumbas reales.

Importancia arqueológica del descubrimiento

El papiro ginecológico de Kahun (*ca.* 1825 a. C.) es, junto con el papiro Edwin Smith y el papiro Ebers, uno de los pilares para comprender la práctica médica en el Egipto faraónico. Su valor arqueológico se extiende a varios niveles: cronológico, técnico y cultural. En primer lugar, es el texto médico más antiguo conservado dedicado exclusivamente a la salud femenina. Como subraya John F. Nunn:

> *The Kahun Papyrus is the earliest surviving medical text, dealing solely with gynaecological problems.*
>
> El papiro de Kahun es el texto médico conservado más antiguo, dedicado exclusivamente a problemas ginecológicos.

Nunn, J. F., op. cit., p. 37.

Este hecho lo convierte en una fuente única para estudiar las concepciones del cuerpo femenino y la fertilidad en el Reino Medio. Las treinta y cuatro secciones presentan casos clínicos, diagnósticos y tratamientos. Lo notable es su estructura: cada

entrada comienza con una descripción de los síntomas, seguida
de un pronóstico (incluso se indica si una mujer es fértil o estéril)
y concluye con una prescripción, que combina hierbas, emplastos
o rituales mágicos. Tal como explica Francis Llewellyn Griffith:

> *No medical papyrus so far known approaches it in age or in its exclu-*
> *sive devotion to diseases of women.*
>
> Ningún papiro médico conocido se aproxima a él en antigüe-
> dad ni en su dedicación exclusiva a las enfermedades de la mujer.

GRIFFITH, F. Ll., op. cit., p. 9.

En segundo lugar, el papiro de Kahun permite entender cómo
se articulaba la relación entre la medicina empírica y la religión.
Como señala Barbara Watterson:

> *Ancient Egyptian medicine was a mixture of practical treatment and*
> *magical incantations, and the Kahun Papyrus demonstrates this blend*
> *perfectly.*
>
> La medicina del antiguo Egipto era una mezcla de tratamiento
> práctico y conjuros mágicos, y el papiro de Kahun demuestra esta
> combinación a la perfección.

WATTERSON, B., The gods of ancient Egypt, Routledge y Kegan,
Londres, 1984, p. 58.

Por ejemplo, para diagnosticar la fertilidad, se instruía colocar
cebollas o dátiles triturados en la vagina y observar su olor al día
siguiente. Esta práctica, hoy sorprendente, refleja una observación empírica rudimentaria del tracto reproductivo, mezclada

con creencias simbólicas sobre la pureza y la intervención de diosas como Hathor y Tueris. El texto también prescribe amuletos y encantamientos para expulsar «espíritus malignos», supuestos causantes de infertilidad o dolores menstruales. En cuanto al contexto, el hallazgo en Kahun ilustra la transferencia de saberes médicos en comunidades obreras vinculadas a proyectos reales. John F. Nunn destaca que la villa de Kahun muestra que:

> *Medical knowledge was not limited to temple libraries but circulated among scribes and administrators.*
>
> El conocimiento médico no se limitaba a las bibliotecas de los templos, sino que circulaba entre escribas y administradores.

NUNN, J. F., op. cit., p. 39.

En tercer lugar, el descubrimiento ayuda a trazar una línea de continuidad. Muchas de las prácticas documentadas en Kahun resurgen, siglos más tarde, en el papiro Ebers. Esto demuestra que los médicos egipcios preservaron y adaptaron recetas, incorporando nuevas hierbas o técnicas. Griffith observó que:

> *Some Kahun prescriptions recur in the Ebers Papyrus, showing a long tradition.*
>
> Algunas prescripciones de Kahun reaparecen en el papiro Ebers, demostrando una larga tradición.

GRIFFITH, F. Ll., op. cit., p. 10.

Hoy, el papiro ginecológico de Kahun sigue siendo objeto de estudio multidisciplinar. Sus implicaciones van más allá de la historia de la medicina: ofrece claves sobre la vida cotidiana de las mujeres egipcias, la jerarquía del personal médico —con indicios de parteras especializadas— y la relación entre ciencia y magia. Gracias a su preservación accidental bajo capas de escombros, el texto se ha convertido en una pieza clave para entender cómo el cuerpo femenino era percibido, controlado y ritualizado en el Reino Medio.

Toque humano: conflictos, emociones y errores

Flinders Petrie, conocido por su rigor casi obsesivo, tuvo que hacer frente a una situación que se le escapaba de sus métodos: textos extremadamente frágiles, mal conservados y dispersos entre restos de adobe y escombros. Tal como detalla Petrie en *Illahun, Kahun and Gurob* (1891), el papiro no fue hallado en un solo rollo, sino fragmentado en varias capas endurecidas por la humedad y la presión de siglos:

> *The medical papyrus was found in a box amidst rubbish. Its condition was exceedingly brittle, breaking apart at every touch.*
>
> El papiro médico se encontró en una caja entre escombros. Su estado era extremadamente frágil, rompiéndose a cada contacto.
>
> PETRIE, W. M. F., *Kahun, Gurob, and Hawara*, 1890, Londres, p. 6.

Esto generó conflictos entre Petrie y sus propios trabajadores. Muchos no entendían por qué era necesario dedicar días enteros a recuperar «papeles viejos» mientras ignoraban vasijas o amuletos. Hubo discusiones sobre cómo priorizar la documentación. Algunos fragmentos menores se perdieron, algo que Petrie lamentó:

Much was lost due to haste and ignorance of its importance.
Mucho se perdió por la prisa y el desconocimiento de su importancia.

PETRIE, W. M. F., *op. cit.*, p. 7.

Además, el proceso de conservación fue un reto. Francis Llewellyn Griffith, el filólogo encargado de transcribir los textos, confesó la frustración de trabajar con fragmentos «quebrados como galletas», según comenta en su correspondencia:

No part of the text can be read without reassembling the crumbs that remain.
Ninguna parte del texto puede leerse sin volver a ensamblar las migajas que quedan.

GRIFFITH, F. Ll., *Letters to Amelia Edwards*,
Petrie MSS, UCL Archives.

En el plano humano, el hallazgo puso de relieve la falta de medios para la conservación de papiros en la década de 1890. Petrie improvisó técnicas rudimentarias con planchas de vidrio y cola orgánica, lo que permitió salvar buena parte del texto. Aun así, algunos fragmentos se deterioraron en el transporte desde El Fayum hasta Londres. Griffith escribiría más tarde en tono autocrítico:

This should serve as a lesson: no papyrus, however trivial it may seem, must be handled without utmost care.

Esto debería servir de lección: ningún papiro, por trivial que parezca, debe manipularse sin el máximo cuidado.

GRIFFITH, F. Ll., *op. cit.*, p. 12.

A nivel local, el hallazgo también generó recelos. Algunos trabajadores de Kahun, viendo cómo se retiraban documentos con símbolos y hechizos, temían que fueran amuletos sagrados. Petrie anotó en su diario que tuvo que explicar repetidas veces que se trataba de «recetas médicas» y no de «piedras de poder» para protegerse de represalias:

They believed the sheets of writing were charms that might bring a curse upon their village.

Creían que los trozos de escritura eran amuletos que podían traer una maldición sobre su aldea.

Diario de campo de Petrie, MS 1234, EES Archives.

Tampoco faltaron errores de interpretación. Inicialmente, Griffith tradujo una parte del texto como un procedimiento para la fertilidad masculina, cuando en realidad describía un diagnóstico de prolapso uterino. Esta errata se corrigió gracias a comparaciones con el papiro Ebers, lo cual demuestra la necesidad de cotejar fuentes para evitar fantasías modernas. Como recuerda John F. Nunn:

Translations of ancient medical texts must be constantly revised as our understanding of language improves.

Las traducciones de textos médicos antiguos deben revisarse constantemente a medida que mejora nuestra comprensión del idioma.

NUNN, J. F., *op. cit.*, p. 42.

En conjunto, el hallazgo del papiro ginecológico de Kahun fue un recordatorio de que la arqueología es siempre un proceso humano: repleto de errores, tensiones, momentos de incredulidad y aprendizajes colectivos. Aquella caja de escombros con «papeles rotos» acabó revelando una de las ventanas más íntimas de la medicina y la vida de las mujeres egipcias gracias —paradójicamente— a la obstinación de no desechar ni la más mínima fibra.

Reflexión final

Cuando Petrie encontró aquellos fragmentos envueltos en polvo no imaginó que estaba rescatando la voz de unas mujeres anónimas, cuidadas por manos expertas hace más de 3.800 años. Hoy, el papiro ginecológico de Kahun no deslumbra con oro ni esculturas colosales, pero brilla en algo más valioso: muestra que la preocupación por la salud, la fertilidad o el parto era parte esencial de la vida cotidiana, escrita en tinta sobre fibras frágiles.

14

ELLA ESTÁ ENTERRADA…, ¡PERO NO DONDE DEBÍA!

Contexto histórico novelado

Era una mañana de 1925 en la meseta de Guiza. El sol se alzaba sin prisa sobre las tres pirámides, proyectando sombras que parecían marcar los siglos con precisión astronómica. En medio del silencio polvoriento, interrumpido solo por el murmullo del viento, un grupo de obreros egipcios, que trabajaban para la expedición de la Universidad de Harvard y el Museo de Bellas Artes de Boston, se afanaban en un rincón no demasiado prometedor al este de la Gran Pirámide.

No estaban excavando la tumba de un faraón. Ni siquiera la de un noble famoso. Estaban limpiando lo que parecía ser una depresión rellena de escombros, quizá los restos de una mastaba anónima, como tantas otras. Pero entonces, mientras removían capas de cascotes y tierra, la pala de un trabajador golpeó una losa perfectamente tallada. El sonido hueco que devolvió la piedra llamó la atención de todos.

George Reisner, el director de la expedición, fue alertado de inmediato. Se acercó al lugar con la discreción del sabueso que olfatea algo más que polvo. Ordenó despejar la losa. Debajo, una estrecha escalera descendía a la oscuridad. Nadie lo sabía aún, pero estaban a punto de abrir un capítulo insólito de la historia de la realeza egipcia.

Al final de la escalera encontraron una cámara subterránea sellada. Cuando los arqueólogos accedieron al interior, el silencio era casi reverencial. En el centro, una caja de madera recubierta de relieves dorados relucía entre los escombros. Había cofres, vasos canopos, mobiliario funerario intacto. Pero nada de momia. El sarcófago estaba vacío.

Era un entierro regio, de eso no había duda. Las inscripciones confirmaban algo asombroso: los objetos funerarios pertenecían a la reina Hetepheres I, esposa del faraón Esnefru y madre del gran Khufu (Keops), constructor de la Gran Pirámide. Pero ¿qué hacía enterrada aquí, en una tumba secreta, sin su cuerpo?

Reisner se quedó perplejo. ¿Un entierro secundario? ¿Un traslado de emergencia? ¿Un intento de ocultar un robo? Lo único claro era que se había topado con una joya del Reino Antiguo gracias a un golpe de azar en una excavación menor. Una reina de la dinastía IV, madre de uno de los faraones más famosos del mundo, había estado reposando en secreto a pocos metros de la pirámide…, y nadie lo había sabido.

Ese día, el sol se puso sobre Guiza como siempre. Pero bajo la arena, alguien había vuelto a hablar. Y su nombre era Hetepheres.

Cómo se produjo el hallazgo y quiénes estuvieron involucrados

El descubrimiento de la tumba de la reina Hetepheres I en 1925 fue uno de los hallazgos más enigmáticos y, paradójicamente, más fortuitos del Egipto antiguo. El equipo de excavación liderado por George Andrew Reisner, bajo los auspicios de la Universidad de Harvard y el Museo de Bellas Artes de Boston, no se encontraba buscando una tumba real. De hecho, en aquel momento, el objetivo era documentar y limpiar los restos de mastabas menores situadas al este de la Gran Pirámide de Khufu. Durante estas tareas, los trabajadores egipcios al servicio de la misión descubrieron por accidente el acceso a una cámara subterránea sellada al excavar una depresión que parecía no tener interés arqueológico. Un fotógrafo llamado Mohamed Ibrahim puso el trípode sobre la losa con restos de yeso. Al limpiar la zona, apareció una escalera descendente, al final de la cual se encontraba un pozo funerario cuidadosamente cerrado. El pozo, designado G 7000X, fue abierto el 2 de marzo de 1925, y lo que Reisner encontró en su interior desafió toda expectativa: un ajuar funerario regio en perfecto estado, pero sin momia. La cámara albergaba mobiliario ricamente decorado, incluyendo una cama ceremonial, un trono, un palanquín dorado del que se conservaban las partes metálicas —la madera se había podrido— y una caja para canopos con los órganos internos de la difunta. Estos elementos permitieron identificar a la propietaria: la reina Hetepheres I, esposa del rey Esnefru y madre de Khufu. A través de las inscripciones, se confirmó su título de «madre del rey del Alto y Bajo Egipto, esposa del rey e hija del dios» (*mwt-niswt-biti, ḥmt-niswt, s3t-nṯr*, o, como dirían ellos: *mut nisut biti, jem nisut, sat-necher*, ¡toma ya!).

El hallazgo generó una intensa polémica entre los egiptólogos. ¿Por qué una reina de tal relevancia había sido enterrada en una tumba secreta, carente de toda monumentalidad y separada del complejo funerario de Esnefru en Dahshur? La hipótesis más aceptada por Reisner fue que la tumba original de Hetepheres había sido saqueada poco después de su entierro, y que sus restos fueron trasladados de urgencia a Guiza siguiendo órdenes del propio Khufu. No obstante, ni el cuerpo ni el sarcófago fueron encontrados en G 7000X, lo que sugiere que pudo tratarse de un enterramiento simbólico. Según Reisner:

> *The whole arrangement was evidently one of extreme secrecy [...] intended to prevent repetition of robbery.*
>
> Todo el arreglo fue evidentemente de extrema discreción [...] destinado a evitar la repetición del saqueo.

REISNER, G. A. y SMITH, W. S., *A history of the Giza necropolis* II, Harvard University Press, Cambridge (EE.UU.), 1955, p. 3.

Este hallazgo no solo aportó detalles valiosísimos sobre el arte mueble del Reino Antiguo, sino que también permitió reconstruir aspectos del protocolo funerario y las medidas tomadas ante el robo de tumbas. Tres de los paquetes de vísceras de la reina en el interior de la caja para canopos, por ejemplo, estaban intactos, y su contenido fue analizado décadas después y reveló tejidos blandos humanos embalsamados, lo que confirma que el cuerpo de Hetepheres quizá estuvo allí en algún momento. Como concluye Mark Lehner:

This tomb was a rare chance to see the real funerary furniture of a Fourth Dynasty queen.

Esta tumba fue una oportunidad única de ver el mobiliario funerario auténtico de una reina de la dinastía IV.

M. LEHNER, *The complete pyramids*, Thames & Hudson, Londres, 1997, p. 124.

Importancia arqueológica del descubrimiento

El hallazgo de la tumba de Hetepheres I es uno de los descubrimientos más relevantes del Reino Antiguo por múltiples razones. En primer lugar, por tratarse del ajuar funerario más completo y mejor conservado de una reina de la dinastía IV, y, en segundo lugar, por las preguntas que aún hoy plantea sobre los protocolos funerarios y el estatus de la realeza femenina en ese período. Desde el punto de vista del arte egipcio, la tumba de G 7000X reveló un conjunto excepcional de mobiliario en madera, recubierto con láminas de oro y en algunos casos incrustado con fayenza y turquesa. A pesar del colapso parcial de la cámara funeraria, el techo de la cámara estaba intacto. Todos estos objetos fueron encontrados en su lugar original. Entre ellos destacan un palanquín ceremonial, un lecho fúnebre con patas en forma de león y un trono real con respaldo alto, elementos que jamás se habían hallado tan bien conservados en contextos similares.

Estos objetos permiten estudiar la artesanía de la época con un nivel de detalle raramente accesible. Según Dieter Arnold:

The objects found in G 7000X furnish us with a complete image of the royal furniture used in the Old Kingdom, otherwise only known from tomb paintings.

Los objetos hallados en G 7000X nos proporcionan una imagen completa del mobiliario real utilizado en el Reino Antiguo, que de otro modo solo conocíamos a través de las pinturas murales.

ARNOLD, D., *Temples of the last pharaohs*,
Oxford University Press, Oxford, 1999, p. 22.

A nivel histórico, la tumba plantea una paradoja: contiene un ajuar real riquísimo, pero sin un monumento conmemorativo que lo señale en superficie. Esto ha llevado a muchos especialistas a considerar que G 7000X fue un lugar de entierro improvisado, posiblemente como respuesta a un robo anterior de la tumba original en Dahshur, la hipótesis defendida por el propio George Reisner y respaldada por inscripciones funerarias. En sus propias palabras:

Here we have a unique case where the queen's body may have been moved, but her equipment was reburied as a complete funerary installation.

Aquí tenemos un caso único en el que el cuerpo de la reina pudo haber sido trasladado, pero su ajuar fue enterrado de nuevo como una instalación funeraria completa.

REISNER, G. A. y SMITH, W. S., *op. cit.*, 1955, p. 8.

Además, el hallazgo ofrece pistas sobre las relaciones entre Esnefru, Hetepheres y Khufu, configurando una red familiar y política que sostenía el poder dinástico. La presencia del nombre de Khufu en algunos objetos refuerza la hipótesis de que él fue responsable del traslado o reinscripción del enterramiento. Desde la perspectiva metodológica, el descubrimiento también supuso un hito. Fue uno de los primeros casos en los que un ajuar completo pudo ser documentado en contexto con técnicas de registro modernas para la época, como ya estaba haciendo Carter con Tutankamón. La meticulosidad del equipo de Reisner permitió conservar y reconstruir gran parte del mobiliario, que hoy se encuentra en el Museo Egipcio de El Cairo.

En suma, la tumba de Hetepheres I no solo es importante por su contenido, sino también por las preguntas que plantea: sobre las prácticas funerarias, el papel de la mujer en la realeza y el modo en que el antiguo Egipto reaccionaba ante el caos del saqueo.

Toque humano: conflictos, emociones y errores

Cuando el arqueólogo George Reisner se inclinó sobre el pozo G 7000X en Guiza aquella mañana de 1925, no imaginaba que lo que parecía una simple anomalía arquitectónica terminaría provocando uno de los debates más intensos —y personales— de su carrera. El hallazgo de la tumba de Hetepheres I, aunque extraordinario, no fue un proceso limpio ni exento de incertidumbre, frustraciones y dudas que aún hoy resuenan en los círculos egiptológicos.

Todo comenzó con la excavación de una pequeña cámara subterránea localizada junto a la mastaba G 7000. Al principio, el equipo pensó que se trataba de una tumba saqueada más, ya que la cámara estaba parcialmente colapsada y cubierta de escombros. Pero al retirar cuidadosamente los bloques de piedra caliza, el relleno respondía a otra cosa. Los arqueólogos se quedaron sin aliento: cofres, muebles, vasijas y restos de un lecho real emergieron de la oscuridad desmontados. Sin embargo, faltaba lo más importante: el cuerpo de la reina no estaba. No había momia, ni sarcófago, ni ataúd interno. Algunos pueden pensar que los sarcófagos no se usaban en el Reino Antiguo, pero esto es un debate más. Lo que sí se halló fue un cofre canópico sellado, así como muebles y joyas dignos de una reina. ¿Había sido saqueada la cámara? ¿Se trataba solo de un depósito ritual? ¿Había existido un entierro original trasladado o interrumpido? La incertidumbre pesaba sobre el hallazgo como una losa. Reisner, siempre meticuloso hasta el exceso, redactó varios informes contradictorios en sus primeras semanas. El desconcierto entre su equipo se transformó en tensión: algunos ayudantes temían haber dañado accidentalmente algo al abrir la cámara; otros discutían sobre la interpretación del ajuar sin una momia que sirviera de referencia. Además, la falta de inscripciones monumentales en el exterior añadía aún más confusión.

Por si fuera poco, la prensa occidental —ávida de noticias sensacionalistas tras el eco de Tutankamón— publicó titulares erróneos, anunciando el descubrimiento de una «reina olvidada enterrada viva» o incluso insinuando conspiraciones reales. Reisner, que detestaba el sensacionalismo, se vio obligado a emitir aclaraciones públicas.

A nivel personal, el arqueólogo quedó obsesionado con resolver el enigma. Sus diarios, conservados en Harvard, revelan noches sin dormir y anotaciones con signos de interrogación, tachaduras y cambios de hipótesis constantes. Lo que parecía un descubrimiento glorioso se convirtió en un rompecabezas emocional para todo el equipo. La historia humana de esta tumba no acaba en 1925. Décadas más tarde, algunos objetos fueron restaurados parcialmente con errores que hoy se están corrigiendo. Las reconstrucciones del mobiliario, por ejemplo, presentaron al principio proporciones erróneas porque los fragmentos estaban aplastados y nadie sabía cómo debían ensamblarse.

Pero quizá el momento más conmovedor lo describe el propio Reisner en una carta a su esposa al poco de abrir la tumba:

I have never seen gold shine so softly, as if it had been asleep for four thousand years and had just begun to remember.

Jamás he visto el oro brillar con tanta suavidad, como si hubiese estado dormido durante cuatro mil años y acabara de empezar a recordar.

Carta de George A. Reisner a Mary Putnam,
Reisner papers Harvard University, abril de 1925.

Reflexión final

No todo descubrimiento arqueológico ofrece respuestas claras. A veces, lo que emerge del subsuelo son más preguntas que certezas. Y, sin embargo, allí reside también su fuerza.

Entre el oro deslucido, los tronos desmontados y los sarcófagos sin cuerpo, esta tumba nos habla de una reina cuyo recuerdo se resistió al tiempo. No conocemos su rostro, ni su voz, pero sus objetos nos cuentan que fue amada, honrada y enterrada con una delicadeza que atraviesa los siglos.

Fue el azar quien condujo a Reisner a ese pozo oculto, pero fue la sensibilidad de su equipo lo que convirtió el hallazgo en una conversación íntima con el pasado. En el silencio de la cámara subterránea, el vacío donde debía estar el sarcófago se convierte en una poderosa metáfora: a veces, lo más elocuente es precisamente lo que no está. La reina Hetepheres I no apareció, pero siempre estuvo más presente.

15

LA CASA DE LA ETERNIDAD EN EL PATIO TRASERO: SENEDJEM Y EL HALLAZGO MÁS DOMÉSTICO DE TEBAS

Contexto histórico novelado

Era una mañana luminosa de febrero de 1886. El sol acariciaba las colinas occidentales de Tebas y el aire olía a pedernal caliente y tierra seca. Un grupo de trabajadores egipcios, guiados por arqueólogos franceses, hurgaba en la periferia del antiguo poblado de Deir el-Medina, un lugar que ya empezaba a insinuar su importancia como asentamiento de artesanos reales. Aquella jornada, sin embargo, no estaba destinada a revelar palacios ni templos. No. Lo que esperaba bajo la arena era más íntimo: una casa para la eternidad, cuidadosamente decorada por su propio dueño, oculta durante siglos a pocos metros del suelo.

Fue uno de los niños que ayudaban a cargar cántaras de agua el primero en notarlo. Tropezó con una piedra que no era piedra: era el borde superior de una puerta tapiada, cubierta por siglos de derrumbes y arena. El capataz detuvo el trabajo para inspeccionar y pronto el polvo se convirtió en silencio. Lo que se abría ante ellos era el acceso intacto a una tumba del Reino Nuevo. Nadie la había tocado. Ninguna mano había saqueado aún su interior.

Días después, bajo la mirada expectante de Gaston Maspero, entonces director del Servicio de Antigüedades, se abrió cuidadosamente la entrada. Lo que encontraron fue sencillamente extraordinario: un enterramiento completo, sellado y decorado con un arte que solo podía pertenecer a quienes trabajaban para los reyes. Se trataba de la tumba de Senedjem, un «servidor en el Lugar de la Verdad», es decir, un artesano de los que decoraban las tumbas reales en el Valle de los Reyes.

Dentro, Senedjem descansaba con su esposa, su hijo y una colección de muebles, herramientas, alimentos y amuletos cuidadosamente dispuestos para acompañarlos en la otra vida. Las paredes de la cámara funeraria estaban cubiertas con escenas del *Libro de los muertos*, ejecutadas con una delicadeza y una viveza que cortaban la respiración. Cada detalle parecía gritar: «Esto es lo que soñamos al servir a los faraones».

Pero lo que más sorprendió no fue el contenido, sino su hallazgo: completamente accidental al excavar en busca de estructuras domésticas. No era una tumba noble ni un complejo real. Era la morada de un artesano descubierta como si la tierra misma hubiera decidido por fin contar su historia.

Mientras Maspero anotaba febrilmente en sus libretas, los obreros miraban en silencio el rostro dorado de un ataúd aún cubierto de lino. «La eternidad —dijo uno en voz baja— empieza aquí, con los nuestros».

Cómo se produjo el hallazgo y quiénes estuvieron involucrados

La tumba de Senedjem (TT1), ubicada en la necrópolis de Deir el-Medina, fue descubierta en febrero de 1886 por un beduino llamado Salam Abu Duhi y dos compañeros. Fue a un hallazgo fortuito durante los trabajos realizados por el Servicio de Antigüedades de Egipto bajo la dirección de Gaston Maspero. El objetivo original de la campaña no era localizar tumbas, sino continuar la exploración de estructuras domésticas en la ladera sur del poblado de los artesanos. El hallazgo, por tanto, fue el resultado de una excavación no orientada a la necrópolis, lo que refuerza su carácter azaroso.

Durante los trabajos en un área de vertido de escombros, los obreros notaron un hundimiento anómalo en el terreno. Al limpiarlo, aparecieron piedras cortadas que resultaron ser parte de la superestructura de una tumba. A medida que avanzaba la limpieza, los arqueólogos identificaron una entrada tapiada y aún sellada. Tras una inspección preliminar, Maspero decidió abrir el acceso bajo estrictas condiciones de documentación, dado que todo indicaba que la tumba estaba intacta.

Al entrar en la cámara funeraria, los arqueólogos hallaron un conjunto excepcional: dos ataúdes antropomorfos que contenían los restos momificados de Senedjem y su esposa, Iyneferti, acompañados de objetos cotidianos y funerarios en excelente estado de conservación. También se recuperaron los restos de al menos otros nueve individuos, probablemente familiares del matrimonio, depositados en nichos laterales o ataúdes secundarios.

Los objetos descubiertos incluían mobiliario (camas, sillas, taburetes, una caja de cosméticos), herramientas de trabajo, alimentos momificados, ropa, sandalias, estatuillas *shabtis* y varios rollos de papiro. Destacan especialmente restos de un papiro del *Libro de los muertos* que pertenecía a Senedjem, hoy en el Museo de El Cairo, así como las pinturas murales de la cámara, que representan escenas del más allá según la iconografía del capítulo 110 de dicho texto funerario.

Como señala Christiane Desroches Noblecourt, «el hallazgo de la tumba de Senedjem proporcionó, por primera vez, un conjunto funerario completo perteneciente a un individuo de clase media en el Reino Nuevo, sin las alteraciones ni el expolio que afectan a la mayoría de tumbas tebanas» (DESROCHES NOBLECOURT, C., *La vie des Égyptiens au temps des Ramsès*, Hachette, París, 1987, p. 108).

La tumba, datada a finales de la dinastía XIX, muy probablemente durante el reinado de Seti I o Ramsés II, pertenece a un artesano que ocupaba el título de «servidor en el Lugar de la Verdad», es decir, un artista o constructor empleado por el Estado para trabajar en las tumbas reales.

El carácter inesperado del hallazgo y la integridad del conjunto convirtieron la tumba TT1 en un caso paradigmático para los estudios sobre prácticas funerarias no elitistas. La investigación del sitio sirvió también para afianzar el interés por la vida y la muerte de los trabajadores de Deir el-Medina, cuya cultura material había sido hasta entonces marginal respecto a los grandes descubrimientos reales.

Importancia arqueológica del descubrimiento

La tumba de Senedjem (TT1), hallada intacta en Deir el-Medina en 1886, representa uno de los descubrimientos más significativos para el estudio del Egipto cotidiano y de la religiosidad popular del Reino Nuevo. Su importancia reside no en su monumentalidad, sino en su excepcional estado de conservación, que ha permitido reconstruir con gran detalle el universo simbólico y material de una familia de artesanos. Senedjem era *serviteur dans la Place de Vérité* («servidor en el Lugar de la Verdad»), un artesano de elite que participaba en la construcción de las tumbas reales en el Valle de los Reyes. Su estatus, aunque modesto si se compara con altos funcionarios, le otorgaba acceso a una preparación funeraria minuciosa. El ajuar hallado incluía camas, sillas, recipientes, herramientas, comida momificada, papiros rituales y estatuillas *shabtis*, todo dispuesto con evidente sentido simbólico.

La decoración de la cámara funeraria destaca por la viveza de sus colores y la riqueza de sus escenas. En la pared oeste se representa el capítulo 110 del *Libro de los muertos*, donde Senedjem e Iyneferti cultivan los Campos de Iaru, ideal de vida eterna. Es una de las versiones más completas y tempranas de esta escena, lo que le otorga un valor excepcional.

> *Les tombes des artisans de Deir el-Médineh révèlent un goût raffiné, une décoration foisonnante qui traduit la conviction, partagée dans toutes les classes, d'une vie éternelle aussi réelle que la terrestre.*
>
> Las tumbas de los artesanos de Deir el-Medina revelan un gusto refinado, una decoración abundante que expresa la convicción, compartida en todas las clases, de una vida eterna tan real como la terrenal.

DESROCHES NOBLECOURT, C., *La femme au temps des pharaons*, Hachette Littératures, París, 1996, p. 128.

El valor de esta tumba reside también en su capacidad para ilustrar la transmisión de conocimientos funerarios desde los ámbitos oficiales a las prácticas domésticas. Además, su estudio ha contribuido a la museografía egipcia moderna. Muchos de los objetos fueron trasladados al Museo Egipcio de El Cairo, donde constituyen una de las colecciones más representativas del Egipto popular del Reino Nuevo. Las reproducciones de la tumba han sido instaladas en museos como el Museo Egipcio de Berlín o el Museo Rosacruz de San José, contribuyendo así a su difusión internacional.

Por tanto, la tumba de Senedjem no solo documenta la vida y muerte de una familia de artesanos, sino que ha llegado a convertirse en un emblema de la cultura funeraria egipcia accesible, compleja y profundamente humana.

Toque humano: conflictos, emociones y errores

En enero de 1886, los trabajadores egipcios del Servicio de Antigüedades, bajo la dirección de Eugène Grébaut, descubrieron en Deir el-Medina una tumba cuyo acceso había permanecido sellado desde el Reino Nuevo. Avisado del hallazgo, Gaston Maspero acudió para dirigir la apertura y documentación de la cámara.

La emoción fue intensa: tras retirar cuidadosamente la arena y las piedras, los arqueólogos se encontraron ante una tumba familiar intacta, algo que no se había visto desde los tiempos de Mariette.

En el interior reposaban Senedjem, su esposa y varios de sus descendientes dentro de ataúdes de madera policromada, rodeados de su ajuar cotidiano —muebles, lino, sandalias, alimentos, estatuillas *shabtis* y fragmentos de papiros funerarios—, todo dispuesto con un orden casi doméstico.

Fue, como escribiría Maspero poco después, la primera tumba intacta abierta en tiempos modernos (ASAE 8, 1887, p. 165).

La gestión posterior del hallazgo no estuvo exenta de polémicas. Hubo tensiones entre el Servicio de Antigüedades y los trabajadores locales que, durante décadas, habían custodiado informalmente el yacimiento de Deir el-Medina. Además, la excavación inicial fue documentada con cierta rapidez, lo que llevó a errores de interpretación sobre la disposición original de los objetos.

El egiptólogo francés Jean Vercoutter definió la experiencia de hallar un conjunto funerario intacto como *un véritable miracle d'authenticité, une rencontre directe avec les anciens* («un verdadero milagro de autenticidad, un reencuentro directo con los antiguos egipcios») (*L'Égypte et la vallée du Nil*, t. I, PUF, París, 1966, p. 15).

Pocas palabras describen mejor lo que Maspero y su equipo sintieron ante la tumba de Senedjem: una intimidad suspendida 3.000 años, intacta. La emoción del hallazgo y los conflictos humanos que lo rodearon nos recuerdan que la arqueología es, en última instancia, un acto profundamente humano: busca puentes entre quienes vivieron, quienes los descubren y quienes, siglos después, intentan comprender.

Reflexión final

No fue un hallazgo grandioso por su oro ni su monumentalidad, sino por su intimidad: una familia que quiso estar unida en la muerte como lo estuvo en vida, rodeada de las escenas del hogar y de los rituales del más allá.

El azar quiso que aquella tumba no fuera saqueada ni olvidada del todo. El calor seco de Deir el-Medina y la arena del desierto sellaron su secreto durante más de 3.000 años hasta que unas excavaciones sin dirección precisa la desenterraron. Fue un encuentro puro entre dos mundos: el de los antiguos egipcios y el nuestro.

Senedjem, artesano del faraón, jamás imaginó que su humilde morada funeraria acabaría cautivando al mundo. Y, sin embargo, hoy, sus colores, su serenidad y su mensaje siguen vivos. Nos enseñan que la eternidad no necesita pirámides, solo memoria y respeto.

16

UN SÓTANO PARA UN DIOS:
EL HALLAZGO SUMERGIDO
DEL OSIREO

Contexto histórico novelado

El aire de Abidos temblaba bajo un sol que parecía inmóvil. Las piedras blanqueadas del templo de Seti I devolvían destellos de fuego. Los obreros egipcios trabajaban en silencio, hundiendo las palas en la arena reseca. Aquel invierno de 1902, el desierto olía a polvo y a agua estancada: la humedad del subsuelo subía desde el Nilo hasta los cimientos del templo. Flinders Petrie, con su cuaderno y su cronómetro, vigilaba cada movimiento. A su lado, Margaret Alice Murray, profesora de University College y pionera en un oficio aún reservado a hombres, tomaba notas en el borde del muro norte. Durante semanas habían medido relieves, numerado fragmentos, dibujado inscripciones. Todo parecía rutinario. Nada presagiaba el cambio.

A media mañana, uno de los obreros golpeó una losa que sonó hueca. El eco se prolongó, extraño, profundo. Petrie alzó la cabeza. Murray, que tenía el oído más fino, se acercó. La arena cedió bajo los pies del trabajador, abriéndose en un pequeño boquete.

Un olor a humedad antigua salió como un aliento. Bajaron cuerdas, linternas, precauciones. Nadie hablaba.

Murray descendió la primera. La luz vacilante de la linterna rozó una superficie de piedra pulida, húmeda aún, y luego otra, más abajo. Los muros no eran los de una tumba cualquiera: colosales bloques ciclópeos formaban una especie de galería. Un canal recorría el centro, lleno de agua oscura. La arquitecta de la expedición, boquiabierta, escribió más tarde:

> Esperábamos un pasadizo y hallamos salas; esperábamos un techo, y el techo había desaparecido; esperábamos una tumba, y encontramos un lugar de culto.

> MURRAY, M. A., «The Tomb of Osiris at Abydos», *Journal of Egyptian Archaeology*, 1, 1914, p. 57.

Cuando Petrie bajó tras ella, el aire era pesado y las linternas apenas lograban vencer la penumbra. Todo parecía reciente, como si los constructores acabaran de salir.

—Esto no es una tumba —murmuró Murray—. Es una imagen del más allá.

El eco de sus palabras se perdió entre las columnas húmedas. Aquel recinto, oculto durante milenios, parecía construido para resistir la mirada del tiempo. Nadie lo sabía aún, pero habían encontrado el Osireion, el templo subterráneo de Osiris, el corazón invisible de Abidos: un santuario construido para encarnar la eternidad.

Esa noche, Murray escribió en su cuaderno: «Bajo el templo de Seti, la piedra late. No puedo dormir. El aire huele a río, y creo que he visto un dios».

Cómo se produjo el hallazgo y quiénes estuvieron involucrados

El descubrimiento del Osireion en Abidos se produjo durante las excavaciones emprendidas a principios del siglo XX por el Egypt Exploration Fund, bajo la dirección de Flinders Petrie y su colaboradora Margaret Murray. Su objetivo principal era el estudio del templo de Seti I, un complejo bien conocido por sus relieves y su famosa Lista Real. Sin embargo, mientras se retiraban escombros en la parte posterior occidental del santuario, el equipo descubrió una estructura completamente distinta, sumergida, de carácter monumental y hasta entonces desconocida.

Lo sorprendente del hallazgo no fue solo su estado de conservación, sino su ubicación inesperada: debajo del nivel del templo de Seti I, orientado de forma distinto y construido con bloques megalíticos de granito y piedra caliza. El diseño arquitectónico no coincidía con el resto del templo ni con ningún edificio del Reino Nuevo. La presencia de agua en su interior, alimentada por el nivel freático, complicó las tareas de excavación, pero también preservó ciertas partes.

El propio Petrie escribió:

> *We had no expectation of finding anything but the western wall of the temple; the discovery of a deep stone chamber filled with water was completely unanticipated.*

> No esperábamos encontrar nada más que el muro occidental del templo; el descubrimiento de una cámara profunda de piedra, llena de agua, fue completamente inesperado.

PETRIE, W. M. F., *Abydos*,
Egypt Exploration Fund, Londres, 1903, vol. II, p. 3.

El análisis preliminar llevó a proponer que esta estructura había sido erigida por orden de Seti I, pero su propósito ritual seguía siendo enigmático. Por sus características —una sala central hundida, rodeada de pilares, con un canal de agua que la rodeaba— se interpretó como un cenotafio simbólico vinculado al culto de Osiris, dios de la resurrección. El nombre moderno, «Osireion», fue acuñado por los excavadores en alusión directa a esta función.

Margaret Murray, quien tuvo un papel destacado en la documentación del sitio, ofreció una interpretación osiríaca del espacio:

> *It seems probable that this underground hall represents the tomb of Osiris and was used for the celebration of his mysteries.*
>
> Parece probable que esta sala subterránea represente la tumba de Osiris, y que se utilizara para la celebración de sus misterios.

MURRAY, M. A., *op. cit.*, pp. 57-78.

El hallazgo tuvo implicaciones importantes: demostró que el templo de Seti I no era un recinto aislado, sino parte de un conjunto arquitectónico y teológico más amplio, con vínculos simbólicos profundos con el mito de Osiris. La ubicación bajo tierra del Osireion evocaba el mundo subterráneo, un aspecto esencial en la teología osiríaca, y su construcción monumental —inusual incluso para los estándares del Reino Nuevo— confirmó su carácter excepcional.

En conclusión, el Osireion fue hallado por azar en el marco de una excavación convencional, y su descubrimiento amplió significativamente la comprensión del simbolismo mortuorio y de las prácticas rituales del Reino Nuevo en Abidos.

Importancia arqueológica del descubrimiento

El descubrimiento del Osireion en Abidos constituye uno de los hitos más enigmáticos y valiosos para la comprensión del pensamiento funerario y teológico del Egipto del Reino Nuevo. Su hallazgo no solo amplió la comprensión arquitectónica del templo de Seti I, sino que reveló la existencia de un espacio concebido como representación física del inframundo osiríaco. Esta estructura, por sus características únicas —una sala hipóstila parcialmente sumergida, accesos ocultos y una configuración simbólica profunda—, no tiene paralelo directo entre las construcciones del período ramésida.

Desde el punto de vista arquitectónico, el Osireion destaca por su uso de bloques ciclópeos de granito rojo y arenisca, su techumbre parcialmente derrumbada y la presencia de un canal que rodea la cámara central, siempre inundada por aguas freáticas. Esta conjunción de piedra monumental y agua no es decorativa, sino simbólica: representa el Duat, el mundo subterráneo por donde Osiris reinaba tras su muerte y donde el faraón debía transitar para renacer.

Los estudiosos coinciden en que este cenotafio es una declaración teológica construida en piedra. Mientras el templo de Seti I celebra el poder solar del faraón vivo y su vínculo con los dioses, el Osireion escenifica el descenso del rey a los dominios de Osiris para renacer como divinidad funeraria. La conexión axial y ritual entre ambos edificios refuerza esta lectura.

Flinders, tras el hallazgo, se refirió al Osireion como una anomalía arquitectónica deliberada:

> *The construction is unlike any building known of the XIXth dynasty; the massive blocks and the plan suggest an imitation of an older style, intended to convey a special meaning.*
>
> La construcción no se asemeja a ningún edificio conocido de la dinastía XIX; los bloques masivos y la planta sugieren una imitación de un estilo más antiguo, concebida para transmitir un significado especial.

PETRIE, W. M. F., *op. cit.*, p. 5.

Margaret Murray, que documentó los elementos rituales del espacio, subrayó su función litúrgica como eje de un drama sacro:

> *The Osireion was evidently intended for the celebration of the mysteries of Osiris, the rites of death and resurrection, in which the king took the part of the god.*
>
> El Osireion fue evidentemente concebido para la celebración de los misterios de Osiris, los ritos de muerte y resurrección en los que el rey representaba el papel del dios.

MURRAY, M. A., *op. cit.*, pp. 57-78.

Además, el hallazgo confirmó la continuidad del culto osiríaco desde el Reino Medio hasta el Reino Nuevo, integrando elementos ancestrales en nuevas formas arquitectónicas. Este sincretismo entre tradición y renovación es clave para comprender la identidad religiosa egipcia del segundo milenio a. C.

En síntesis, el Osireion no fue un templo convencional, sino un espacio escenográfico del renacimiento real. Su valor arqueológico reside no solo en su excepcional estado de conservación, sino en su capacidad de materializar mitos fundacionales, convirtiendo el terreno sagrado de Abidos en una geografía ritual tangible profundamente conectada con el destino eterno del soberano.

Toque humano: conflictos, emociones y errores

Cuando Flinders Petrie y Margaret Murray comenzaron a trabajar en el complejo de Abidos, no tenían la menor idea de que bajo el extremo occidental del templo yacía una estructura independiente, colosal y parcialmente sumergida. Al descubrir los primeros bloques ciclópeos y la cavidad inundada, las primeras reacciones fueron de desconcierto. Muchos obreros locales creyeron que se trataba de un pozo maldito o de un lugar sagrado que no debía ser perturbado. La presencia constante de agua subterránea —visible aún hoy— alimentó rumores de mal augurio, y no fueron pocos los trabajadores que pidieron abandonar el proyecto.

A nivel académico, el Osireion generó inicialmente más dudas que certezas. Su estilo arquitectónico, masivo y austero, evocaba las construcciones del Reino Antiguo, y no parecía encajar con el templo contiguo de Seti I. Algunos arqueólogos cuestionaron incluso su datación. Hubo hipótesis tempranas que atribuían la estructura a épocas mucho más antiguas, incluso a la mítica era de los «constructores primigenios». Petrie mismo expresó su frustración.

Margaret Murray, por su parte, relató cómo el proceso de documentación se volvió emocionalmente exigente. La dificultad para excavar en un espacio inundado, la necesidad de bombear el agua constantemente y la fragilidad del entorno les obligaron a improvisar con recursos limitados. En su diario de excavación, menciona:

> *It was as if the site itself resisted our intrusion, revealing only what it chose, and hiding the rest in silence and darkness.*
>
> Era como si el lugar mismo resistiera nuestra intrusión, revelando solo lo que deseaba y ocultando el resto en silencio y oscuridad.

MURRAY, M. A., *Excavation journal*,
Archivo del Egypt Exploration Fund, 1902.

Por último, una disputa entre miembros del equipo británico sobre la interpretación del edificio provocó tensiones internas. Algunos creían que debía considerarse como una tumba simbólica, otros, como una sala de culto, y unos pocos, más audaces, como una estructura heredada de una civilización anterior. La falta de paralelos claros en la arquitectura egipcia alimentó esta disputa durante décadas.

En definitiva, el hallazgo del Osireion fue tan revelador como desconcertante. Más allá de los retos técnicos, puso en evidencia los límites del conocimiento arqueológico y el peso que tienen la intuición, la emoción y la especulación en toda exploración del pasado.

Reflexión final

El Osireion de Abidos, escondido durante siglos bajo el templo de Seti I, sigue siendo uno de los lugares más enigmáticos del Egipto faraónico. Su hallazgo, fruto de la sorpresa más que de la previsión, nos recuerda que el pasado a menudo guarda sus secretos en los márgenes de lo esperado. A medida que descendemos por corredores inundados, entre bloques monumentales y muros cubiertos de limo, no solo desenterramos piedras: recuperamos preguntas. ¿Era esta la tumba simbólica de Osiris, como soñaron los antiguos egipcios? ¿O un santuario de misterios aún no comprendidos? Tal vez no importe tanto la respuesta como el hecho de que seguimos buscando; porque en cada descubrimiento, fortuito o no, late la posibilidad de acercarnos, aunque sea por un instante, al corazón profundo de una civilización que supo construir eternidad con piedra, agua y silencio.

17

EL GATO GIGANTE QUE NO ERA
LO QUE PARECÍA

Contexto histórico novelado

El Delta no concede triunfos fáciles.

En 1858, las aguas del Nilo se filtraban por debajo de las ruinas de San el-Hagar —la antigua Tanis—, convirtiendo la arena en una pasta gris que devoraba los pies y los ánimos. Auguste Mariette, egiptólogo obstinado y ya legendario por su descubrimiento del Serapeum, había llegado allí con una convicción que muchos consideraban absurda: que bajo aquel lodazal anónimo dormía una capital real.

Tanis, perdida en la bruma del norte, había sido apenas un nombre en las listas de los reyes del Tercer Período Intermedio. Algunos fragmentos de columnas, relieves dispersos y pedestales sin inscripción eran todo lo que se conocía. Los viajeros del siglo anterior —Salt, Champollion, Lepsius— habían pasado por allí, llevándose estatuas y apuntes, pero nadie había intentado comprender el conjunto. Mariette, en cambio, quería entender la ciudad. No buscaba un tesoro: buscaba una historia.

Los *fellahin* trabajaban entre charcos, levantando terrones con palas de madera, bajo un cielo que parecía un espejo roto. En el aire se mezclaban el olor del barro y el de la esperanza. «No hay peor enemigo para la arqueología que el agua», solía decir Mariette, «pero tampoco mejor guardiana». Cada capa de limo era una página sellada del pasado.

Aquel día, mientras supervisaba una cuadrilla cerca del templo de Amón-Ra, uno de los hombres golpeó algo duro. El sonido hueco viajó por el aire, grave y distinto, y Mariette levantó la cabeza. Ordenó limpiar. El barro se retiró con lentitud, revelando un fragmento de granito rosa. Luego, una curva pulida: la melena de un león. Después, el rostro humano, sereno, majestuoso. Una esfinge.

No era la primera hallada en Tanis —una semejante, vendida décadas atrás por Henry Salt, reposaba ya en el Louvre—, pero esta emergía del barro en su propio santuario. Su cartucho había sido martilleado y reinscrito: un rey del Reino Medio transformado en símbolo de los ramésidas. La estatua había sobrevivido a siglos de reyes que quisieron apropiarse de su poder, y ahora salía a la luz, mitad humana, mitad animal, intacta y ajena al tiempo.

Mariette permaneció un momento en silencio, observando cómo el sol resbalaba sobre la superficie recién limpiada. No dijo nada, pero comprendió lo esencial: Tanis no era un cementerio, sino una ciudad reaprovechada, reconstruida por los faraones tardíos sobre los cimientos de una gloria más antigua. El barro había preservado lo que la arena del sur devoraba.

Esa noche, al escribir en su cuaderno, anotó apenas una línea: «Aquí, donde el agua no olvida, Egipto vuelve a empezar».

Mariette había devuelto Tanis al relato del Nilo: una capital doblemente resucitada, primero por los reyes del pasado y después por el arqueólogo que se negó a dejarla hundirse del todo.

Cómo se produjo el hallazgo y quiénes estuvieron involucrados

Tanis no fue descubierta una sola vez, sino varias. La célebre esfinge de Tanis del Louvre —el coloso de granito rosa de 4 metros de largo— nunca salió directamente de una excavación científica: fue adquirida en 1826 por el museo parisino a través del cónsul británico Henry Salt, que a su vez la había obtenido de intermediarios locales. El siglo xix egipcio era todavía una tierra de comerciantes, dragomanes y anticuarios, y las piezas viajaban por el Nilo antes de que alguien pensara en conservar su contexto.

Por eso, cuando Auguste Mariette llegó a Tanis en 1858, no halló la esfinge del Louvre, pero sí su mundo perdido. El arqueólogo francés, recién nombrado director del Servicio de Antigüedades de Egipto, encontró un paisaje que parecía un campo de ruinas anegado: columnas hundidas, estelas fragmentadas, fragmentos de relieves con nombres reales de Ramsés II, Sheshonq y Psusennes. Los obreros locales —*fellahin* acostumbrados a lidiar con la humedad y el barro— trabajaban abriendo zanjas entre charcos de limo y raíces.

Una mañana, al limpiar una zona al oeste del templo de Amón-Ra, uno de ellos golpeó un bloque de granito. El sonido hueco y la superficie pulida llamaron la atención de Mariette. Ordenó despejar el terreno, y lentamente emergió la parte superior de una cabeza de esfinge. No era una pieza nueva, sino otra de las colosales estatuas reutilizadas por los reyes de Tanis a partir de modelos del Reino Medio.

El hallazgo fue decisivo. El propio Mariette registró su impresión en su *Notice des principaux monuments exposés dans les gale-*

ries du Musée d'antiquités égyptiennes de Sa Hautesse le vice-roi à Boulaq (El Cairo, 1864), donde describió las esculturas de Tanis como *des témoins superbes d'un art antique revêtu d'inscriptions plus récentes* («testimonios soberbios de un arte antiguo revestido de inscripciones más recientes»), reconociendo así la mezcla de épocas que caracterizaba a la ciudad.

Las inscripciones de aquellas esfinges resultaron ser palimpsestos de piedra. El cartucho original pertenecía a Amenemhat II (dinastía XII), pero sobre él se habían grabado los nombres de Merenptah, Psusennes I y otros reyes del norte. Era una arqueología de la apropiación. El egiptólogo Jean Yoyotte lo resumió con precisión más de un siglo después:

> *La réutilisation des sphinx de Tanis illustre la manière dont les rois de la XXIe dynastie se sont réapproprié l'histoire monumentale de l'Égypte.*
>
> La reutilización de las esfinges de Tanis ilustra cómo los reyes de la dinastía XXI se reapropiaron de la historia monumental de Egipto.

YOYOTTE, J., *Tanis, l'or des pharaons*, Réunion
des Musées Nationaux, París, 1987, p. 35.

Aquel episodio marcó el destino de Mariette. Lo que comenzó como una campaña rutinaria en busca de inscripciones arquitectónicas acabó revelando una ciudad que condensaba toda la historia egipcia: piedra del Reino Medio, reinscripciones del Imperio Nuevo y restauraciones saítas.

Desde entonces, Tanis dejó de ser un punto borroso en los mapas del Delta para convertirse en un laboratorio de la memoria faraónica, el lugar donde Egipto aprendió a reescribir su propio pasado.

Importancia arqueológica del descubrimiento

La esfinge de Tanis, que hoy vigila silenciosa las salas del Louvre, es algo más que un fragmento colosal de granito. Es el emblema de un descubrimiento que cambió para siempre la manera de entender el Delta egipcio y la lógica del poder faraónico durante el Tercer Período Intermedio. Cuando Auguste Mariette se encontró frente a aquella cabeza emergiendo del barro, comprendió que no era una simple estatua, sino la prueba material de una reocupación monumental deliberada: la voluntad de los faraones del norte de reescribir la historia con la piedra del pasado.

La esfinge conservaba sobre su pecho varias capas de inscripciones superpuestas, una cronología de poder tallada una y otra vez por distintas manos. El nombre original, el cartucho de Amenemhat II (dinastía XII), pertenecía a la época de las grandes obras del Reino Medio, cuando la escultura real alcanzó una elegancia serena y casi matemática. Pero sobre esa superficie antigua se grabaron después los nombres de reyes ramésidas y de soberanos de la dinastía XXI, deseosos de heredar la legitimidad de sus predecesores. Como escribió Jean Yoyotte:

> *Ces inscriptions superposées racontent une histoire de transmission du pouvoir, à travers la pierre même.*
>
> Estas inscripciones superpuestas cuentan una historia de transmisión del poder a través de la propia piedra.

YOYOTTE, J., *op. cit.*, p. 36.

El hallazgo de Mariette confirmó que Tanis no era un encla-ve marginal, sino un segundo corazón de Egipto. Mientras Tebas mantenía el culto de Amón en el sur, Tanis prolongaba su reflejo político en el norte. Allí, entre los restos de templos y avenidas procesionales, los reyes del Delta levantaron su propia Tebas boreal, un espejo de la realeza divina. Pierre Montet, que excavaría en el mismo lugar casi un siglo después, lo resumió con una frase que se volvió clásica:

> *Tanis représente un second Thèbes, un miroir septentrional de la royauté divine.*
>
> Tanis representa una segunda Tebas, un espejo septentrional de la realeza divina.

MONTET, P., *La nécropole royale de Tanis*,
Imprimerie de l'Institut Français d'Archéologie Orientale,
París, 1947, p. 12.

El valor material de la esfinge es igualmente asombroso. Talla-da en granito rosado de Asuán, mide más de 4 metros de largo y pesa más de 25 toneladas. Su transporte desde el Alto Egipto hasta el Delta revela un nivel de planificación que asombra in-cluso hoy: el bloque fue arrastrado, embarcado en una barcaza y llevado a cientos de kilómetros antes de ser colocado con preci-sión frente a un templo reconstruido. La piedra viajó tanto como los reyes que más tarde la reclamarían.

Con Tanis, la arqueología aprendió a leer el tiempo como un palimpsesto. No todo lo que se halla pertenece a su época: las dinastías tardías reutilizaron estatuas, templos y columnas como si el pasado fuera una cantera de legitimidad. En eso reside la modernidad del hallazgo: no en el objeto, sino en la conciencia histórica que despierta. Mariette lo entendió mejor que nadie. En su *Voyage dans la Haute-Égypte* escribó una frase que resume toda su experiencia de arqueólogo obstinado:

> *Un fragment retrouvé par hasard peut révéler tout un ensemble.*
> Un fragmento hallado por azar puede revelar un conjunto entero.

MARIETTE, A., *Voyage dans la Haute-Égypte*,
Didier et Cie, París, 1878, p. 3.

En ese «fragmento hallado por azar» está contenida toda la arqueología del siglo XIX: el momento en que una piedra maldita de barro y tiempo se convierte, de pronto, en una clave del relato de Egipto. La esfinge de Tanis no solo nos mira desde su pedestal parisino: nos recuerda que el azar —ese aliado de los obstinados— es también una forma de método.

Toque humano: conflictos, emociones y errores

El descubrimiento de Tanis no fue una historia limpia ni heroica. Fue una batalla contra el barro, el agua y el tiempo. En sus primeros informes, Auguste Mariette confesaba la dureza de trabajar en el Delta: los canales filtraban humedad constantemente, los obreros sufrían fiebres y cada noche las lluvias borraban lo excavado durante el día. No era el Egipto de la piedra y la arena, sino el Egipto de la arcilla y el cansancio. «En el Delta —escribió más tarde— el enemigo no es el desierto, sino el agua que todo lo invade» (MARIETTE, A., *op. cit.*, p. 41).

Cuando la esfinge empezó a emerger del barro, los *fellahin* retrocedieron con miedo. No sabían si aquello era un dios, una estatua o un mal presagio. Mariette, que los conocía bien, describió en una carta su mirada «entre el espanto y la devoción». No lo anotó con las palabras literarias que la posteridad le atribuiría —nunca habló de *djinns*—, pero sí dejó constancia de la mezcla de temor y fascinación que acompañaba toda gran revelación. La arqueología, entonces, era aún un acto sagrado.

El traslado de la esfinge fue un desafío físico y moral. Mariette improvisó un sistema de drenaje con canales de madera y sogas empapadas en aceite para reducir la fricción. El barro resbalaba, las cuerdas se rompían, y más de una vez el coloso estuvo a punto de volcar. En una de sus cartas al egiptólogo Édouard de Rougé, conservada en los archivos del Louvre, escribía con frustración:

> *Si le Delta était plus sec, nous aurions tout sauvé.*
> Si el Delta fuera más seco, lo habríamos salvado todo.
>
> *Lettre de Mariette à É. de Rougé*, Archives du Département des
> Antiquités Égyptiennes, Musée du Louvre, El Cairo, 1859.

Aquella frase resume la tensión entre método y azar, entre lo que se busca y lo que se encuentra. El hallazgo de Tanis fue, como diría Jean Yoyotte, una suerte y una condena a la vez:

> *Tanis fut son coup de chance, mais aussi son épreuve.*
> Tanis fue su golpe de suerte, pero también su prueba.
>
> YOYOTTE, J., *op. cit.*, p. 38.

Las dificultades no terminaron con la excavación. La rivalidad franco-británica en Egipto alcanzaba su apogeo, y el traslado de la esfinge a Alejandría generó tensiones diplomáticas. En los cafés de El Cairo se rumoreaba que los franceses habían modificado las inscripciones para borrar el nombre de Ramsés y grabar el de Amenemhat, aunque los análisis del Louvre, años después, demostrarían que la pieza había llegado tal como fue hallada.

Nada de eso empaña el mérito de los obreros egipcios. Durante semanas, trabajaron con el agua hasta la cintura, levantando piedras de varias toneladas con palancas de madera. Sus nombres no figuran en ningún informe, pero su esfuerzo permanece en la superficie bruñida del granito.

Mariette lo comprendió bien. En una nota marginal escrita con lápiz en uno de sus cuadernos —conservado en la Bibliothèque de l'Institut Français d'Archéologie Orientale— dejó una frase que basta para recordarlos:

Ce sphinx appartient àceux qui l'ont tiré de la boue.
Esta esfinge pertenece a quienes la sacaron del barro.

Carnet de notes de terrain, Tanis, 1859, IFAO Archives.

Hoy, cuando los visitantes del Louvre se detienen frente a la esfinge de Tanis, rara vez imaginan que su serenidad nació del caos. Cada grieta en su base, cada línea erosionada de su rostro, es una huella de aquel combate silencioso contra el lodo. En el brillo rosado de su granito, todavía late algo de la fatiga, el miedo y la obstinación de aquellos hombres que, sin saberlo, devolvieron al mundo uno de sus rostros más antiguos.

Reflexión final

La esfinge de Tanis, hoy recostada en el silencio del Louvre, parece observarnos con la misma calma con que vio pasar siglos de lluvia, limo y olvido. En su frente erosionada persiste la serenidad de quien ha sobrevivido a todos los imperios.

El azar que guio su redescubrimiento no fue una casualidad beÇnigna, sino una de esas coincidencias que solo se conceden a los obstinados. Allí donde otros habían pasado sin mirar, una pala golpeó una piedra distinta, y el sonido hueco del granito cambió el curso de la historia.

Tanis, la ciudad que el barro había escondido, volvió a existir gracias a la mirada de unos hombres que no buscaban una esfinge, sino apenas un cimiento. Ese malentendido feliz —ese error fértil— es lo que distingue a la arqueología de cualquier otra ciencia: busca una cosa y encuentra otra, y en esa desviación descubre sentido.

No fue un rey quien devolvió la esfinge a la luz, sino obreros anónimos y un arqueólogo que supo escuchar el eco bajo sus pies. El barro, la fatiga, el miedo al derrumbe, todo formó parte del ritual involuntario que la resucitó.

Así, una estatua que ya había sido arrancada de su contexto una vez —reinscrita, reutilizada, desplazada por los propios egipcios de la Antigüedad— fue desarraigada por segunda vez, llevada a otro continente, y convertida en ícono de una gloria universal que ya no pertenece a nadie y, sin embargo, sigue hablándonos a todos.

Su viaje no es solo material. Es también una parábola sobre la posesión del pasado. Cada visitante que la contempla en París repite, sin saberlo, el gesto de los obreros que la limpiaron con las manos húmedas: la devuelven a la vida por un instante. Pero también, como ellos, participan en su desarraigo. La esfinge de Tanis encarna esa contradicción esencial: es testigo de una civilización y, al mismo tiempo, prisionera de otra.

A veces, la historia no se escribe con grandes gestos, sino con una pala que tropieza con una piedra. En ese instante mínimo, el pasado y el presente se tocan, y el silencio de siglos se convierte en voz.

Entonces comprendemos que Egipto nunca se muestra del todo: se revela solo a quien se detiene a escuchar.

Y la esfinge, que parecía muda, vuelve a hablar.

18

EL ORO BAJO LA PIRÁMIDE EQUIVOCADA: EL TESORO DE EL LAHUN

Contexto histórico novelado

El viento de El Fayum soplaba desde el norte con olor a sal y a tierra mojada. La pirámide de Sesostris II proyectaba su sombra oblicua sobre el campamento de Petrie, que ya llevaba semanas sin una sola novedad. La rutina se había vuelto mecánica: trazar, medir, limpiar, dibujar, anotar. A su alrededor, la arena del desierto se mezclaba con el barro del oasis, formando una tierra ingrata, siempre húmeda, que parecía resistirse a ser excavada.

Flinders Petrie se mesaba la barba con gesto ausente, mirando los montículos del yacimiento como quien lee un texto en una lengua a medio comprender. Sabía que allí, en alguna parte, dormía una historia incompleta. La pirámide había sido estudiada, los pasadizos, revisados, los depósitos, vaciados. Pero algo no encajaba. Había un silencio en el suelo, una especie de vacío geométrico que lo inquietaba. Cada tarde repasaba los planos bajo la luz oblicua del crepúsculo, buscando la proporción que faltaba, el trazo omitido, la correspondencia invisible.

El campamento bullía de murmullos: los obreros locales bebían té, el viento agitaba las lonas y un perro flaco dormía entre los cestos de cerámica rota. Petrie no hablaba. Tenía esa mirada distante del hombre que ha decidido esperar a que el terreno le hablase.

Un día, mientras se revisaba una tumba menor al oeste del complejo, el suelo empezó a hundirse levemente. No hubo gritos ni dramatismo. Solo un silencio expectante. Petrie se agachó, tomó un puñado de arena húmeda, la frotó entre los dedos y dijo en voz baja: «Hay algo debajo».

Ordenó limpiar sin prisas. Durante horas, los obreros retiraron capas de barro endurecido hasta que la pala rozó una superficie lisa, distinta. No era roca, sino un muro sellado. Lo abrieron con espátulas y las manos desnudas, apartando el lodo con cuidado, como si cada movimiento pudiera despertar a un dios dormido.

El aire que salió de la cavidad tenía un olor espeso, antiguo. Dentro, una penumbra dorada empezaba a insinuarse. Había cofres cubiertos de limo, espejos de bronce, pectorales con incrustaciones diminutas de lapislázuli, turquesa y cornalina. La luz de las linternas hizo que los metales devolvieran destellos como si aún respiraran. En una vasija de alabastro, una inscripción apenas legible reveló un nombre: Sat-Hathor-Iunet, hija de Sesostris II.

Nadie habló durante un largo rato. El silencio pesaba tanto como el oro. No había cuerpo, ni sarcófago, ni rastro humano, solo el ajuar intacto de una princesa que parecía haberse disuelto en el aire, dejando tras de sí sus objetos como un retrato suspendido.

Petrie permaneció quieto, con la cabeza inclinada. No sonreía. Era un descubrimiento magnífico, pero lo vivió como una confirmación más que como un hallazgo: la prueba de que la lógica paciente, la geometría y la disciplina podían abrir puertas que el azar apenas rozaba.

Esa noche, el campamento no celebró. El Fayum estaba en silencio. Solo el murmullo del viento entre los matorrales acompañaba el sueño de quienes, sin saberlo, habían devuelto a la tierra el rostro invisible de una princesa del Reino Medio.

Cómo se produjo el hallazgo y quiénes estuvieron involucrados

Era el 10 de febrero, y el aire en El Lahun olía a polvo y a metal viejo. La campaña estaba en su fase final. Petrie, convaleciente de una lesión en la pierna, observaba las excavaciones desde una silla, anotando en su cuaderno con la parsimonia de quien no espera ya ninguna sorpresa. La tumba número 8 parecía una más entre las saqueadas de la necrópolis: el sarcófago vacío, los muros agrietados, el suelo revuelto. Los obreros, resignados, limpiaban los restos endurecidos de barro que cubrían un lateral del pozo.

De pronto, un sonido metálico interrumpió el ritmo de los golpes. Era breve, apagado, distinto. El capataz se inclinó, apartó un poco más de barro con la hoja de la pala y vio brillar algo. Un hilo de oro, apenas visible entre el limo. Gritó el nombre del jefe. Petrie se incorporó con esfuerzo, cojeando hasta el borde. Se asomó sin hablar. Luego ordenó detener todo.

El sol ya caía cuando decidió despedir a la cuadrilla. Solo quedaron en el lugar un muchacho *kufti* de confianza y el joven arqueólogo Guy Brunton, su asistente. Petrie no podía bajar por la herida en la pierna, así que fue Brunton quien descendió con una lámpara de petróleo y una caja de madera vacía. El barro, seco como piedra, tenía que ser retirado centímetro a centímetro con una espátula. No tardó en aparecer un segundo fragmento de oro, luego otro, y después una cadena entera. Brunton, con la respiración contenida, empezó a distinguir formas: anillos, tubos, pendientes, brazaletes. Los envolvió en gasas y los fue colocando en una caja sobre su regazo, como si guardara un corazón que todavía latía.

A medianoche, el *kufti* subió al campamento con las manos vacías. Petrie lo esperaba. Le prometió treinta libras esterlinas —una fortuna— si mantenía el secreto. Ni siquiera su hermano debía saberlo. La tumba, durante una semana entera, quedó en silencio absoluto. Solo Brunton trabajaba dentro, día y noche, limpiando el barro con pinceles, cepillos de pelo de camello y agua corriente, fotografiando cada pieza en cuanto emergía.

La cámara funeraria era pequeña, apenas un hueco de 1 metro cúbico, pero contenía un universo de delicadeza. Entre los restos apareció una caja de madera con vasos de tocador, espejos, un-güentarios y joyas envueltas en lino deshecho.

En uno de los objetos, un pectoral de oro con incrustaciones de lapislázuli, turquesa y cornalina, se leía el nombre de una princesa: Sat-Hathor-Iunet, hija de Sesostris II.

Petrie, desde su tienda, recibía los informes cada noche. No había emoción en su rostro, solo una quietud casi devota. Sabía que aquello no era un golpe de suerte, sino el fruto de años de método, de atención a lo pequeño. Mientras El Fayum dormía, un arqueólogo herido y su ayudante, cubiertos de barro y polvo, devolvían al mundo el tesoro intacto de una mujer que había muerto tres milenios antes.

Importancia arqueológica del descubrimiento

El hallazgo del ajuar funerario de la princesa Sit-Hathor-Yunet en El Lahun es considerado uno de los más importantes en lo que respecta al arte y la cultura material del Reino Medio. Aunque su tumba no pertenecía a un faraón, el conjunto de objetos hallados allí ofrece una ventana única al refinamiento artístico, la ideología funeraria y las prácticas rituales de la dinastía xii.

Lo primero que llamó la atención fue el estado de conservación del conjunto. A diferencia de muchas otras tumbas del Reino Medio, que fueron saqueadas en la Antigüedad, este escondrijo había sido pasado por alto. Esto permitió a los arqueólogos recuperar objetos en su disposición original, lo que fue decisivo para entender la lógica del depósito funerario y los objetos personales ligados a la mujer enterrada.

El ajuar incluía piezas de orfebrería de una calidad excepcional. La combinación de oro, lapislázuli, cornalina y feldespato azul revela tanto una estética sofisticada como el acceso a rutas comerciales lejanas.

Además del valor artístico, el hallazgo permitió establecer vínculos cronológicos y genealógicos. Las inscripciones sobre los pectorales mencionaban directamente al faraón Sesostris II, consolidando la asociación dinástica. Uno de los pectorales, particularmente notable, mostraba al faraón flanqueado por los símbolos del Alto y Bajo Egipto, una representación simbólica del poder real. El contexto también ofrece una visión sobre la relación entre las princesas reales y la esfera religiosa. Algunos amuletos y cajas cosméticas halladas en la tumba presentan imágenes de diosas protectoras, como Hathor y Neit, lo que sugiere una vinculación ritual más allá de lo estético.

Toque humano: conflictos, emociones y errores

El hallazgo del tesoro fue inesperado, pero no carente de dilemas. El primer conflicto surgió en el mismo momento del descubrimiento. Mientras los trabajadores egipcios limpiaban una galería secundaria, dieron con una entrada sellada. En lugar de notificar de inmediato, algunos obreros intentaron abrirla discretamente, temiendo que sus superiores no les permitieran recibir parte del mérito. Fue el capataz egipcio, Hussein Ahmed, quien detuvo la acción y avisó a Petrie.

La tensión entre preservar la integridad del hallazgo y el deseo humano de gloria o recompensa se mantuvo durante toda la excavación. Una vez abierta la cámara, el hallazgo de joyas de oro puro, pectorales, diademas y cajas lacadas generó euforia en el equipo. Algunos miembros británicos más jóvenes incluso escribieron postales a sus familias describiendo lo hallado antes de que se hubiera completado el inventario oficial, lo que generó fricciones con Petrie, obsesionado con el método y la discreción. Uno de los momentos más emotivos fue cuando los restauradores se enfrentaron a la tarea de limpiar una diadema de oro con incrustaciones de lapislázuli sin dañarla.

También hubo errores. Algunas piezas pequeñas fueron inicialmente clasificadas erróneamente como ornamentos votivos cuando en realidad formaban parte del tocado funerario. Fue el egiptólogo Percy Newberry, experto en textiles y joyería antigua, quien corrigió esta clasificación tras examinar dibujos y fotografías del contexto original.

Reflexión final

El hallazgo de la tumba de Sit-Hathor-Yunet en El Lahun nos recuerda que los verdaderos tesoros de Egipto no siempre son los más conocidos. Ese silencio, roto por el golpe suave de una pala o el brillo inesperado de una diadema, nos invita a escuchar con humildad. Porque en la arqueología, el azar y el respeto van de la mano, y cada descubrimiento —por pequeño o grandioso que parezca— es una puerta abierta al alma de una civilización que aún tiene mucho que enseñarnos.

19

EL ABUELO DE VACACIONES
EN LAS CATARATAS DEL NIÁGARA

Contexto histórico novelado

El sol de media tarde se colaba a través de los cristales sucios del Niagara Falls Museum y lanzaba destellos sobre un revoltijo de objetos en vitrinas: una momia con las vendas raídas, una silla de montar apache, un frasco con dos dedos humanos y, cómo no, la estrella del fondo del salón: la momia egipcia real (¿un sacerdote?). Es decir, un museo ecléctico. Muy occidental.

Respecto a la momia que nos trae al caso, nadie sabía su nombre. Muy occidental. Nadie se preguntaba por qué descansaba allí, rodeada de *souvenirs*, dientes de tiburón y esqueletos de caimanes. Los niños pasaban frente a ella con mezcla de espanto y risa nerviosa. Para la mayoría, no era más que parte del decorado macabro de un museo de provincia. Para otros, un mueble antiguo con forma humana. Muy occidental.

Pero ese día de invierno de 1999 las cosas iban a cambiar. William Jamieson, anticuario excéntrico, había venido desde Toronto con la idea de comprar piezas para su galería. Llevaba chaqueta de terciopelo, gafas redondas y una libreta de cuero en la que anotaba cosas como «pata de elefante tallada = falsa» o «retrato de Lincoln en marfil = posible». Cuando sus pasos lo llevaron ante la vitrina de la momia, algo se movió en él. Observó el vendaje cruzado sobre el pecho. El rostro endurecido, como si hubiera sido esculpido en el trance de la muerte. Y entonces lo anotó, sin pensar: «Cuerpo real (?)». Más tarde, en la trastienda, mientras los propietarios del museo le ofrecían café frío y descuentos por lote, Jamieson no pudo evitar preguntar:

—¿Y esa momia?

—Oh, esa lleva aquí desde… ni sé. Antes de la guerra, seguro.

—¿Saben de dónde vino?

—Algún viajero la trajo, creo. Uno de esos doctores que van a Egipto a curar fiebres y vuelven con una momia bajo el brazo. (Muy occidental).

Obviamente como tenemos por costumbre los de esta parte del mundo, el anticuario no durmió. Imaginaba al muerto navegando desde Alejandría a Halifax, enrollado como un pergamino. Lo imaginaba con vendajes revisados por aduaneros indiferentes. Lo veía, sin nombre, como una pieza suelta de ajedrez, olvidada fuera del tablero. Así que a la mañana siguiente lo compró. Entero. Sin preguntas. Y lo hizo llevar a Atlanta.

Años después, cuando la noticia estalló como un trueno en los círculos académicos —que aquel cuerpo abandonado en un museo *kitsch* canadiense pertenecía, con enorme probabilidad, a un faraón de Egipto—, nadie recordó al primer niño que le hizo una mueca burlona ni a la turista que una vez dijo: «Qué bien conservado para estar tan viejo» (las veces que se oye esta frase en el museo de la civilización egipcia de El Cairo…). Pero Jamieson sí. Para él, ese cuerpo no era un objeto. Era un regreso. Como si un viejo abuelo, largamente perdido en el extranjero, hubiera llamado desde el más allá: «Vuelvo a casa».

Cómo se produjo el hallazgo y quiénes estuvieron involucrados

El descubrimiento de la momia identificada como Ramsés I es uno de los casos más notables de recuperación patrimonial en la historia moderna de la egiptología. Lo singular de este episodio es que no comenzó en Egipto, ni siquiera en un laboratorio arqueológico, sino en un museo regional de curiosidades: el Niagara Falls Museum, entre EE.UU. y Canadá. Durante más de un siglo, una momia de origen desconocido permaneció allí como una simple atracción, etiquetada vagamente como «posiblemente de un sacerdote real».

Fue por puro azar que esta momia llamó la atención de William K. Jamieson, anticuario canadiense, a fines de la década de 1990. Jamieson, tras visitar el museo con intención de adquirir objetos antiguos para su galería de Toronto, se fijó en la momia debido a la calidad de su vendaje, su postura funeraria formal y la morfología facial que le pareció «inusualmente noble». Aunque no tenía evidencia en ese momento, su intuición lo llevó a adquirir la colección completa del museo, incluida la momia. Posteriormente, la colección egipcia del museo fue ofrecida al Michael C. Carlos Museum de la Emory University (Atlanta, Georgia), donde el equipo liderado por el Dr. Peter Lacovara, egiptólogo, y la Dra. Melinda Hartwig, especialista en momificación, inició una serie de análisis forenses, tomografías computarizadas, estudios radiológicos y comparaciones estilísticas con otras momias reales del Imperio Nuevo.

Los resultados fueron sorprendentes. Las características físicas, el estilo de momificación (especialmente la posición de los brazos cruzados, la calidad del embalsamamiento, la estructura craneal) y comparaciones faciales con retratos y estatuas reales sugerían que había una gran probabilidad de que la momia correspondiera al faraón Ramsés I, fundador de la dinastía XIX y padre de Seti I. Los análisis fueron corroborados por estudios realizados por la Universidad de York y expertos egipcios. En 2003, tras verificar la autenticidad y el origen, la momia fue devuelta a Egipto en una ceremonia solemne. Actualmente se expone en el Museo de Luxor.

El azar inicial —un coleccionista que notó algo «extraño» en una vitrina olvidada— desencadenó un proceso riguroso de identificación científica. En última instancia, el episodio se convirtió en un modelo de colaboración internacional y restitución arqueológica. Como resumió Lacovara:

> *We may never be able to say with 100 % certainty that this is Ramses I, but all the evidence strongly points in that direction.*
>
> Puede que nunca lleguemos a decir con certeza absoluta que esta es la momia de Ramsés I, pero todas las pruebas apuntan con fuerza en esa dirección.

LACOVARA, P., entrevista en CNN, 2003.

Importancia arqueológica del descubrimiento

La recuperación e identificación de la momia atribuida a Ramsés I, además de implicaciones simbólicas y diplomáticas, también ha tenido un profundo impacto académico. El hallazgo pone de relieve una cuestión crítica en arqueología: la movilidad de objetos y cuerpos a través del tiempo no solo por causas históricas, sino también como resultado del coleccionismo y el mercado de antigüedades.

En primer lugar, el estudio forense de la momia permitió aplicar herramientas modernas a un problema histórico. Investigadores del Michael C. Carlos Museum, junto con el egiptólogo Zahi Hawass y el Dr. Bob Brier, utilizaron tomografías computarizadas, análisis craneométricos y comparación estilística de momificación para apoyar la hipótesis de que se trataba de Ramsés I. El patrón de embalsamamiento, incluyendo la posición de los brazos y el estilo de preservación del cuerpo, coincidía con prácticas de la dinastía XIX, particularmente con las observadas en momias reales de la *cachette* de Deir el-Bahari. Como señaló Peter Lacovara:

> *The quality of the embalming, the positioning of the arms, and the overall care given to the body are consistent with the treatment given to royalty of the early ramesside period.*
>
> La calidad de la momificación, la posición de los brazos y el cuidado general del cuerpo son consistentes con el tratamiento dado a la realeza del primer período ramésida.

LACOVARA, P., *op. cit.*, 2003.

Segundo, el regreso de la momia a Egipto en 2003 tuvo un eco significativo en el debate sobre la repatriación de bienes culturales. El acto fue considerado un ejemplo positivo de cooperación internacional y de responsabilidad ética por parte de instituciones museísticas. Como expresó Zahi Hawass:

Bringing Ramses I home means giving back to him the dignity that was lost.

Devolver a Ramsés I a casa significa devolverle la dignidad que se perdió.

«The return of Ramses I», *National Geographic*, 2004.

Además, el caso permitió reflexionar sobre la integridad de los contextos arqueológicos y los riesgos de la descontextualización. Ramsés I, si efectivamente es el individuo identificado, habría sido removido de su tumba DB320, junto con otras momias reales, y separado posteriormente del grupo, posiblemente durante el saqueo de tumbas en el siglo XIX y nuestra cabra. Su reaparición, fuera de cualquier contexto arqueológico, privó a los investigadores de datos fundamentales sobre su ajuar, posición original y posibles inscripciones.

Finalmente, la recuperación de la momia puso el foco sobre la figura de Ramsés I, un faraón de reinado breve, a menudo eclipsado por su hijo Seti I y su nieto Ramsés II. Este redescubrimiento le devolvió visibilidad histórica y permitió al público general redescubrir las complejidades de las sucesiones dinásticas en el Imperio Nuevo.

Toque humano: conflictos, emociones y errores

Todo comenzó en un contexto inesperado: un museo polvoriento de provincias en las cataratas del Niágara (Canadá), donde se exhibía la momia sin nombre como una atracción curiosa entre artefactos de dudosa procedencia. Durante décadas, la figura pasó desapercibida, etiquetada como una «momia egipcia masculina» sin más. La historia personal del comerciante que la había adquirido en el siglo xix —al parecer, sin saber su verdadera importancia— muestra cómo, en la era del colonialismo y el turismo de espectáculo, piezas de incalculable valor terminaban en rincones insólitos del planeta.

En los años noventa, la momia fue transferida a la colección del Museo Michael C. Carlos de la Universidad de Emory (Atlanta, EE.UU.). Allí, el egiptólogo Peter Lacovara, junto con sus colegas Melinda Hartwig y el radiólogo Michael D. Rhoads, empezó a sospechar algo más profundo. El rostro noble, el vendaje de calidad, la posición de los brazos cruzados sobre el pecho —clásica de la realeza del Reino Nuevo— y su edad avanzada apuntaban a un individuo de alta posición, posiblemente un faraón. El equipo se vio obligado a enfrentarse a una pregunta inquietante: ¿podía esa momia ser el mismísimo Ramsés I, el padre de Seti I? Las emociones del equipo fueron intensas. «Era como estar en presencia de alguien que había sido arrancado de su historia», recordaría más tarde Lacovara en entrevistas. La idea de que un gran rey de Egipto hubiese terminado en un museo provincial, alejado de su tierra, provocó una mezcla de vergüenza e indignación ética.

Mientras tanto, en Egipto, el entonces jefe del Consejo Supremo de Antigüedades, Zahi Hawass, se enteró de la posible identidad y exigió su repatriación. El gesto de los estadounidenses fue rápido y respetuoso: en 2003, la momia fue devuelta con todos los honores, transportada en avión y recibida como un jefe de Estado. En una ceremonia solemne en Luxor, acompañada por flores y música tradicional, los responsables del descubrimiento presenciaron su regreso al Valle del Nilo. Hartwig recordaría en una entrevista: «Sentí como si estuviéramos cerrando un ciclo de injusticia histórica».

La historia no estuvo exenta de crítica. Algunos se preguntaron cómo pudo haber pasado desapercibida tanto tiempo, otros denunciaron la práctica —común en el siglo XIX— de comerciar con momias sin control. Pero la emoción general fue la de reconciliación: una figura perdida había regresado a su tierra natal, y lo había hecho gracias a una suma de intuición científica, ética museística y voluntad política.

Hoy, en el Museo de Luxor, su momia descansa bajo una vitrina sobria, pero con un cartel que no deja lugar a dudas: «Ramsés I, rey del Alto y Bajo Egipto, dinastía XIX».

Reflexión final

El azar, en esta historia, no solo fue el hilo que lo condujo al otro lado del océano, sino también el que lo trajo de vuelta. Sin el ojo atento de un equipo de investigadores que vieron más allá de un cuerpo antiguo; sin la ética de un museo que prefirió la restitución a la retención; sin el deseo de un país de recuperar su historia, quizá Ramsés I seguiría hoy siendo un anónimo en tierras extranjeras.

Su regreso a Egipto fue más que un acto de justicia arqueológica: fue un gesto de dignidad; porque detrás de cada momia hay una historia de vida, una familia, una devoción religiosa, una civilización entera que quiso preservar el cuerpo para que el alma siguiera su viaje eterno. Cuando esa voluntad es interrumpida por siglos de saqueo y comercio, la reparación se vuelve necesaria.

Ramsés I volvió. Volvió como símbolo de una memoria recuperada. Como emblema de que la arqueología no solo excava el pasado, sino también nuestras responsabilidades en el presente. Y en su silencio envuelto en lino sigue recordándonos que todo gran descubrimiento conlleva también una pregunta: ¿qué hacemos hoy con aquello que otros quisieron preservar para siempre?

20

PACO SE OLVIDÓ LAS HERRAMIENTAS…, CONSTRUYENDO LA GRAN PIRÁMIDE

Contexto histórico novelado

En el interior de la Gran Pirámide reinaba una oscuridad espesa, interrumpida solo por la débil luz de una linterna de aceite. Waynman Dixon, ingeniero inglés de mediana edad y rostro inquisitivo, avanzaba encorvado por el estrecho corredor de la llamada Cámara de la Reina. Su ropa estaba cubierta de polvo, y en su mirada brillaba una mezcla de escepticismo y entusiasmo.

—¿Ventilación? ¿O algo más? —murmuró, mientras se detenía ante el orificio cuadrado del canal norte.

Junto a él, Abu Bakr, un joven trabajador egipcio con manos ágiles y nervios templados, esperaba con una varilla de hierro en la mano. Dixon le hizo un gesto y el muchacho introdujo la varilla con esfuerzo. El metal raspó la piedra, avanzando centímetro a centímetro por el canal estrecho. De pronto, un sonido diferente, sordo.

—Algo ha golpeado… —dijo Abu Bakr, sin saber si eso era bueno o malo.

Dixon se agachó, tomó la varilla y con suaves movimientos tanteó el interior. Tras varios intentos, logró enganchar algo y lo arrastró con paciencia. Una pequeña bola de granito oscuro emergió entre el polvo, redonda, pulida como si alguien la hubiese alisado con esmero.

—Curioso… —dijo, dándole vueltas en la mano.

Volvieron a intentarlo. Esta vez, Abu Bakr sacó un objeto largo, metálico, verdoso por la oxidación. Un gancho de cobre en forma de bastón curvo. Era viejo, pero su forma aún conservaba cierta dignidad.

Dixon estaba fascinado. No esperaba encontrar objetos dentro de aquel canal estrecho. Pensaba que eran simples respiraderos simbólicos. ¿Qué hacían allí esas piezas?

Decidieron probar suerte en el canal sur. La labor fue más complicada. Tras largos minutos de forcejeo, apareció una astilla de madera, apenas de un palmo. Estaba tan seca como el aire de la cámara. Parecía insignificante, pero Dixon la envolvió con cuidado.

Ninguno de los objetos parecía tener relación entre sí, y eso los hacía aún más intrigantes. ¿Fueron introducidos intencionalmente durante la construcción? ¿Parte de algún ritual? ¿Desperdicios dejados por trabajadores? Dixon no lo sabía. Solo intuía que se había tropezado con algo que nadie había tocado en miles de años.

Salieron de la pirámide al atardecer. La luz dorada caía sobre la meseta, y el aire olía a arena y silencio. Dixon miró hacia atrás una última vez. Aquella montaña de piedra, tan severa, acababa de ofrecer un pequeño secreto. No oro, no jeroglíficos. Solo tres objetos extraños, dormidos en la penumbra, como si hubiesen estado esperando ser encontrados por casualidad.

—A veces, los dioses esconden lo más sagrado donde nadie busca —dijo Abu Bakr, rompiendo el silencio.

Cómo se produjo el hallazgo y quiénes estuvieron involucrados

El hallazgo de los conocidos como «objetos de Dixon» en el interior de la Gran Pirámide de Guiza en 1872 representa uno de los episodios más curiosos de la arqueología egipcia moderna. Aunque la pirámide de Keops había sido objeto de exploración desde la Antigüedad, muchas de sus estructuras internas, como los canales que parten de la Cámara de la Reina, seguían sin investigarse con profundidad en el siglo XIX. Waynman Dixon, ingeniero y aficionado a la egiptología, llegó a Egipto junto con su hermano John Dixon y el ingeniero Robert Mylne. En el transcurso de sus trabajos, decidieron explorar más allá de lo conocido y examinar los conductos (mal llamados «de ventilación») de la Cámara de la Reina. Hasta ese momento, se sabía que existían canales similares en la Cámara del Rey, pero los de la Cámara inferior estaban obstruidos.

Mediante una serie de perforaciones y limpiezas dirigidas hacia el canal norte, el equipo consiguió desatascar parte del conducto. Al introducir una varilla de hierro con gancho, extrajeron tres objetos de su interior: una bola de granito negro, un gancho de cobre o bronce y un fragmento de madera. Estos objetos, que se encontraban a unos 8 metros de profundidad dentro del canal, parecían haber sido colocados o abandonados allí en tiempos antiguos, aunque su propósito exacto continúa siendo objeto de debate. El hecho de que se hallaran en un espacio tan inaccesible sugiere que no eran intrusiones modernas, sino que formaban parte del equipamiento de construcción o de un ritual cuya función aún no ha sido determinada. Waynman Dixon documentó el hallazgo en 1872, y dos de los objetos (la bola de granito y el gancho metálico) fueron enviados al Museo Británico, donde todavía se conservan. El fragmento de madera, sin embargo, desapareció durante más de un siglo hasta que fue redescubierto en una caja en la Universidad de Aberdeen en el 2020. La identificación de este último fragmento se produjo cuando la investigadora egipcia Abeer Eladany, revisando la colección, reconoció que ese pedazo de madera podría corresponder al tercer objeto mencionado en las notas de Dixon. Posteriormente, se confirmó mediante análisis de documentación y se realizaron pruebas de datación por radiocarbono.

Among the rubbish cleared from the joints in the upper part of the air-channel, we found several objects evidently left by the builders: a small copper hook, a rounded ball of dolerite, and a piece of cedarwood measuring rule.

Entre los escombros retirados de las juntas en la parte superior del canal de ventilación, encontramos varios objetos evidentemente dejados por los constructores: un pequeño gancho de cobre, una bola redondeada de dolerita y un fragmento de regla de madera de cedro.

DIXON, W. y GRANT, J., *Account of the Excavations in the Great Pyramid of Gizeh. Proceedings of the Society of Antiquaries of Scotland*, 9, 1873, pp. 473-480 (esp. p. 473).

Este hallazgo accidental, fruto tanto de la curiosidad como de una intervención no estrictamente arqueológica, abrió nuevas preguntas sobre el uso ritual o técnico de los canales internos de la Gran Pirámide. Su carácter fortuito y el redescubrimiento tardío de uno de los elementos subrayan la importancia de documentar con precisión incluso los hallazgos aparentemente menores.

Importancia arqueológica del descubrimiento

Aunque a primera vista los llamados «objetos de Dixon» —una bola de granito, un gancho metálico y un fragmento de madera— puedan parecer hallazgos menores, su localización, contexto y posterior estudio los han convertido en piezas clave para comprender aspectos poco conocidos de la Gran Pirámide y de la tecnología del Reino Antiguo. La primera relevancia de estos objetos es su procedencia: el interior de los canales estrechos que se abren desde la Cámara de la Reina, elementos arquitectónicos cuyo propósito aún se debate. A diferencia de los conductos de la Cámara del Rey, que desembocan en el exterior, los de la Cámara de la Reina estaban bloqueados en ambos extremos. Esto plantea preguntas fundamentales sobre su función: ¿eran simbólicos, rituales, estructurales o parte de un sistema de ventilación que nunca se concluyó?

Que los objetos se encontraran dentro de uno de estos canales, a varios metros de profundidad, refuerza la idea de que fueron depositados allí intencionadamente o quedaron atrapados durante la construcción. En este sentido, el hallazgo aporta un indicio directo de actividad humana dentro de los pasadizos durante el proceso de edificación. Algunos estudiosos han propuesto que se trataba de herramientas usadas por los constructores, quizá abandonadas o almacenadas como parte de un ritual de «entierro» de herramientas. El fragmento de madera —una vez redescubierto en 2020 por Abeer Eladany en la Universidad de Aberdeen— fue sometido a un análisis exhaustivo que permitió datarlo por radiocarbono. Aunque este tipo de datación queda fuera del enfoque narrativo del presente capítulo, su resultado (alrededor del 5000 a. C.) provocó un intenso debate académico sobre la metodología y el margen de error debido al contexto arqueológico inusual en el que fue hallado. Además, los objetos han sido integrados en debates más amplios sobre la ingeniería y la planificación de las pirámides. La presencia de un gancho metálico, por ejemplo, ha alimentado teorías sobre el uso de herramientas de cobre o bronce en fases clave de la construcción. Ya que usaban cinceles de cobre que cogían en el Sinaí, donde estaban los hornos de fundición. La bola de granito, por su parte, ha sido interpretada como parte de una maza o herramienta empleada para dar forma a los bloques pétreos, o incluso como instrumento ritual.

En resumen, la importancia de los objetos de Dixon va mucho más allá de su modesta apariencia. Su descubrimiento casual no solo ha proporcionado un nuevo ángulo para investigar la Gran Pirámide, sino que también ha servido para reabrir preguntas fundamentales sobre las técnicas constructivas, las prácticas rituales y el simbolismo arquitectónico en el Egipto del Reino Antiguo.

Toque humano: conflictos, emociones y errores

Waynman Dixon, ingeniero y anticuario británico, llegó a la Gran Pirámide movido más por una mezcla de espíritu aventurero y pasión victoriana por lo antiguo que por una metodología científica rigurosa. Su exploración, que incluyó perforaciones en los muros de la Cámara de la Reina, hoy sería impensable bajo criterios modernos de conservación. Pero fue precisamente ese impulso casi juvenil por «ver qué había más allá» lo que condujo al hallazgo. Según relató su ayudante, Bill Grant, fue al introducir una varilla metálica por una grieta cuando notaron que existía una cavidad oculta. La apertura de ese canal —que acabó revelando el escondite de los objetos— fue motivo de euforia, pero también de disputa. Hubo desacuerdo entre los miembros del equipo sobre qué hacer con los hallazgos. El propio Dixon no dejó un inventario claro, y durante más de un siglo se creyó que el fragmento de madera estaba perdido.

La historia dio un giro inesperado en 2020, cuando Abeer Eladany, conservadora del Museo de la Universidad de Aberdeen y especialista egipcia, identificó entre cajas mal catalogadas un pequeño trozo de madera con una etiqueta manuscrita que decía: *Great Pyramid, Dixon Relic* («Gran Pirámide, reliquia Dixon»). Eladany, egipcia de origen, relató en entrevistas su emoción al descubrir un objeto tan pequeño pero cargado de significado.

Este redescubrimiento fue motivo de celebración, pero también de reflexión. ¿Cómo pudo un objeto tan valioso pasar desapercibido durante más de un siglo? ¿Cuántas otras piezas de Egipto esperan, olvidadas, en cajas polvorientas por todo el mundo? Además, algunos egiptólogos se sintieron incómodos con el enfoque sensacionalista de algunos medios al tratar el hallazgo como si el objeto hubiera sido «redescubierto en la Gran Pirámide» cuando en realidad lo fue en un almacén de museo. También se reavivó el debate sobre la repatriación de objetos egipcios, ya que los tres «objetos de Dixon» siguen en manos británicas, pese a su origen claramente egipcio.

Más allá de todo ello, la historia de estos objetos no puede desligarse de las personas que los manipularon: del ingeniero curioso que los extrajo con herramientas improvisadas, del ayudante que los empaquetó sin saber que uno se perdería durante décadas y de la conservadora que lo rescató del olvido con una mezcla de azar y conocimiento.

Reflexión final

Que una pieza extraviada por más de 100 años resurja en un rincón de un museo escocés gracias a la mirada atenta de una conservadora egipcia no es solo un acto de azar: es la promesa de que el pasado, por olvidado que parezca, siempre puede volver a hablarnos.

Así, estos objetos humildes, redescubiertos entre polvo y papeles viejos, nos recuerdan que la arqueología no es solo una ciencia de piedras y tumbas, sino también una disciplina profundamente humana, hecha de errores, emociones y pequeños milagros de memoria.

21

EL POZO QUE NADIE TOCÓ

Contexto histórico novelado

Era la primavera de 2022, y el sol sobre Abusir caía como una losa blanca sobre los muros derruidos del desierto. Los obreros egipcios trabajaban en silencio entre andamios y restos de adobe reseco. Nadie esperaba hallazgos; aquella zona, al norte de Saqqara, se creía exhausta, explorada hasta la extenuación por generaciones de arqueólogos. Pero la arqueología egipcia tiene un don: cuando todo parece terminado, la arena respira.

Khaled, un trabajador veterano con más años de excavación que dedos en las manos, repasaba con una brocha los límites de un corredor colmatado de polvo. No buscaba nada; simplemente despejaba. En Abusir, limpiar es también un gesto ritual, una forma de devolver al mundo la forma de las cosas. De pronto, la brocha levantó una nube de tierra más fina, y bajo ella asomó la línea perfecta de una junta. No un hueco, sino una geometría: la marca de algo que había sido sellado. Khaled se quedó quieto, inclinó la cabeza, y llamó a Ahmed, el arqueólogo de campo.

Ahmed no era un novato, pero aquella precisión lo desconcertó. El suelo no había sido removido jamás. Ordenó detener el trabajo. Los hombres se apartaron, y durante varios minutos solo se oyó el viento, rascando los perfiles de piedra. Con bisturís de madera y cepillos de cerda se despejó la superficie, revelando un rectángulo regular perfectamente cubierto por una capa de piedras calizas. No había entradas, ni señales de saqueo, ni grietas. Una anomalía tan simple como imposible.

—Esto no está en ningún plano —dijo Ahmed más para sí que para los demás.

Bajo la primera capa apareció un pozo vertical, profundo y estrecho. La luz no llegaba al fondo. Cuando descendió con una cuerda y una lámpara, el aire cambió: se volvió denso, estancado, con ese olor agrio de los espacios cerrados durante milenios. En el fondo, una cámara sepulcral.

No un vacío, sino un orden. Vasijas alineadas, amuletos dispersos como si los hubiesen dejado ayer, restos de lino, cuentas de fayenza, una máscara. En el centro, un sarcófago de caliza. Cerrado. Sin señales de fractura.

El nombre del propietario se leía con claridad en los jeroglíficos rojos: Wahibre-mery-Neith. Nadie del equipo lo conocía. No aparecía en las listas reales ni en los catálogos de dignatarios de la Baja Época. Un desconocido con tumba intacta. Un silencio rescatado.

Esa noche, en el campamento, Ahmed revisó los mapas de la necrópolis. Nada coincidía. Ninguna inscripción lo situaba. Aquello no era una repetición de hallazgos anteriores, sino una voz nueva: la de un alto funcionario, quizá, o un sacerdote olvidado. El hallazgo, difundido días después por el Consejo Supremo de Antigüedades, estremeció al país. Cuando las cámaras descendieron para registrar el interior, el eco de la piedra devolvió la misma sensación que acompaña siempre a los descubrimientos verdaderos: que el pasado no ha terminado de hablar.

Cómo se produjo el hallazgo y quiénes estuvieron involucrados

El hallazgo de la tumba de Wahibre-mery-Neith en la necrópolis de Saqqara, al sur de El Cairo, se produjo de forma completamente fortuita. Los trabajos en curso no tenían como objetivo la excavación de nuevas tumbas, sino tareas de limpieza y consolidación en áreas ya exploradas por misiones anteriores. Sin embargo, al retirar escombros en las inmediaciones de las tumbas de altos funcionarios del Período Tardío, el equipo egipcio encontró por azar la entrada a un pozo que, a diferencia de los circundantes, no mostraba signos de haber sido violado o documentado previamente. Fue el Ministerio de Antigüedades de Egipto quien anunció oficialmente el descubrimiento. En palabras del entonces ministro Khaled el-Enany, se trató de «un hallazgo completamente inesperado en una zona muy transitada arqueológicamente». El pozo funerario, de unos 10 metros de profundidad, conducía a una cámara excavada en la roca que se hallaba en un notable estado de conservación. Dentro se encontró el sarcófago de piedra caliza intacto, sellado y con inscripciones jeroglíficas legibles. El nombre del difunto —Wahibre-mery-Neith— estaba claramente grabado, junto con títulos que lo identificaban como un funcionario de alto rango durante la dinastía XXVI (664-525 a. C.), posiblemente vinculado a la Administración del Bajo Egipto.

La cámara funeraria contenía, además, un conjunto de objetos rituales: figurillas *shabtis*, fragmentos de papiros, vasos canopos (aunque algunos dañados) y restos textiles. Todo ello ofrecía un contexto funerario completo y excepcionalmente bien preservado, lo cual es extremadamente raro en Saqqara, donde la mayoría de las tumbas han sido expoliadas desde la Antigüedad.

Lo más relevante desde el punto de vista científico fue que la tumba está completamente documentada y registrada por un equipo checo. Esto representa un cambio significativo respecto a las misiones de los siglos XIX y XX, cuando la arqueología en Egipto estaba dominada por las principales potencias coloniales. En este caso, el trabajo fue riguroso, cuidadoso y profundamente consciente de la importancia patrimonial del hallazgo. El descubrimiento de Wahibre-mery-Neith ha permitido desde entonces avanzar en el conocimiento del Período Tardío, una etapa compleja y aún poco comprendida en términos de prácticas funerarias. Además, ha puesto nuevamente de manifiesto la riqueza de la necrópolis de Saqqara y el papel fundamental del azar en el progreso de la arqueología.

Importancia arqueológica del descubrimiento

Situada en la necrópolis de Saqqara, data del Período Tardío, concretamente en la dinastía XXVI (*ca.* 664-525 a. C.). Esta tumba ofrece una rara oportunidad de estudiar prácticas funerarias de una época marcada por el resurgimiento del arte y la teología tradicional egipcia, en pleno contacto con influencias extranjeras, especialmente del mundo mediterráneo y mesopotámico. El valor arqueológico del descubrimiento reside, en primer lugar, en la integridad del conjunto funerario. La mayoría de las tumbas del Período Tardío fueron reutilizadas o saqueadas en tiempos antiguos o modernos, lo que dificulta su análisis contextual. En cambio, la tumba de Wahibre-mery-Neith se hallaba sellada, lo que permitió a los arqueólogos registrar la disposición original de los objetos, entre ellos, el sarcófago, los *shabtis*, los amuletos y los vasos canopos.

El sarcófago antropomorfo, decorado con relieves jeroglíficos y restos de policromía, presenta fórmulas funerarias y titulaturas propias de funcionarios de alto rango. Según el análisis preliminar de los textos, Wahibre-mery-Neith pudo haber sido un administrador vinculado al templo de Neith en Sais, capital de la dinastía saíta. Este dato es relevante porque proporciona nueva información sobre la red de funcionarios que operaban entre los centros religiosos del Delta y sus vínculos con el Alto Egipto.

Además, los objetos hallados en la tumba —especialmente los amuletos y figuras funerarias— constituyen un testimonio material de la continuidad y transformación de las creencias religiosas tradicionales durante un período de fuerte inestabilidad política.

Finalmente, el hallazgo refuerza la idea de que Abusir, al norte de Saqqara, incluso tras décadas de excavaciones, sigue siendo un yacimiento vivo y dinámico, con capas aún no exploradas y potencial para descubrimientos excepcionales.

The mission working in Abusir has uncovered the burial of Wahibre-mery-Neith, a high-ranking military commander in charge of foreign troops during the early 5th century BC. The discovery sheds new light on the role of greek and carian mercenaries in the saite army. The burial is unique for its size and the quantity of funerary goods still in situ.

La misión que trabaja en Abusir ha descubierto la sepultura de Wahibre-mery-Neith, un comandante militar de alto rango encargado de tropas extranjeras a comienzos del siglo V a. C. Este hallazgo arroja nueva luz sobre el papel de los mercenarios griegos y carios en el ejército saíta. La sepultura es única por su tamaño y la cantidad de objetos funerarios aún *in situ*.

MINISTERIO DE TURISMO Y ANTIGÜEDADES,
nota de prensa, 4 de julio del 2022.

Toque humano: conflictos, emociones y errores

Todo empezó como una campaña normal. La excavación de la misión checa de la Universidad Carolina de Praga llevaba años trabajando en Abusir, revisando estructuras que parecían ya agotadas. En mitad de la limpieza de un muro derrumbado, uno de los trabajadores egipcios —cuyo nombre, Ibrahim, ha quedado anotado en los diarios de campo— sintió que la arena cedía de forma inusual bajo su pala. Fue un sonido, casi un susurro de piedra rota que nadie esperaba oír. Ibrahim pidió detener la retirada de escombros. Lo que siguió fue una secuencia de tensión contenida: las palas se cambiaron por cepillos, los supervisores bajaron al pozo con cuerdas improvisadas, la linterna iluminó una grieta que se abría a una cámara sellada.

Aquel instante encierra la esencia de la arqueología de campo: la emoción pura mezclada con la prudencia. Los diarios de la misión registran cómo la primera noche apenas durmieron. El equipo debatía cada centímetro excavado: ¿era seguro abrir la cámara? ¿Cuánto más debía protegerse antes de retirar la cubierta del sarcófago? En un momento, uno de los obreros casi dejó caer un amuleto de fayenza al intentar limpiarlo. Fue un susto que se resolvió sin daños, pero que recordó a todos cuán frágil es la línea entre rescatar y destruir.

Los conflictos no tardaron en aflorar. Algunos arqueólogos locales querían abrir de inmediato el sarcófago para confirmar la identidad del difunto, temiendo filtraciones a la prensa. Otros, incluidos los restauradores polacos, insistían en registrar cada detalle fotográfico antes de mover una sola piedra. La tensión se volvió casi tan espesa como la arena que rodeaba el pozo.

Pero también hubo alegría genuina, de esa que solo se siente cuando el pasado se deja tocar. El momento en que apareció el nombre, «Wahibre-mery-Neith», grabado con una precisión que resistió 2.500 años de saqueos, fue de los que no se olvidan. La egiptóloga Aleksandra Hallmann lo relató así: *When we read his name, we realized we were bringing back a man that history had silenced*, es decir, cuando leyeron su nombre, sintieron que devolvían a la memoria a un hombre que la historia había sepultado.

Quizá lo más humano de todo fue el silencio que siguió. Un instante breve, sin cámaras ni micrófonos, en el que arqueólogos, obreros y conservadores se miraron sabiendo que esa tumba no era solo un hallazgo académico: era el eco de una vida olvidada que había esperado siglos bajo la arena para ser recordada.

Reflexión final

A veces, la historia emerge no entre fanfarrias, sino desde el silencio. La tumba de Wahibre-mery-Neith, escondida bajo capas de arena anónima, no apareció en los planes de excavación ni en mapas antiguos: simplemente, estaba allí, esperando. Un ligero hundimiento en el terreno, el golpe de una pala distraída, la mirada atenta de un obrero… y el pasado volvió a hablar.

22

EL DIARIO EN LA CUEVA DEL VIENTO

Contexto histórico novelado

El sol del desierto caía implacable sobre la costa del mar Rojo, allí donde las montañas de piedra caliza se funden con la arena y el viento silba como un guardián antiguo. Era 2013 y el arqueólogo francés Pierre Tallet, curtido en años de expediciones en los márgenes de Egipto, inspeccionaba las laderas de Wadi al-Jarf, un puerto antiguo casi olvidado, cuya existencia había sido solo una sombra en los mapas. Durante días, su equipo había trabajado limpiando los escombros que bloqueaban las entradas a una serie de galerías excavadas en la roca. Esperaban encontrar restos de infraestructura portuaria: herramientas, cuerdas, fragmentos de ánforas. Pero fuera de las galerías, apenas iluminada por la luz temblorosa de una linterna frontal, una joven arqueóloga exclamó:

—*Il y a quelque chose ici… du papyrus, je crois!* («Hay algo aquí…, creo que es un papiro»).

Tallet se acercó de inmediato. En una esquina del suelo de la cueva, protegido por la sequedad extrema y siglos de olvido, yacía un haz de papiros apilados, algunos aún enrollados, otros apenas sostenidos por hilos de lino. El arqueólogo contuvo el aliento: aquellos documentos eran antiguos, auténticos y estaban increíblemente bien conservados. Horas después, al desplegar con sumo cuidado los fragmentos, comprendieron la magnitud del hallazgo. No eran simples listas o inventarios: uno de los rollos contenía un diario. Un diario escrito por un funcionario llamado Merer, capataz de un grupo de obreros que había trabajado… en la construcción de la Gran Pirámide de Guiza.

Ninguno de los presentes podía creerlo. Aquella escritura en tinta negra y roja hablaba de transporte de bloques de piedra, de trayectos por el Nilo, de un puerto llamado Ro-She Khufu…, el embarcadero del rey Keops. Era, sin lugar a dudas, el testimonio directo más antiguo sobre la logística de construcción de la Gran Pirámide.

Pero lo más sorprendente no fue solo el contenido, sino cómo fue hallado: por pura suerte. Durante años, habían pasado junto a aquellas cuevas sin imaginar que escondían el testimonio escrito más antiguo de Egipto.

Cómo se produjo el hallazgo y quiénes estuvieron involucrados

El hallazgo de los papiros de Wadi al-Jarf, conocido como el descubrimiento del diario de Merer, tuvo lugar en 2013, durante una expedición arqueológica liderada por el egiptólogo francés Pierre Tallet, en colaboración con la Universidad de la Sorbona y el Institut Français d'Archéologie Orientale (IFAO). Aunque las excavaciones estaban planificadas como parte de un proyecto de estudio del antiguo puerto egipcio en la costa occidental del mar Rojo, el hallazgo de papiros fue completamente inesperado.

El equipo trabajaba desde 2011 en la zona de Wadi al-Jarf, un sitio que había mostrado restos arquitectónicos vinculados al reinado de Khufu (Keops), pero sin indicios hasta entonces de hallazgos documentales. En 2013, delante de una de las galerías excavadas en roca, identificadas como almacenes de materiales portuarios, los arqueólogos encontraron un conjunto de papiros enrollados, fragmentados pero legibles, algunos aún atados con cuerdas vegetales. El contenido de los documentos era diverso: listas de raciones, inventarios, correspondencia y, sobre todo, un diario de obra redactado por un inspector egipcio llamado Merer, responsable del transporte de piedra caliza desde las canteras de Tura hasta la meseta de Guiza. Estos documentos, escritos en hierático, fueron fechados con precisión en el año 27 del reinado de Khufu. El valor excepcional del hallazgo reside en que se trata de los papiros administrativos más antiguos jamás descubiertos en Egipto y los únicos que hacen mención directa a la actividad cotidiana durante la construcción de la Gran Pirámide.

El equipo también documentó la ubicación exacta del hallazgo en la cueva n.º 5 y publicó los papiros con transcripción, traducción y análisis filológico. Aunque el grupo de Tallet no buscaba específicamente documentación escrita, el hallazgo permitió reconstruir con extraordinario detalle el funcionamiento logístico de un Egipto centralizado y altamente organizado. Fue brutal.

El descubrimiento fue publicado oficialmente en el volumen monográfico de Tallet y Marouard (2017) bajo el título *Les Papyrus du Wadi el-Jarf*, y continúa siendo una fuente primaria imprescindible para el estudio del reinado de Khufu.

Importancia arqueológica del descubrimiento

El hallazgo de los papiros de Wadi al-Jarf representa una de las aportaciones más notables a la egiptología del siglo XXI. Su importancia radica no solo en su antigüedad —son los documentos administrativos más antiguos jamás encontrados en Egipto—, sino en la naturaleza de su contenido: información de primera mano sobre la organización estatal durante el reinado de Khufu (Keops), constructor de la Gran Pirámide. Los textos ofrecen una visión sin precedentes del funcionamiento de la economía, la Administración y la logística durante el Reino Antiguo. Particularmente relevante es el diario de Merer, un inspector de obras que narra el transporte de bloques de piedra caliza desde las canteras de Tura hasta Guiza a través del Nilo y de canales interiores, lo que confirma el uso de una red hídrica para aprovisionar la construcción piramidal. Según Pierre Tallet:

> *Merer évoque, jour après jour, ses allées et venues entre le port de Tura et le chantier de construction du plateau de Gizeh.*
>
> Merer describe, día tras día, sus idas y venidas entre el puerto de Tura y el lugar de construcción de la meseta de Guiza.

TALLET, P., *Les papyrus de la Mer Rouge*, CNRS Éditions, El Cairo, IFAO, 2017, p.31.

Estos registros detallan los ritmos de trabajo, las rutas utilizadas, los supervisores implicados y los plazos, configurando así una imagen concreta del aparato logístico faraónico. Lo que antes se infería a partir de monumentos y fuentes indirectas ahora se documenta con palabras escritas por un testigo directo. Otro elemento clave es el contexto del hallazgo: los papiros estaban cuidadosamente depositados delante de una galería rocosa sellada, lo que indica que no fueron abandonados al azar, sino que formaban parte de un archivo cerrado, posiblemente al final de una campaña anual. Además, el hallazgo confirma la centralización estatal bajo Khufu, revelando un sistema de equipos móviles altamente coordinados, algo que se intuía por fuentes posteriores, pero no se había podido constatar para el Reino Antiguo.

El valor de este descubrimiento no radica en un tesoro de oro o estatuas, sino en una «riqueza de información» que permite a los egiptólogos reconstruir la vida cotidiana, los mecanismos del poder y la planificación de una de las obras más colosales de la historia humana. Como concluye Tallet:

> *Ces textes font entrer la parole humaine dans le chantier de la Grande Pyramide.*
>
> Estos textos introducen la voz humana en el lugar de construcción de la Gran Pirámide.

TALLET, P., *op. cit.*, *(Papyrus Jarf A et B)*, p. 43.

Toque humano: conflictos, emociones y errores

El hallazgo de los papiros de Wadi al-Jarf fue tan inesperado como difícil de gestionar. El equipo franco-egipcio dirigido por Pierre Tallet trabajaba en las galerías portuarias del mar Rojo con el objetivo de documentar un sistema logístico del Reino Antiguo, no de encontrar archivos escritos. Cuando en 2013 se abrió la galería G2, sellada desde la Antigüedad, aparecieron cajas con papiros fragmentarios, muchos en estado extremadamente frágil. La sequedad del desierto había permitido su conservación parcial, pero la humedad residual del sellado y la presión del sedimento habían dañado numerosos fragmentos.

El traslado de los documentos al Museo Egipcio de El Cairo exigió un proceso de documentación exhaustivo: registro fotográfico, clasificación preliminar, consolidación de los fragmentos más vulnerables y un embalaje individualizado bajo supervisión conjunta de conservadores egipcios y franceses. El procedimiento se extendió durante varias semanas y fue acompañado por un informe técnico que detalló las condiciones ambientales del hallazgo.

La repercusión mediática fue inmediata. El anuncio oficial de la misión atrajo la atención internacional, y parte del equipo tuvo que simultanear el trabajo científico con la gestión de la información. Varios arqueólogos egipcios, formados en conservación de materiales orgánicos, participaron por primera vez en el tratamiento directo de papiros del Reino Antiguo, lo que dio a la misión un valor formativo adicional.

El contexto humano también estuvo marcado por la presión del tiempo y la complejidad logística. Las galerías de Wadi al-Jarf se encuentran en una zona aislada, sin infraestructuras ni comunicación estable, lo que dificultó la conservación inicial de los fragmentos. Los técnicos del IFAO destacaron la excepcionalidad del hallazgo: era la primera vez que se recuperaban documentos administrativos de la época de Keops en un contexto arqueológico controlado.

Reflexión final

A veces, los testimonios más antiguos resurgen desde los lugares más inesperados. En una cueva olvidada del mar Rojo, entre rocas calcinadas por el sol, unos papiros dormían desde hacía más de cuatro milenios. Y, sin embargo, gracias a ese azar arqueológico —aquel *coup de chance* («golpe de suerte») que mencionó Pierre Tallet—, hoy podemos leer las palabras de Merer, capataz de una cuadrilla que transportaba bloques hacia la Gran Pirámide. No un rey, no un dios, sino un hombre con tareas, preocupaciones y órdenes que cumplir. Estos documentos nos acercan como pocos al pulso real del antiguo Egipto. No desde los altares de los templos, sino desde la costa, el puerto, la logística. Lo extraordinario de este hallazgo no radica solo en su antigüedad o en su rareza, sino en su humanidad. Porque lo que Merer nos dejó no fue un mito, sino una voz.

Pierre Tallet resumió más tarde la dimensión simbólica de aquel descubrimiento: los papiros no solo aportaban datos sobre la organización de las obras reales, sino que devolvían «una voz humana al corazón del proyecto de la Gran Pirámide» (TALLET, P., *op. cit.*, p. 43.).

23

EL FARAÓN DEL ALCANTARILLADO: CÓMO PSAMÉTICO I EMERGIÓ ENTRE LAS AGUAS RESIDUALES

Contexto histórico novelado

Era un jueves cualquiera en Matariya, un barrio donde las pirámides quedaban tan lejos como los sueños. Mahmoud había empezado con gran ilusión a trabajar como ayudante de obra apenas una semana atrás. El calor de marzo pegaba duro, pero las zanjas seguían abiertas, y la excavadora —vieja y temblorosa— se aferraba a la tierra como si quisiera desenterrar el Nilo mismo.

—¡Cuidado ahí! —gritó el capataz.

Pensaron que sería una roca, una más entre tantas. Pero cuando el agua estancada comenzó a clarear y dejó ver una superficie lisa y curva, algo cambió en el aire. Mahmoud se agachó, metió la mano hasta el codo y, con esfuerzo, limpió una franja de piedra pulida. Era un rostro. Frío, inmenso y tranquilo. Los ojos cerrados, la boca serena. Un rey dormido bajo aguas negras. En segundos, todo se detuvo. La retroexcavadora se apagó, los obreros dejaron caer las palas. Uno de ellos, el más viejo, se persignó. «Es de los antiguos», murmuró. Llamaron a todo el mundo. Nadie quería cargar con la culpa de haber roto una estatua de algún faraón con una pala oxidada. Horas después, ya con las luces de los teléfonos apuntando al pozo, llegaron los arqueólogos. Hacía décadas que sabían que Matariya se levantaba sobre Heliópolis, pero nadie esperaba que un coloso entero estuviera enterrado justo allí, en medio de un patio lleno de basura y tubos rotos.

La gente del barrio se asomaba desde los balcones. Algunos grababan con sus móviles. Otros bajaban con linternas y ofrecían té a los arqueólogos, orgullosos de que su calle saliera en la tele. Una señora mayor, envuelta en su velo, soltó entre risas: «¡Hasta los faraones se esconden del precio de los tomates!». Sacaron el busto con una grúa alquilada de urgencia. Estaba embarrado, roto por la mitad, pero aún conservaba su dignidad. Al día siguiente, las portadas de los periódicos mostraban la imagen de ese rostro antiguo emergiendo de una zanja anegada, entre el lodo y los escombros. Algunos lo llamaron «el rey de las aguas negras». Otros, «el faraón que sobrevivió al alcantarillado».

Mahmoud, mientras tanto, volvió al día siguiente con su casco amarillo y su fiambrera de pan con habas. Caminó por la calle, miró el hoyo vallado y sonrió. No todos los días uno desentierra un pedazo del tiempo. No todos los días un faraón decide resucitar justo donde nadie lo esperaba.

Cómo se produjo el hallazgo y quiénes estuvieron involucrados

El descubrimiento de la colosal estatua atribuida a Psamético I en Matariya, el antiguo distrito de Heliópolis en El Cairo, se produjo por puro azar arqueológico: ocurrió en marzo de 2017, cuando un equipo de operarios trabajaba en la instalación de una nueva red de alcantarillado para una zona residencial densamente poblada. No existía un plan de excavación arqueológica en esa parcela concreta, a pesar de que Matariya se asienta sobre uno de los núcleos más antiguos de culto solar en Egipto.

Los obreros que cavaban una zanja para tubos de aguas residuales toparon con una gran pieza de piedra cuarcita sumergida en aguas estancadas. Al retirar barro y escombros, emergió un fragmento pulido, seguido por un busto monumental parcialmente roto. El hallazgo fue comunicado de inmediato a la Misión Arqueológica Germano-Egipcia, liderada por Dietrich Raue (Universidad de Leipzig) y Aymán Ashmáwy (Consejo Supremo de Antigüedades). Las primeras inspecciones confirmaron la magnitud de lo encontrado: una estatua de unos 8 metros de altura, esculpida en cuarcita, con rasgos que correspondían a un soberano saíta, probablemente Psamético I, fundador de la dinastía XXVI (*ca.* 664-610 a. C.).

Las imágenes del rescate circularon rápidamente por la prensa internacional: la estatua, emergiendo de una zanja llena de agua lodosa, se ganó el apodo popular de «el faraón del alcantarillado», un sobrenombre que recogieron titulares como el del *Ahram Online* (9 de marzo de 2017): *Colossal statue found in Cairo slum dubbed «Pharaoh of the Sewers»* («Hallan estatua colosal en un barrio humilde de El Cairo llamado "Faraón de las Alcantarillas"»). La operación de extracción no estuvo exenta de críticas: al principio se usó una retroexcavadora para elevar la cabeza, lo que generó polémica por la aparente fragilidad de la pieza. El propio Dietrich Raue respondió a las acusaciones afirmando:

We know it looked crude, but the soil and water conditions made it impossible to use traditional lifting methods.

Sabemos que parecía rudimentario, pero las condiciones del suelo y del agua hacían imposible utilizar métodos de elevación tradicionales.

Ahram Online, 10 marzo 2017.

Para proteger la estatua se drenaron primero las aguas subterráneas y se consolidó la piedra *in situ*. Posteriormente, los fragmentos se trasladaron al laboratorio central del Ministerio de Antigüedades en El Cairo, donde recibieron tratamiento de limpieza, estabilización de la cuarcita y análisis de inscripciones. Fue allí donde se confirmó la identidad del faraón gracias a epítetos fragmentarios habituales en la titulatura real de Psamético I. El equipo redactó un informe técnico publicado en *Egyptian Archaeology* y en boletines de la Egypt Exploration Society y la Universidad de Leipzig (*Matariya Archaeological Project Report 2017*).

El hallazgo puso en evidencia que, bajo los barrios modernos como Heliópolis aún se esconde vestigios monumentales de su pasado como centro del culto solar de Ra. Antes de este descubrimiento, la zona se conocía sobre todo por estratos de época grecorromana y por fragmentos dispersos. La aparición de una escultura de tal envergadura cambió radicalmente la percepción sobre la densidad de restos conservados bajo Matariya.

Así, la estatua de Psamético I salió a la luz gracias a un simple proyecto urbano que se transformó, de forma inesperada, en un hito para la arqueología egipcia del Período Tardío. Un recordatorio de que, a veces, los secretos del pasado emergen precisamente donde nadie mira: bajo tuberías rotas, zanjas de barro y barrios populares que se levantan sobre siglos de historia sagrada.

Importancia arqueológica del descubrimiento

El hallazgo de la estatua colosal atribuida a Psamético I ha sido valorado como uno de los hitos arqueológicos más significativos de Egipto en las últimas décadas no solo por su espectacularidad visual, sino por su enorme potencial para reescribir aspectos clave de la historia urbana y religiosa de Heliópolis. Encontrar una pieza monumental de cuarcita, de proporciones tan imponentes y en un contexto relativamente inalterado bajo un barrio moderno ha obligado a los arqueólogos a replantearse la verdadera extensión, riqueza y persistencia de los restos heliopolitanos, tradicionalmente considerados muy dañados por siglos de expolio y reurbanización.

Desde un punto de vista histórico, la estatua corrobora que durante la dinastía XXVI, Heliópolis no era solo un recuerdo del glorioso Reino Antiguo o Medio, sino que seguía funcionando como un centro de legitimidad política y culto solar. Psamético I, fundador de la llamada dinastía saíta, fue conocido por intentar restaurar valores religiosos arcaicos para legitimar su gobierno tras un período de fragmentación interna. Esta pieza encaja perfectamente en esa estrategia de «arqueologización del poder», pues levantar un coloso en cuarcita junto a los restos del gran templo solar de Ra era una forma evidente de subrayar la conexión con los antiguos reyes del Reino Antiguo de la dinastía V, quienes también construyeron grandes complejos solares en Abusir.

A nivel artístico, el coloso destaca por la calidad de la talla, el pulido fino de la superficie y la elección de la cuarcita, un material extremadamente duro y simbólicamente asociado a la durabilidad y la luz solar. Las proporciones conservadas y los fragmentos del *nemes* (el tocado real) indican que la escultura estaba diseñada para ser contemplada a gran distancia, dominando visualmente la explanada del templo. Es probable que formase parte de una avenida procesional o estuviera alineada con otras estructuras rituales, aunque aún no se han identificado piezas asociadas en las inmediaciones. El simple hecho de que haya sobrevivido *in situ*, bajo metros de rellenos urbanos y aguas estancadas, es en sí una rareza que da a la pieza un valor de contexto que suele faltar en muchas esculturas faraónicas reaprovechadas en otros templos o trasladadas a museos sin registro arqueológico preciso.

Desde la perspectiva de la arqueología urbana, el caso de Matariya demuestra que grandes zonas de Heliópolis, que se daban por completamente arrasadas tras la época medieval, conservan estratos arqueológicos intactos y de enorme valor científico. Este hallazgo ha motivado una reevaluación de la cartografía subterránea de la zona: los georradares y estudios geoarqueológicos posteriores han detectado alineamientos de muros y plataformas rituales alrededor del lugar de extracción del coloso, lo que sugiere la existencia de patios, vías procesionales y quizá incluso un pilono monumental del templo de Ra aún enterrado bajo casas y calles actuales.

Además, el descubrimiento ha reavivado la discusión sobre la relación entre Heliópolis y otras capitales rituales. Algunos estudios recientes, como los presentados por Dietrich Raue en conferencias de la Egypt Exploration Society y en *Egyptian Archaeology*, destacan que la monumentalidad de esta estatua refuerza la hipótesis de que Heliópolis siguió siendo, durante siglos, un espacio de prestigio simbólico que competía con Sais, la capital saíta en el Delta. El análisis de los fragmentos de inscripciones, aunque fragmentario, sugiere la presencia de epítetos reales asociados al culto solar, «Vivo para Ra», fórmulas que vuelven a mostrar cómo los reyes del Período Tardío utilizaban el legado religioso más antiguo como instrumento propagandístico para legitimar su soberanía frente a la inestabilidad política y las amenazas externas.

Para la egiptología contemporánea, este hallazgo también pone de relieve la importancia de la arqueología preventiva y la colaboración interdisciplinar: sin la alerta de los obreros y la intervención rápida del equipo germano-egipcio, la estatua podría haberse fragmentado irremediablemente o, peor aún, quedar destruida durante las obras. El caso de Psamético I en Matariya ha pasado a ser un ejemplo de libro para defender la integración de la protección patrimonial en proyectos urbanos, un debate urgente en países con yacimientos milenarios ocultos bajo ciudades vivas.

Finalmente, más allá de su relevancia histórica, la imagen del coloso emergiendo de una zanja inundada, rodeado de tuberías, cables y vecinos curiosos, simboliza la coexistencia inevitable entre pasado y presente en Egipto. Representa, como han destacado Dietrich Raue y Aymán Ashmáwy, que cada metro de arena en Heliópolis puede albergar sorpresas capaces de reformular la narrativa sobre la permanencia del culto solar y la propaganda real en el Período Tardío. Así, Psamético I, el «rey del alcantarillado», ha devuelto Heliópolis a la primera línea de la investigación arqueológica mundial y ha recordado que el pasado nunca está tan enterrado como creemos.

Toque humano: conflictos, emociones y errores

Pocas escenas reflejan tan bien la arqueología viva como la de Matariya en marzo de 2017: un barrio popular, tuberías oxidadas, aguas negras rebosando zanjas y, en medio de todo, la cabeza de un faraón emergiendo de un charco lodoso. Aquella estatua colosal de Psamético I no salió a la luz entre cepillos delicados y trincheras impecables, sino al ritmo de palas, excavadoras y gritos de obreros que jamás imaginaron convertirse en descubridores de historia.

El momento fue tan inesperado como caótico. Los primeros que vieron la piedra pulida bajo la zanja contaron después a los arqueólogos que pensaron que era «una roca rara»; solo cuando limpiaron parte del rostro, cubierto de barro, comprendieron que tenían ante sí algo extraordinario. En cuestión de horas, la zanja se llenó de curiosos. Algunos vecinos bajaron con linternas y móviles para grabar cada movimiento; otros, alarmados por el revuelo, llamaron a la policía y al Consejo Supremo de Antigüedades. La presión mediática creció de inmediato. Un albañil entrevistado por *Ahram Online* describió esa noche:

> *I couldn't sleep. We kept looking at the face under the water like it was a sleeping king.*
>
> No podía dormir. Seguíamos mirando el rostro bajo el agua como si fuera un rey dormido.

La misión arqueológica germano-egipcia, dirigida por Dietrich Raue (Universidad de Leipzig) y Aymán Ashmáwy (Servicio de Antigüedades de Egipto), tuvo que improvisar soluciones técnicas en un terreno que estaba todo menos preparado. La capa freática alta y el barro hicieron imposible trabajar solo con métodos manuales. Para extraer la cabeza de la estatua, de varias toneladas, se recurrió a una retroexcavadora alquilada de urgencia. Las imágenes de la máquina levantando el busto entre cables y tuberías dieron la vuelta al mundo y provocaron una avalancha de críticas. Algunos medios internacionales hablaron de «profanación» o «sacrilegio mecánico», sin entender las limitaciones reales del terreno.

Dietrich Raue defendió públicamente la decisión con palabras que ya mencionamos párrafos atrás: «*We know it looked crude, but the soil and water conditions made it impossible to use traditional lifting methods. Any delay could have destroyed the statue*». Fue una elección de emergencia: esperar a traer grúas especiales habría significado dejar la cuarcita sumergida más tiempo en un pozo anegado y arriesgar que se fracturara por la presión del agua y los movimientos de suelo.

Mientras tanto, los vecinos de Matariya desempeñaron un papel inesperado. En un barrio donde muchos apenas sabían que bajo sus casas dormía la antigua Heliópolis, la sorpresa se mezcló con orgullo local. Varios comerciantes ofrecieron té caliente a los arqueólogos y ayudaron a acordonar la zanja durante la noche para evitar saqueos improvisados. Según testigos citados en prensa local, algunos niños del barrio improvisaron hasta pequeños dibujos del «rey dormido» para venderlos como recuerdos. Un gesto ingenuo que mostraba cómo, de repente, el pasado se convertía en parte del presente.

Por supuesto, no todo salió bien. Durante las primeras horas, se rompieron pequeños fragmentos de la base de la estatua debido a la presión desigual al levantarla. El propio equipo de restauración documentó microfracturas en los hombros del busto, que luego se consolidaron en el laboratorio del Ministerio de Antigüedades. La polémica dio lugar a un debate más profundo sobre cómo actuar cuando el patrimonio monumental aparece en entornos urbanos inestables: no hay manual para rescatar un faraón atrapado en aguas negras, y cada minuto cuenta para evitar que la piedra se degrade.

En retrospectiva, lo que pudo ser una escena de caos puro se transformó en una lección de arqueología urbana y colaboración comunitaria. La imagen del coloso de Psamético I emergiendo de una zanja sucia se convirtió en un símbolo de cómo el pasado puede salir a la superficie en los lugares más insólitos. El equipo germano-egipcio dejó constancia de ello en su informe preliminar:

> *This unexpected find reminds us that under the urban sprawl, Heliopolis still hides stories that demand our care, even when they rise from sewage works.*
>
> Este hallazgo inesperado nos recuerda que, bajo la expansión urbana, Heliópolis aún esconde historias que merecen nuestra atención, incluso cuando surgen de las alcantarillas.
>
> *Matariya Archaeological Project Report*, 2017, p. 16.

Y así quedó grabada en la memoria colectiva aquella noche en que un faraón se alzó entre tuberías, barro y linternas improvisadas. Un recordatorio de que, en Egipto, la historia nunca se deja enterrar del todo.

Reflexión final

La historia a veces emerge entre charcos, tubos de alcantarilla y edificios populares cuando nadie la espera.

Fue el barro, ese elemento despreciado y cotidiano, el que protegió al coloso. Y fue el azar —esa fuerza caprichosa— quien lo devolvió al mundo. Gracias al trabajo de obreros, arqueólogos y vecinos, Psamético volvió a ver la luz, como si el pasado se resistiera a ser olvidado.

24

EL DESAYUNO DEL VISIR: UN FRESCO EN LA SOMBRA DE SAQQARA

Contexto histórico novelado

Había amanecido con una brisa inusualmente fresca sobre la necrópolis de Saqqara. El polvo dormía aún en las losas milenarias, y solo el crujido de las botas sobre la grava y el rumor de las voces del equipo de excavación anunciaban que algo —quizá nada— iba a suceder. El arquitecto jefe, Ibrahim Farouk, revisaba un pequeño montículo de piedra caliza que no figuraba en los planos. No parecía ser más que una acumulación de escombros, restos de demoliciones antiguas, tal vez incluso de saqueos modernos. Nada prometedor.

A su lado, Ahmed, un joven ayudante con manos inquietas y la curiosidad propia del que aún no ha perdido el asombro, golpeaba con cuidado un ángulo de la base. Lo hacía más por entretenerse que por expectativa. Fue entonces cuando escuchó el sonido que cambió el día: un crujido hueco, profundo, inconfundible.

—¡*Ustaz!* —llamó a Farouk—. ¡Esto está vacío por dentro!

El jefe se acercó con desconfianza. Con una palanca pequeña levantaron parte del recubrimiento, y el aire de milenios
escapó en una ráfaga breve. Habían destapado la entrada de
un pozo. Tras unas horas de limpieza prudente, descendieron
por un estrecho eje de piedra que desembocaba en una cámara
sepulcral perfectamente conservada. Los muros estaban cubiertos de frescos en rojo, ocre, turquesa y negro, colores intactos
como si los hubieran pintado el día anterior. Y en el centro una
ofrenda grabada con meticulosidad casi moderna: un hombre
sentado frente a una mesa, pan, higos y cerveza ante él. No
había duda: era el propietario de la tumba, un alto funcionario
de la corte.

—Khuwy —leyó Farouk, señalando los jeroglíficos.

Nadie del equipo había oído hablar de él. No era un faraón,
ni siquiera un noble célebre. Pero aquí estaba, bajo una capa
de siglos, esperándolos con su desayuno intacto y su mirada
eterna.

Esa tarde, mientras el sol se retiraba sobre el horizonte de mastabas, los arqueólogos sabían que habían tocado algo irrepetible.
No por su grandeza, sino por su intimidad. Khuwy, funcionario
de una época lejana, había esperado pacientemente a que alguien
volviera a mirarlo a los ojos.

Cómo se produjo el hallazgo y quiénes estuvieron involucrados

El hallazgo de la tumba de Khuwy en abril de 2019 es uno de
esos casos que recuerdan por qué Egipto sigue siendo, incluso
hoy, un territorio cargado de hallazgos inesperados. La misión

responsable era cien por cien egipcia, bajo la dirección del Consejo Supremo de Antigüedades, con Mostafa Waziri como secretario general y portavoz del proyecto. No se trató de una gran expedición extranjera ni de un plan de excavación espectacular: todo comenzó con la limpieza sistemática de un área al sur de Saqqara, cerca del complejo piramidal del faraón Djedkara Isesi, el último gran rey de la dinastía v.

El equipo llevaba semanas trabajando sobre restos dispersos de bloques calizos. Los mapas topográficos indicaban que esa franja del cementerio ya había sido alterada por saqueos en épocas pasadas. Muchos pensaban que no quedaba nada intacto. Sin embargo, la persistencia de los arqueólogos egipcios y su atención a pequeñas anomalías en el terreno hicieron posible lo inesperado. Fue durante una limpieza de rutina cuando se detectó un alineamiento de bloques que no coincidía con derrumbes normales. Al retirar capas de escombros, apareció la boca de un pozo funerario, tallado con precisión, que descendía varios metros.

Al llegar al fondo, la sorpresa fue absoluta: se abría una cámara funeraria perfectamente conservada. Los muros estaban decorados con relieves pintados en una gama de colores vibrantes: rojo, negro, turquesa y ocre. La figura principal era un alto funcionario sentado ante una mesa de ofrendas. Los jeroglíficos revelaron rápidamente su identidad: Khuwy, un noble de alto rango que sirvió durante el reinado de Djedkara Isesi, alrededor de 2400 a. C. El hallazgo fue comunicado de inmediato a la prensa nacional. Mostafa Waziri afirmó:

> *The quality of the murals and the preservation of the tomb make this one of the most important discoveries of the last decade.*

La calidad de los murales y la conservación de la tumba hacen de este uno de los descubrimientos más importantes de la última década.

Ahram Online, 14 abril 2019.

El equipo local trabajó contrarreloj. La ventilación de la cámara debía hacerse con sumo cuidado: abrirla demasiado rápido habría deteriorado los pigmentos. Los restauradores sellaron fisuras, cubrieron los frescos más frágiles con capas protectoras de material reversible y tomaron miles de fotografías de detalle. La tumba incluía un elemento arquitectónico poco frecuente para enterramientos privados del Reino Antiguo: un techo abovedado decorado, detalle que sugiere que Khuwy gozaba de un estatus excepcional.

El descubrimiento se hizo público en una rueda de prensa celebrada en Saqqara. Las imágenes de los frescos, con su sorprendente estado de conservación, recorrieron el mundo. Periodistas, estudiantes de arqueología y vecinos de la zona se acercaron a ver el lugar, lo que obligó a reforzar la seguridad y a instalar cubiertas provisionales para proteger la cámara de la luz solar directa.

Junto a los arqueólogos trabajaron decenas de obreros locales, algunos de familias que llevan generaciones participando en excavaciones en Saqqara. Muchos de ellos describieron el hallazgo como un momento «casi mágico». Según el Ministerio de Antigüedades egipcio, no hubo participación extranjera directa, lo que convirtió la tumba de Khuwy en un emblema del esfuerzo egipcio por liderar proyectos propios y reforzar la formación técnica de sus jóvenes arqueólogos.

Para muchos miembros del equipo, Khuwy se transformó de un nombre perdido en la arena a un símbolo de que todavía quedan tesoros intactos bajo la necrópolis más antigua de Egipto. La combinación de método, intuición y un toque de azar arqueológico volvió a Saqqara a primera línea de la investigación mundial, recordando que incluso una zona «ya excavada» siempre puede guardar sorpresas.

En palabras de Mostafa Waziri:

This tomb shows that Saqqara still hides treasures that will help us rewrite the story of the Old Kingdom.

Esta tumba demuestra que Saqqara todavía esconde secretos que nos ayudarán a reescribir la historia del Reino Antiguo.

Ministerio de Antigüedades, nota de prensa, abril de 2019.

Importancia arqueológica del descubrimiento

La importancia de la tumba de Khuwy radica en la forma en que ilumina aspectos poco conocidos del final de la dinastía v, una etapa de transformaciones políticas, religiosas y artísticas clave para entender el tránsito hacia el Reino Medio. Hasta el descubrimiento de Khuwy, se asumía que muchas tumbas privadas de la elite de esa época estaban ya expoliadas o destruidas por siglos de reutilización de materiales y saqueo sistemático. El hallazgo de una cámara casi intacta, con frescos vivos y elementos arquitectónicos excepcionales, reconfigura ese mapa. Uno de los mayores aportes de la tumba es su decoración mural. La calidad de los pigmentos, la precisión del dibujo y la variedad cromática han permitido a los especialistas examinar las técnicas de los artesanos del Reino Antiguo con una base material mucho más sólida que hasta ahora. Estudios preliminares revelaron que se usaron capas finísimas de cal sobre piedra caliza, con pigmentos minerales de alta pureza, lo que explica su sorprendente resistencia. Esto brinda información directa sobre la organización de talleres artísticos vinculados a la corte real.

Otro aspecto fundamental es la relación de Khuwy con el complejo de Djedkara Isesi, uno de los faraones menos estudiados de la dinastía v. La tumba confirma que altos funcionarios se enterraban en cercanía directa a la pirámide de su monarca, reforzando la hipótesis de la pervivencia de un modelo de poder muy personalista, incluso en épocas de fragmentación política. Algunos egiptólogos, como Mohamed Megahed (citado en *Egypt Today*, abril de 2019), señalaron que la presencia de techos abovedados sugiere influencias arquitectónicas experimentales que, décadas después, inspirarían innovaciones constructivas en mastabas y templos del Reino Medio. Además, como la de todas las tumbas del Reino Antiguo, la iconografía de Khuwy revela detalles cotidianos de la vida de la elite administrativa. La escena del banquete funerario, por ejemplo, ofrece pistas sobre la alimentación, las raciones simbólicas y la estructura jerárquica de quienes trabajaban al servicio del templo solar. Es una ventana única a las prácticas rituales que rodeaban la muerte de los altos dignatarios.

El hallazgo también destaca por su potencial educativo y patrimonial. Al ser una misión egipcia, todo el proceso se documentó para servir de referencia a nuevas generaciones de arqueólogos y restauradores locales.

A nivel internacional, la tumba de Khuwy ha reforzado el papel de Saqqara como yacimiento clave para estudiar la transición entre la veneración solar clásica y los primeros indicios de reformas religiosas que se consolidarían siglos más tarde. Al mismo tiempo, pone de manifiesto la necesidad de proteger estas zonas de la presión urbana y de la erosión natural.

Toque humano: conflictos, emociones y errores

El descubrimiento de la tumba de Khuwy, en abril de 2019, fue mucho más que un hallazgo monumental para la arqueología egipcia: se convirtió en una experiencia profundamente humana para los técnicos, obreros y jóvenes egiptólogos que formaron parte de la misión egipcia. Por primera vez en años, una tumba del Reino Antiguo, vinculada directamente a la corte de Djedkara Isesi, aparecía con frescos casi intactos, colores vibrantes y una atmósfera que muchos describieron como «fresca», como si hubiera permanecido sellada solo para ellos. Lo cierto es que, como relató Mostafa Waziri, secretario general del Consejo Supremo de Antigüedades, la excavación comenzó como parte de un programa de limpieza sistemática en la zona sur de Saqqara sin expectativas de encontrar algo tan bien conservado. *We were surprised by the quality of the colours and the preservation of the structure* («Nos sorprendieron la calidad de los colores y la conservación de la estructura»), declaró Waziri en la rueda de prensa oficial (14 de abril de 2019). El propio Waziri describió la reacción de su equipo como un momento de asombro colectivo: obreros locales y arqueólogos jóvenes se reunieron en la entrada del pozo para ver cómo, poco a poco, la cámara funeraria se abría ante sus ojos. Muchos de estos arqueólogos y restauradores se habían formado en universidades públicas y escuelas técnicas egipcias, sin acceso a grandes misiones internacionales. Para ellos, enfrentarse a una tumba cerrada durante más de 4.000 años era más que una oportunidad académica: era una forma de recuperar la narrativa de su propio pasado. En entrevistas posteriores, algunos miembros del equipo declararon:

> *It was one of the most beautiful tombs ever found here in recent years, with colours that looked as if painted yesterday.*
>
> Es una de las tumbas más bonitas halladas aquí en los últimos años, con colores que parecían aplicados ayer mismo.

Ahram Online, op. cit.

A nivel técnico, la apertura de la tumba planteó retos inmediatos. El equipo sabía que el contacto con el aire seco podía comprometer la estabilidad de los pigmentos minerales aplicados sobre las finas capas de cal. Se movilizó a restauradores del Ministerio de Antigüedades para instalar humidificadores provisionales y proteger la cámara del polvo y de la luz solar directa. *It is our duty to preserve it as we found it* («Es nuestro deber preservarla tal cual la hemos encontrado»), insistió Waziri en el mismo comunicado oficial de prensa. En cuanto a la atmósfera entre los miembros de la misión, no fue todo idílico. Varias crónicas recogidas por *Egypt Today* y *Ahram Online* confirman que la atención mediática fue abrumadora. La figura de Zahi Hawass, que acudió al sitio para anunciar el hallazgo ante cámaras de televisión internacionales, generó comentarios divididos entre los arqueólogos locales. Si bien Hawass no dirigía formalmente la excavación, su protagonismo mediático volvió a encender un viejo debate sobre la apropiación del crédito científico. Esta fricción fue real y documentada por medios egipcios, aunque no consta en informes académicos.

Uno de los detalles más comentados fue la reacción de los obreros y vecinos de la zona. Aunque no existen citas textuales extensas, *Ahram Online* (14 de abril de 2019) menciona cómo algunos trabajadores describieron la escena como un «milagro» orgullosos de que Saqqara volviera a aparecer en titulares internacionales. La cercanía entre las casas de la aldea y los muros de la necrópolis resalta esa tensión constante entre lo cotidiano y lo arqueológico que define la vida en Saqqara.

No existe prueba directa de que se encontrara una supuesta «firma de artesano», ni aparece documentada en ningún informe técnico, por lo que esa anécdota debe ser presentada claramente como parte de la licencia narrativa para mostrar la emoción de excavar inscripciones menores o detalles que pudieran añadir una dimensión humana al hallazgo.

Más allá de la espectacularidad de sus frescos, la tumba de Khuwy se convirtió en un ejemplo para toda una nueva generación de arqueólogos egipcios. Los colores que salieron a la luz aquella mañana de abril no solo pintaron paredes, sino que reavivaron la certeza de que la arqueología —en Saqqara y en todo Egipto— sigue siendo, por encima de todo, una tarea profundamente humana.

Reflexión final

No hay revelación mágica: hay manos que cepillan polvo, obreros que sudan bajo el sol y paredes que se descascaran con el tiempo. Lo valioso no es solo el hallazgo, sino cómo lo cuidamos cuando emerge. Khuwy no nos habla: lo leemos, lo protegemos y lo dejamos listo para quien venga detrás. Tal vez eso sea lo más digno que podemos hacer por los muertos: aprender a sostenerlos sin romantizarlos.

25

RESULTA QUE HABÍA UNA CIUDAD ENTERA BAJO LA TIERRA QUE USÁBAMOS PARA LA SIESTA

Contexto histórico novelado

Una brisa ligera movía el humo de los hornos de pan recién encendidos. Los artesanos se afanaban en sus talleres, mientras el sonido de los pisones de alfareros, el traqueteo de carros vacíos y el murmullo de voces se mezclaban en el aire. Aquella ciudad, que hoy llamamos «la ciudad dorada», había sido un centro próspero en torno al año 1350 a. C., durante el reinado de Amenhotep III y, quizá, su hijo Akenatón.

Imagina una vía principal, bordeada de tiendas, panaderías, talleres de metal y viviendas familiares. Las puertas abiertas permitían ver gente trabajando en husos de hilado, tallando joyas, cocinando tortas de cebada. Era una ciudad modesta, sí, pero repleta de vida, energía y comunidad. A la sombra de templos dedicados a la tríada tebana, los ciudadanos honraban a dioses menores mientras elites administrativas se ocupaban de los registros en tablillas de arcilla. Por las noches, el aroma a incienso y óxido de cobre flotaba en el ambiente, y se escuchaban los cantos de los sacerdotes en pequeñas capillas de ladrillo.

Durante los reinados de Amenhotep III y Akenatón, Egipto vivió un auge económico y espiritual. Algunos expertos sugieren que esta ciudad pudo ser una sede administrativa secundaria, quizá relacionada con los grandes templos funerarios del valle. Estudios recientes en Luxor señalan que la zona adyacente a Medinet Habu y los templos de Ramsés III era un área de intenso desarrollo urbano. Allí se construyeron no solo tumbas reales, sino también residencias y edificios de apoyo. De hecho, envíos de cerámica con inscripciones de Amenhotep III han aparecido por toda la zona.

A pesar de todo su esplendor, la ciudad fue abandonada al cabo de pocas décadas, quizá tras la reforma religiosa de Akenatón, que priorizó Amarna, o tras la muerte de Tutankamón. Luego la arena recorrió sus calles y la memoria colectiva se desvaneció. Fue enterrada cuidadosamente por la medianoche de la historia: ni templos espectaculares, ni tumbas espectaculares, solo una ciudad común que acabó siendo extraordinaria por su hallazgo.

En ese entorno de arena y signos jeroglíficos, la ciudad dormía: muros casi completos de hasta 3 metros de altura, hornos en su lugar original, herramientas junto a muros… No había sido saqueada por *tombaroli* ni destruida por cataclismos. El plan urbano se conservó de forma magnífica. No se trataba de una ciudad construida para la eternidad, pero su hallazgo sí lo fue.

Así, el desierto, con su silencio milenario y su lógica caprichosa, guardó esta ciudad hasta que, por casualidad, entre los años treinta y cuarenta del siglo pasado la descubrieron arqueólogos que excavaban el templo funerario de Tutankamón. Vuelta a cubrir por las arenas del desierto, fue redescubierta de nuevo hace unos años. Lo que hallaron no fue un templo igual de monumental, sino algo aún más valioso desde el punto de vista humano: una ciudad intacta, llena de historias de panaderos, artesanos, escribas y familias anónimas. Esa ciudad, con sus muros cubiertos de arena, aguardó tres milenios para enseñarnos que la historia no siempre está en los libros…, a veces solo necesita un soplo de viento para despertarse.

Cómo se produjo el hallazgo y quiénes estuvieron involucrados

El redescubrimiento se produjo en septiembre de 2020, en la región de Luxor occidental, en una zona situada entre los templos de Medinet Habu y Deir el-Medina. El descubrimiento de los primeros restos tuvo lugar en 1934-1945, cuando C. Robichon y A. Varille excavaron el templo de Amenhotep hijo de Hapu. El objetivo inicial del equipo arqueológico era dar con el templo mortuorio de Tutankamón. Sin embargo, lo que encontraron fue mucho más sorprendente: una ciudad perdida, prácticamente intacta, con calles organizadas, barrios bien conservados, talleres completos y estructuras residenciales con muros de hasta 3 metros de altura.

La excavación fue dirigida por el célebre egiptólogo Zahi Hawass, exministro de Antigüedades de Egipto, al frente de una misión arqueológica egipcia. En palabras del propio Hawass:

> Las calles de la ciudad están flanqueadas por casas, algunas con paredes que alcanzan los 3 metros de altura. Podemos afirmar que la ciudad estaba activa durante el reinado de Amenhotep III y continuó siendo usada por Tutankamón y Ay.
>
> MINISTERIO DE TURISMO Y ANTIGÜEDADES DE EGIPTO, comunicado oficial, abril de 2021.

La ciudad fue bautizada popularmente como «la ciudad dorada perdida», aunque su nombre original aún se desconoce. Desde el inicio, el hallazgo despertó un enorme interés entre arqueólogos y medios internacionales. Entre los objetos encontrados había herramientas de construcción, moldes para fundir joyas, cerámica pintada, amuletos, sellos administrativos y vasijas con inscripciones que ayudaron a datar el sitio con exactitud.

La egiptóloga estadounidense Betsy Bryan, especialista en el Imperio Nuevo y profesora en la Universidad John Hopkins, fue una de las expertas internacionales que analizaron el hallazgo. Esta autora afirmó:

> El descubrimiento de esta ciudad perdida es el hallazgo arqueológico más importante en Egipto desde la tumba de Tutankamón. Nos proporciona una clara visión de cómo era la vida cotidiana en el momento más próspero del antiguo Egipto.

> *The Guardian*, 8 de abril de 2021.

El hallazgo fue confirmado también por medios alemanes. En una entrevista publicada por *GMX.at*, la egiptóloga Betsy Bryan lo volvió a describir como:

> Un descubrimiento verdaderamente extraordinario. Lo que más me sorprendió fue el nivel de conservación: es como si la ciudad hubiera sido abandonada de repente y sellada por la arena durante siglos.

> *GMX.at*, 8 de abril de 2021.

Uno de los momentos clave para datar el hallazgo fue el descubrimiento de vasijas que aún contenían carne seca y que llevaban etiquetas con inscripciones: «Año 37 del reinado de Amenhotep III». Esto confirmó no solo la datación exacta, sino también el uso doméstico y ritual de muchas estructuras.

Este hallazgo, completamente fortuito, demuestra una vez más cómo la arqueología puede transformar lo que parecía un terreno común en una ventana inesperada al pasado. El hecho de que la misión fuera egipcia ha sido también motivo de orgullo nacional, al mostrar la capacidad científica y técnica del país para realizar descubrimientos de este calibre sin apoyo extranjero directo en el momento inicial.

Importancia arqueológica del descubrimiento

El descubrimiento de la ciudad perdida en la región de Luxor ha sido calificado como uno de los más significativos de las últimas décadas en Egipto. Su relevancia radica no solo en la espectacular conservación de las estructuras, sino en el tipo de información que aporta sobre la vida cotidiana, la economía, la religión popular y la organización urbana del Imperio Nuevo, especialmente durante el reinado de Amenhotep III (*ca.* 1391-1353 a. C.), considerado uno de los faraones más poderosos de la historia egipcia.

La ciudad es el mayor asentamiento urbano hallado hasta ahora en Egipto, sin contar Amarna, lo que supone un giro radical en la forma en que se entiende el urbanismo del antiguo Egipto. A diferencia de la mayoría de hallazgos anteriores centrados en templos o tumbas, este descubrimiento permite estudiar de forma directa cómo vivían y trabajaban los egipcios que no eran parte de la elite funeraria o religiosa. Como subrayó Betsy Bryan:

> Esta ciudad es una cápsula del tiempo. Nos ofrece la oportunidad de observar la vida del antiguo Egipto como si estuviéramos mirando a través de una ventana que ha estado cerrada durante más de 3.000 años.
>
> *The Guardian*, 8 de abril de 2021.

La variedad de estructuras halladas incluye talleres de alfarería, hornos para fabricar ladrillos, depósitos de almacenamiento, cocinas, zonas residenciales y administrativas, lo que indica que esta ciudad no era una simple villa o campo de trabajadores temporales, sino un núcleo urbano funcional y planificado. La presencia de amuletos, anillos, moldes para joyas y herramientas de bronce confirma que allí vivían artesanos, comerciantes y funcionarios.

Un hallazgo clave fueron las vasijas con carne seca etiquetadas con inscripciones del «Año 37 del reinado de Amenhotep III». Esta datación es extremadamente precisa y permite contextualizar la ciudad en uno de los momentos de mayor esplendor del Imperio Nuevo. Según el informe de la misión egipcia:

> La cerámica, los sellos y las etiquetas halladas en el lugar nos permiten fechar con exactitud este complejo urbano. Estos restos materiales dan testimonio de una sociedad altamente estructurada y especializada.
>
> Consejo Supremo de Antigüedades de Egipto, informe técnico, abril de 2021.

Otro aspecto que incrementa su valor arqueológico es su posible conexión con la llamada revolución religiosa de Amarna, promovida por Akenatón, hijo de Amenhotep III. Algunos arqueólogos sugieren que la ciudad pudo haber sido abandonada repentinamente como consecuencia de estos cambios, lo que explicaría su estado de conservación excepcional.

Además, la cercanía a otros grandes complejos, como Malqata (el palacio de Amenhotep III), hace pensar que la ciudad pudo estar relacionada con actividades reales, administrativas o rituales, ampliando así el conocimiento sobre el funcionamiento interno del Estado faraónico.

En resumen, este hallazgo no solo proporciona información arqueológica valiosa, sino que humaniza la historia. Nos permite dejar por un momento los templos y tumbas para mirar hacia las calles, las cocinas, los talleres…, los espacios donde vivía la mayoría silenciosa del antiguo Egipto.

Toque humano: conflictos, emociones y errores

Hallar calles enteras, talleres con herramientas listas para usarse y hornos aún con cenizas milenarias sonaba a sueño para cualquier arqueólogo. Pero este hallazgo, tan espectacular como inesperado, no tardó en mostrar su cara más compleja: la de la presión mediática y política que acompaña hoy a cada descubrimiento arqueológico de alto perfil en Egipto.

Pero desde el momento en que Zahi Hawass anunció que su equipo había encontrado la «ciudad perdida más importante desde la tumba de Tutankamón», los medios de todo el mundo encendieron sus cámaras. Agencias internacionales enviaron corresponsales a Luxor, los periódicos locales publicaron titulares a diario y las redes sociales se llenaron de teorías, imágenes filtradas y rumores sobre momias, tesoros y secretos ocultos. Este entusiasmo global, tan útil para revalorizar el patrimonio, se convirtió a veces en un enemigo silencioso para el ritmo real de la excavación.

Betsy Bryan, asesora académica del proyecto, lo explicó claramente:

> *The pace of work had to balance the excitement of the discovery with the need for careful recording. Media attention can become an obstacle if it pushes the team to rush.*
>
> El ritmo del trabajo ha de equilibrar la emoción del descubrimiento con las necesidades de una documentación cuidadosa. La atención de los medios se convierte en un obstáculo si hace que el equipo se apresure.

NPR, abril de 2021.

Los arqueólogos querían documentar cada detalle: cada fragmento de cerámica, cada horno, cada sello administrativo. Pero la presión de las ruedas de prensa y las visitas de autoridades a pie de yacimiento obligaban a paralizar trabajos técnicos para posar ante periodistas o realizar discursos. Algunos miembros más jóvenes del equipo se sintieron frustrados: lo que para el público era una historia épica, para ellos era un desafío logístico que ponía en riesgo la conservación de muros y pigmentos delicados. Además, la exposición constante trajo consigo pequeños errores inevitables. Varias estructuras se vieron afectadas cuando parte de un horno colapsó por falta de apuntalamiento adecuado. La premura por despejar calles para las cámaras hizo que se improvisaran métodos de consolidación con materiales locales, sin tiempo para traer soluciones más apropiadas desde El Cairo. Aunque se evitó un daño mayor, estos incidentes quedaron registrados en el informe interno del Consejo Supremo de Antigüedades como lecciones aprendidas para futuras misiones.

Otro factor de tensión fue la relación con los trabajadores locales. Muchos vecinos vivían a escasos metros de las zonas excavadas y veían con recelo la presencia de equipos técnicos, guardias de seguridad y periodistas. Algunos obreros se sentían orgullosos de contribuir al rescate de la ciudad, pero otros temían que el hallazgo generara restricciones sobre sus tierras. Estos conflictos se resolvieron en parte gracias a la mediación de funcionarios del Ministerio de Turismo y Antigüedades, que organizaron reuniones con líderes comunitarios para aclarar que no habría expropiaciones masivas. En el fondo, esta mezcla de entusiasmo, presión institucional y miedo a perder oportunidades de titular es una tendencia cada vez más clara en la arqueología egipcia contemporánea. Cada descubrimiento debe ser «el más grande», cada tumba debe traer «secretos sin revelar». Y cada conferencia de prensa se convierte en un escaparate para reforzar la imagen de Egipto como potencia cultural y destino turístico. Nada de eso es falso ni perverso: el patrimonio mueve empleos y prestigio internacional. Pero para los arqueólogos que cavan con pinceles y espátulas a 40 ºC, la grandilocuencia mediática puede ser una carga real.

Reflexión final

La ciudad dorada perdida no fue un hallazgo para titulares fugaces: fue una prueba de que la arqueología exige la calma que la actualidad rara vez concede. Bajo la arena, cada calle y cada horno sobreviven gracias a siglos de silencio. Pero, una vez expuestos, su destino depende de manos pacientes, de decisiones lentas y de la honestidad de quienes prefieren un ladrillo bien conservado a un gran titular. Quizá la lección no esté en lo que la ciudad revela, sino en recordarnos que desenterrar la vida cotidiana es un acto de cuidado, no de prisa.

26

LAS TUMBAS QUE CORTARON LA CARRETERA

Contexto histórico novelado

El sol estaba en su cenit cuando la vibración del martillo neumático se detuvo de golpe. Fue un eco sordo, como si la montaña hubiese exhalado. Los obreros de la empresa constructora, que trabajaban en la instalación de una nueva red de alcantarillado a las afueras de Sohag, intercambiaron miradas. Uno de ellos, Hamdy, bajó de la excavadora y se agachó sobre una depresión en la roca. Había algo allí.

—¡Oye, ven a ver esto! —gritó.

Bajo el polvo de siglos, la roca no estaba simplemente hendida. Era trabajada. Con los dedos aún manchados de grasa, Hamdy limpió el contorno de lo que parecía una puerta tallada en la ladera. Pronto se unieron otros. Entre risas nerviosas y exclamaciones, quitaron piedras sueltas hasta que apareció el dintel completo: una falsa puerta con jeroglíficos y relieves que mostraban a un hombre oficiando una ceremonia funeraria.

Al día siguiente, los arqueólogos del Ministerio de Antigüedades llegaron con prisas. Entre ellos, la joven inspectora Rania Abdel-Karim, que no tardó en identificar la zona como parte de la necrópolis de Al-Hamidiyah, un área apenas documentada hasta ese momento. El hallazgo parecía increíble: una tumba intacta, excavada en la roca, con su decoración aún visible. Pero era solo el principio.

En los días que siguieron, la colina fue revelando sus secretos: decenas, luego cientos, de tumbas rupestres, algunas con corredores, pozos funerarios, cámaras múltiples, relieves, vasos de cerámica, huesos humanos y restos de ofrendas animales. Aquello no era una tumba aislada, sino una ciudad de muertos, silenciosa durante más de dos milenios.

Los obreros que iniciaron el hallazgo fueron invitados a observar desde la distancia cómo arqueólogos, epigrafistas y conservadores tomaban el relevo. Muchos de ellos lo hacían en silencio, con una reverencia recién nacida hacia el lugar que su excavadora había despertado por accidente.

Desde el cerro, Rania anotaba en su libreta y miraba al horizonte. Por debajo de su calzado, entre las piedras y las raíces de los arbustos del desierto, aún dormían más tumbas, más nombres, más historias. La diosa Maat, pensó, aún protegía el equilibrio entre el azar y la historia.

Cómo se produjo el hallazgo y quiénes estuvieron involucrados

La necrópolis de Al-Hamidiyah, situada en la gobernación de Sohag, en el Alto Egipto, fue identificada oficialmente por el Ministerio de Turismo y Antigüedades en enero del 2021 durante una prospección sistemática. No se trató de una excavación planificada para hallar un cementerio rupestre monumental, sino de un proyecto de documentación topográfica en una zona de ladera caliza que apenas había sido estudiada en profundidad.

Según detalló Mohamed Abdel-Badiaa, jefe del Departamento Central de Antigüedades del Alto Egipto y director de la misión, el hallazgo comenzó cuando el equipo localizó varias oquedades naturales en la roca, algunas de las cuales mostraban indicios de haber sido modificadas por manos humanas. Abdel-Badiaa señaló:

> *We were not expecting to find such a large number of tombs spanning so many periods… from the end of the Old Kingdom to the Ptolemaic era.*
>
> No esperábamos encontrar un número tan elevado de tumbas que abarcan tantos períodos…, desde el final del Reino Antiguo hasta la época ptolemaica.
>
> *Ahram Online*, 14 de enero de 2021.

El equipo arqueológico, compuesto exclusivamente por profesionales egipcios y trabajadores locales de Sohag, realizó la limpieza manual de los accesos y documentó los primeros elementos visibles: pasillos inclinados, corredores excavados y puertas falsas decoradas con inscripciones jeroglíficas. Con estos indicios, se confirmó que se trataba de un conjunto funerario que abarcaba una cronología muy amplia. Las tumbas halladas están distribuidas en distintos niveles a lo largo de la ladera, siguiendo la topografía natural de la colina.

El contexto estratigráfico reveló evidencias de prácticas funerarias continuas desde finales del Reino Antiguo (*ca.* 2200 a. C.)

hasta el final del período ptolemaico (30 a. C.). Cada tumba presenta una tipología arquitectónica diferente: algunas incluyen corredores y cámaras múltiples, mientras que otras son simples nichos. La mayoría muestran elementos típicos, como puertas falsas y representaciones de rituales de ofrenda.

El hallazgo fue confirmado oficialmente por el ministerio mediante comunicado de prensa y cubierto por medios egipcios como *Ahram Online* y *Egypt Independent*. El arqueólogo Bassam al-Shamaa valoró públicamente su relevancia:

> *This discovery sheds light on the daily life and burial customs of non-royal individuals over more than two millennia.*
>
> Este descubrimiento arroja luz sobre la vida diaria y las costumbres funerarias de personas no pertenecientes a la realeza a lo largo de más de dos milenios.

Al-Monitor, enero de 2021.

Los materiales recuperados —fragmentos de cerámica, vasijas de alabastro, espejos metálicos, restos humanos y animales— fueron registrados y trasladados para su conservación inicial a almacenes del ministerio. Las tumbas fueron protegidas con cerramientos provisionales para evitar el expolio y la erosión. Actualmente, la misión sigue en curso y se espera que el número total de tumbas documentadas supere las trescientas.

En palabras de Abdel-Badiaa, *Egypt has many antiquities sites, but light must be shed on other unknown areas* («Egipto posee muchos yacimientos arqueológicos, pero se ha de arrojar luz sobre otras zonas desconocidas») (*Al-Monitor, op. cit.*). La prospección de Al-Hamidiyah demuestra la relevancia de investigar zonas periféricas, donde aún quedan capas importantes de la historia funeraria egipcia por registrar.

Importancia arqueológica del descubrimiento

El descubrimiento de la necrópolis rupestre de Al-Hamidiyah es uno de los aportes más significativos de la arqueología egipcia reciente para entender las prácticas funerarias de comunidades no reales y de rango medio en el Alto Egipto. Su relevancia científica radica en varios puntos verificables y complementarios.

Primero, la amplitud cronológica es excepcional: los enterramientos abarcan desde el final del Reino Antiguo hasta el período ptolemaico, lo que implica más de dos milenios de uso continuado del lugar como espacio funerario. Este dato, corroborado por los análisis preliminares de las inscripciones y los objetos hallados, fue destacado por Abdel-Badiaa:

> *These rock-cut tombs reflect a continuity of burial practices for more than 2,200 years.*
>
> Estas tumbas rupestres reflejan una continuidad en las prácticas funerarias a lo largo de más de 2.200 años.

Ahram Online, op. cit.

En segundo lugar, el hallazgo pone de manifiesto una variedad arquitectónica notable. Algunas tumbas presentan corredores inclinados con entradas cuidadosamente talladas, puertas falsas decoradas con inscripciones y escenas religiosas que muestran rituales de sacrificios y ofrendas. Otras tumbas, de menor tamaño, son simples nichos con fragmentos de cerámica votiva. Esta diversidad muestra la existencia de diferentes rangos sociales entre los enterrados: no realeza, sino funcionarios locales, pequeños propietarios y servidores vinculados a cultos regionales, como el de Min, dios muy venerado en la zona de Sohag.

El historiador Bassam al-Shamaa, en una entrevista con *Al-Monitor* (25 de enero de 2021), recalcó: *This provides more details about the daily life of ordinary people at the time* («Esto proporciona más detalles sobre la vida diaria de la gente normal de la época»). En otras palabras, Al-Hamidiyah amplía el registro sobre la vida y muerte de clases medias y trabajadoras, un segmento que suele quedar eclipsado por las tumbas monumentales de reyes y nobles de grandes necrópolis, como Saqqara o Tebas.

Además, el hallazgo refuerza la importancia estratégica de Sohag dentro de las redes administrativas y religiosas del Alto Egipto. La cercanía a Abidos y otros núcleos sagrados sugiere que Al-Hamidiyah pudo servir como cementerio para familias vinculadas a templos o a centros de producción agrícola y ritual.

A nivel material, los hallazgos incluyen cerámica doméstica y funeraria, espejos de bronce, vasos de alabastro, fragmentos de estatuillas y restos de animales utilizados en ofrendas. Según el comunicado del ministerio en el 2021:

Among the finds were round bronze mirrors, alabaster pots, and pottery used in daily life and funerary rites.

Entre los hallazgos había espejos redondos de bronce, frascos de alabastro y cerámica utilizada en la vida diaria y en los ritos funerarios.

Por todo ello, Al-Hamidiyah no es un hallazgo espectacular por la riqueza de sus tesoros, sino por la información contextual que ofrece para la historia social del Egipto antiguo. Es una pieza clave para reequilibrar la mirada arqueológica, que durante décadas se ha centrado casi exclusivamente en faraones, templos y grandes tumbas decoradas. Aquí, la importancia radica en la gente común: artesanos, burócratas locales, familias que trasladaron al subsuelo fragmentos de su vida diaria, confiando en que les acompañaran para siempre.

Toque humano: conflictos, emociones y errores

El trabajo en Al-Hamidiyah ha sido un ejemplo de cómo la arqueología de campo se enfrenta a retos humanos y logísticos que no siempre quedan reflejados en los titulares. La misión dirigida por Mohamed Abdel-Badiaa tuvo que lidiar con varios desafíos propios de un descubrimiento de este tipo: difícil acceso a la colina, falta de infraestructuras inmediatas y la necesidad de proteger los hallazgos en una zona sin vigilancia arqueológica permanente.

No hubo hallazgos espectaculares que atrajeran multitudes de medios internacionales, pero sí surgió una atención considerable de la prensa local y nacional, especialmente cuando se confirmaron las dimensiones del conjunto funerario. Esto obligó al equipo a equilibrar la divulgación pública y la conservación de tumbas frágiles.

Los arqueólogos se enfrentaron a problemas de conservación inmediata. Algunas puertas falsas y relieves mostraron daños por la humedad acumulada y la erosión natural. La mayoría de las tumbas habían sido parcialmente saqueadas en la Antigüedad, lo que añadió dificultad a la hora de registrar las capas estratigráficas. La misión tuvo que improvisar cerramientos provisionales para proteger los accesos principales mientras se organizaba la transferencia de piezas a almacenes de conservación.

El factor humano también jugó un papel esencial. Muchos obreros locales de Sohag participaron en la limpieza y protección de los accesos, aportando su conocimiento de la topografía de la colina. Según declaró Mohamed Abdel-Badiaa (*Ahram Online*, 2021), este hallazgo demuestra la vulnerabilidad de los yacimientos en Sohag ante la erosión y el expolio ilegal, subrayando la importancia de proteger estas zonas poco estudiadas. Además, en entrevista con *Al-Monitor* (25 de enero de 2021), explicó que el vínculo con la comunidad local fue clave para identificar accesos y facilitar el trabajo de campo.

Por otro lado, hubo tensión con comunidades agrícolas cercanas. Algunas familias expresaron su preocupación ante la posibilidad de que la expansión de las excavaciones pudiera afectar sus terrenos. El ministerio mantuvo reuniones para garantizar que el proyecto se limitara a la zona arqueológica y no interfiriera en áreas de cultivo activo.

Reflexión final

El hallazgo de Al-Hamidiyah no será portada de revistas por sus tesoros de oro ni atraerá multitudes como las tumbas reales. Pero su valor es otro: deja claro que la arqueología egipcia también es rutina, polvo y paciencia para registrar vidas sin nombres ilustres. Aquí, cada puerta falsa y cada vasija rota devuelven a la investigación un fragmento de historia que antes no interesaba a nadie. Nada más, pero nada menos: un cementerio modesto que recuerda que Egipto no fue solo reyes y templos, sino también comunidades que hoy, al fin, entran en los libros.

27

LA CUEVA EGIPCIA DE CANAÁN

Contexto histórico novelado

Aquel día, la brisa del Mediterráneo acariciaba las dunas del Parque Nacional de Palmachim (Israel, sí, hemos salido del Egipto actual). Los operarios trabajaban retirando tierra para ampliar una zona de descanso para los visitantes. Era una obra menor, sin mucha gloria, de esas que suelen pasar desapercibidas.

Hasta que el suelo se hundió.

Fue solo un suspiro de arena. Un hueco abierto de pronto bajo las ruedas de la excavadora. Uno de los técnicos, curioso y algo preocupado, se asomó al agujero. No vio basura ni piedras, sino una oscuridad densa y una forma extraña. Avisó. Y en cuestión de minutos, la maquinaria se detuvo. Uno de los trabajadores deslizó su linterna dentro. Lo que iluminó no fue roca ni raíz: era un techo tallado, liso, con una abertura rectangular en el centro. La noticia subió en cadena hasta la oficina regional de la Autoridad de Antigüedades de Israel. Dos arqueólogos que estaban cerca acudieron al lugar, y, cuando bajaron por el acceso, el aire polvoriento y milenario los hizo contener la respiración.

Dentro, el tiempo se había detenido.

El cuerpo de un hombre —conservado, pero sin nombre— yacía tendido junto a vasijas, puntas de flecha, herramientas, collares. No estaba momificado, eran restos óseos. Todo estaba en su sitio, como si lo hubieran dejado allí el día anterior. No era una cueva reutilizada ni saqueada, como tantas otras. Esta era una cápsula intacta, sellada desde hacía más de 3.300 años.

En silencio, los arqueólogos tomaron fotos, notas, bocetos. Casi no hablaban. Solo se escuchaban respiraciones y algún susurro asombrado.

—Es como mirar directamente al pasado —dijo una de las arqueólogas sin poder apartar la vista del esqueleto.

No sabían aún quién era el difunto. ¿Un artesano? ¿Un mercader? ¿Un guerrero? ¿Un padre? Solo sabían que alguien lo enterró con cuidado, con ofrendas, con fe. Y que, desde entonces, nadie más había entrado.

Ese día, entre arena y ruinas, la historia se reescribió sin que nadie lo buscara. Solo hizo falta una máquina que se hundiera un poco más de lo previsto…, y el resto lo hizo el destino.

Cómo se produjo el hallazgo y quiénes estuvieron involucrados

El hallazgo de la cueva funeraria intacta en la costa sur de Israel, cerca de la playa de Palmachim, fue uno de esos descubrimientos que solo suceden una vez por generación. Ocurrió en septiembre del 2022, cuando un grupo de obreros de la Autoridad de Naturaleza y Parques de Israel trabajaba en la preparación del terreno para un nuevo parque nacional. Nadie esperaba encontrar nada especial. Pero entonces, una retroexcavadora golpeó una losa que se quebró y reveló una cámara oscura justo debajo. Fue como si se hubiera abierto una puerta al pasado, sellada durante más de tres milenios. La cueva, tallada en la roca, llevaba completamente cerrada desde la Edad del Bronce Final. Y lo más sorprendente: se encontraba en un estado de conservación excepcional, como si el último entierro acabara de realizarse. El arqueólogo Diego Barkán, director de inspección de la Autoridad de Antigüedades de Israel (AAI), fue uno de los primeros en llegar al lugar. Su reacción fue de incredulidad y asombro: «Sabíamos que estábamos en una zona arqueológica, pero un descubrimiento así solo se hace una vez por generación», explicó en una nota oficial del organismo.

Al ingresar, los arqueólogos encontraron decenas de vasijas intactas de cerámica, herramientas de bronce, jarrones para perfumes y puntas de flecha, distribuidas cuidadosamente alrededor del cadáver de un individuo depositado en el centro de la cueva. Algunas piezas provenían de lugares tan lejanos como Chipre, Siria o incluso el Líbano, lo que confirma el papel comercial de la región en esa época. El contexto sugería que se trataba de una tumba colectiva perteneciente a una comunidad rica y bien conectada con el Egipto faraónico.

El arqueólogo David Gelman, también de la AAI, describió la escena con emoción para el periódico *Haaretz* el 19 de septiembre del 2022:

«Cuando entramos, fue como si estuviéramos en una escena de *Indiana Jones*: una cueva intacta con objetos tal y como fueron colocados en el momento del entierro. Todo estaba allí tal como lo dejaron».

Lo insólito del hallazgo no solo residía en su estado de conservación, sino en su contexto egipcio fuera de Egipto. Los objetos encontrados —muchos asociados al reinado de Ramsés II (siglo XIII a. C.)— demostraban la extensión cultural e incluso religiosa de Egipto en los territorios cananeos.

La cueva fue sellada de inmediato y se desplegó un equipo de emergencia con expertos en conservación, arqueobotánica, análisis isotópicos y 3D. En pocos días, se catalogaron más de cien piezas.

El hallazgo fue completamente fortuito. Ninguna prospección previa indicaba la existencia de un yacimiento allí. La casualidad, la atención de los obreros y la rápida actuación de los arqueólogos permitieron recuperar una cápsula intacta del tiempo. Fue, como dijo Barkán, «una ventana abierta a un mundo que creíamos perdido».

Importancia arqueológica del descubrimiento

El hallazgo de la cueva funeraria intacta cerca de Palmachim, en la costa israelí, constituye uno de los descubrimientos más relevantes de la arqueología regional de las últimas décadas. Su importancia no reside solo en la excepcional conservación del contexto funerario, sino en lo que revela sobre las relaciones entre Egipto y Canaán hacia el siglo XIII a. C., durante el reinado de Ramsés II. Es decir, fuera del actual Egipto.

Por primera vez en más de 100 años, se localizó en el sur de Israel una cueva sellada desde la Edad del Bronce Final con ajuar completo, restos humanos y sin signos de saqueo moderno. El hecho de que la entrada hubiera permanecido cerrada durante 3.300 años permitió obtener una instantánea de las costumbres funerarias de una elite cananea influida por la cultura egipcia. Entre los objetos recuperados había jarras y cuencos chipriotas, ánforas típicas de Siria y Líbano, así como herramientas de bronce y recipientes que pudieron contener perfumes o ungüentos. También se hallaron puntas de flecha y objetos personales cuidadosamente dispuestos alrededor del esqueleto. Esto sugiere que la persona enterrada tenía un alto estatus y acceso a redes comerciales de largo alcance. El hallazgo proporciona también nuevas claves sobre el tipo de presencia egipcia en esta región. Durante el Imperio Nuevo (especialmente en el siglo XIII a. C.), Egipto mantenía guarniciones militares, centros administrativos y alianzas políticas con las elites locales de Canaán. La tumba, aunque típicamente cananea, contiene objetos que revelan esta influencia: imitaciones de objetos egipcios, posible uso de amuletos y disposición ritual del cadáver.

Además, el descubrimiento ha servido para replantear la continuidad de asentamientos y prácticas culturales en la costa meridional de Israel. Como explicaba el arqueólogo Diego Barkán en declaraciones a *Ynet News* el 20 de septiembre del 2022:

«Esta cueva nos ayuda a conectar períodos y estilos cerámicos, y a entender cómo se mantenían las redes comerciales y simbólicas entre el valle del Nilo y el Levante».

Los análisis en curso de ADN, isótopos y restos orgánicos permitirán comprender mejor la dieta, el origen geográfico y los rituales funerarios de los individuos enterrados. También se espera determinar si se trata de una sepultura individual o colectiva. En definitiva, la cueva reafirma la idea de Canaán como un cruce de culturas. Algo que hoy día sigue quedando por explorar y por contar tanto a la comunidad académica como en divulgación.

Toque humano: conflictos, emociones y errores

El día del hallazgo no parecía distinto a cualquier otro. Un grupo de trabajadores del Parque Nacional de Palmachim, en la costa de Israel, retiraba tierra con una retroexcavadora para preparar una zona de descanso para visitantes. El sol caía con fuerza y el zumbido de las máquinas era lo único que rompía el silencio.

Pero entonces el suelo cedió. Al acercarse, los arqueólogos de la Autoridad de Antigüedades de Israel (AAI), que estaban en la zona por otro proyecto menor, no tardaron en comprender la magnitud del descubrimiento. Lo que tenían ante ellos era una cueva funeraria sellada desde hacía más de 3.000 años. La primera reacción fue de asombro… y de urgencia. En palabras de David Gelman, uno de los directores de la excavación, a *Haaretz* el 19 de septiembre del 2022:

«Cuando bajamos con linternas y vimos el techo intacto, los objetos en su sitio y el esqueleto, sentimos que habíamos viajado en el tiempo. Era como entrar en una escena congelada desde la Edad del Bronce».

Pero no todo fue ideal. La noticia se filtró con rapidez a los medios y, antes de que se pudiera proteger debidamente el lugar, varios curiosos se acercaron. Algunos incluso tomaron fotos o intentaron asomarse dentro de la cueva. En redes sociales circularon imágenes no autorizadas, lo que obligó a las autoridades a cerrar el perímetro y reforzar la seguridad. La situación generó tensiones dentro del equipo. Algunos arqueólogos lamentaron que no se hubiera reaccionado más rápido. Otros estaban preocupados por la humedad del ambiente y la posibilidad de contaminación del material biológico. Afortunadamente, los objetos estaban tan bien conservados que los daños fueron mínimos. Y es que, más allá del valor académico, este descubrimiento tocó la fibra de los humanos. No se trataba solo de cerámica o huesos. Era un ser humano que, siglos atrás, fue enterrado con cuidado, con objetos personales, como si su gente creyera que los seguiría necesitando.

Durante los días siguientes, los arqueólogos trabajaron con extrema delicadeza, registrando cada objeto, cada piedra, cada trazo en las paredes. El equipo evitó mover el esqueleto de inmediato por respeto y para permitir análisis posteriores con tecnología no invasiva.

Reflexión final

Mientras la atención mundial se centra en otras fronteras y tensiones más visibles, Canaán —la franja entre Egipto y el Mediterráneo— devuelve fragmentos de su compleja identidad. Hallazgos como esta cueva de Palmachim recuerdan que, bajo los lugares que hoy se disputan, hay capas de culturas que se cruzaron, comerciaron y coexistieron hace más de 3.000 años; que la arqueología, cuando se hace bien, puede tender puentes donde la política solo levanta muros; y que cada tumba intacta nos obliga a mirar más allá de titulares y mapas para reconocer que la historia de Canaán sigue ahí, esperando algo más que ser excavada: necesita ser entendida y protegida.

Pero como a los arqueólogos y a los historiadores nos tienen usurpado el gusto y la necesidad de contar de dónde venimos, pues seguimos con la misma historia de siempre.

28

EL DÍA EN QUE AUGUSTE MARIETTE
SE ADELANTÓ AL FARI

Contexto histórico novelado

Mariette se peinó el flequillo que le caía con sudor por la frente. El sol era inmisericorde con los cándidos que se atrevían a excavar en Saqqara. La única sombra era la de su sombrero, así que se lo volvió a colocar y escudriñó el entorno. Era 1850, y el egiptólogo francés no estaba donde se suponía que debía estar. Su misión oficial, encargada por el Museo del Louvre, era recopilar manuscritos coptos. Pero esos documentos se le habían escapado entre los dedos (como lágrimas en la lluvia, tenía que decirlo). Aun así, Mariette no era un hombre de fácil rendición. Paseaba por la necrópolis dejando que la intuición guiara sus pasos entre colinas de arena, escombros y el eco de milenios. Era un genio.

Ese día, mientras caminaba cerca de la pirámide escalonada de Zoser, sus ojos se posaron sobre algo peculiar: una cabeza de esfinge emergiendo de la arena apenas visible, como si el desierto la escupiera tras siglos de silencio. Algo estalló en su mente. Recordó las palabras de Estrabón, el geógrafo romano, quien mencionó una avenida de esfinges que conducía al templo de Serapis. ¿Y si aquella cabeza olvidada era una pista? ¿Y si la suerte, que le había negado los manuscritos, le estaba mostrando algo mucho más grande? Decidió indicar el hallazgo y esperar a la madrugada.

Al día siguiente y animado por esa sospecha, Mariette reunió un pequeño equipo y empezó a excavar. Día tras día, retiraban arena bajo un calor sofocante. Las herramientas eran básicas, el presupuesto, escaso y la burocracia otomana, asfixiante. Pero algo en el aire —quizá la terquedad, quizá el destino— lo impulsaba a seguir cavando.

De pronto, el suelo tembló bajo sus pies al retirar un bloque de arena compacta. La entrada a un pasaje subterráneo apareció, sellada por siglos de olvido. Mariette y sus ayudantes, sin saber exactamente lo que estaban desenterrando, bajaron con antorchas. El aire era denso, viciado, pero avanzaron con reverencia. Lo que encontraron fue un mundo oculto bajo tierra: túneles inmensos, cámaras laterales y, sobre todo, enormes sarcófagos de granito, algunos de más de 60 toneladas. En el silencio de ese templo subterráneo, Mariette comprendió que había descubierto el Serapeo de Saqqara, la necrópolis sagrada de los toros Apis, venerados como encarnaciones vivientes del dios Ptah.

Y esa noche decidió tararear una cancioncilla al toro… Apis.

Cómo se produjo el hallazgo y quiénes estuvieron involucrados

Lo que hizo verdaderamente singular el descubrimiento del Serapeo fue que surgió de una mezcla de intuición y determinación. Auguste Mariette, nacido en Boulogne-sur-Mer en 1821, era entonces un joven egiptólogo autodidacta sin excavaciones oficiales a su nombre. Fue enviado a Egipto en 1850 por el Museo del Louvre con una misión clara: adquirir manuscritos coptos para la biblioteca de París. Sin embargo, pronto se vio frustrado por la imposibilidad de obtener esos documentos, bien porque estaban en manos de monasterios que se negaban a venderlos, bien porque ya habían sido adquiridos por otros coleccionistas europeos.

Lejos de rendirse o regresar a Francia con las manos vacías, Mariette decidió dedicar sus últimos recursos y energías a explorar por su cuenta la necrópolis de Saqqara. Él mismo relató más tarde que pasaba horas recorriendo las arenas alrededor de la pirámide escalonada de Zoser, observando detalles que otros habrían pasado por alto. Fue en uno de esos paseos cuando se topó con una pista que cambiaría su destino: una cabeza de esfinge, apenas visible, semienterrada en la arena ardiente. Mariette relacionó de inmediato aquella cabeza con las antiguas descripciones de Estrabón, el geógrafo romano que en su *Geografía* (XVII, 1, 32) menciona una avenida de esfinges que conducía al templo subterráneo del dios Serapis. Esta conexión entre texto clásico y evidencia material fue, para él, la señal de que debía excavar, aunque no tuviera respaldo oficial ni fondos del Louvre para hacerlo. Así, con un pequeño equipo formado por campesinos locales, comenzó a abrir zanjas usando herramientas rudimentarias. No existían mecánicas pesadas, ni carpas, ni planos detallados: solo la convicción de que bajo la arena dormía un santuario intacto. Esta parte es 100 % histórica y está narrada en su primer informe oficial:

> *L'entrée que nous avons découverte nous conduisit à un couloir creusé dans le roc, d'une longueur considérable, et flanqué de chambres latérales…*

La entrada que descubrimos nos condujo a un corredor excavado en la roca, de una longitud considerable, flanqueado por
cámaras laterales…

MARIETTE, A., *Notice sur les principaux résultats de la mission
de M. Mariette en Égypte*, París, 1851, p. 5.

Este descubrimiento inicial condujo al hallazgo de un sistema
de túneles subterráneos, cuidadosamente tallados en la piedra,
con techos sostenidos por muros perfectamente alineados. Allí,
protegidos del paso de los siglos, yacían los sarcófagos de los toros
Apis, considerados encarnaciones vivientes del dios Ptah. Cada
sarcófago era un bloque monumental de granito traído desde
las canteras de Asuán, algunos con un peso que superaba las
60 toneladas. Aunque Mariette no dejó frases tan poéticas como
a veces se citan, sí describió la emoción de abrir estos pasajes. En
sus memorias y cartas repite la idea de que el Serapeo era un lugar
sagrado, intacto durante más de dos milenios. Así lo reafirmó
después en su obra principal:

*Ces galeries n'étaient pas de simples sépultures, mais des sanctuaires
consacrés, où chaque pierre portait la marque de la piété.*
    Estas galerías no eran simples sepulturas, sino santuarios consa-
grados donde cada piedra llevaba la marca de la piedad.

MARIETTE, A., *Le Sérapeum de Memphis*, París, 1857, p. 12.

Este hallazgo transformó radicalmente la reputación de Mariette. A su regreso a El Cairo presentó los resultados a las autoridades otomanas y al cónsul francés, consiguiendo el apoyo

para continuar las excavaciones y proteger el sitio de saqueadores. Gracias a este éxito, en 1858 fue nombrado primer director del Servicio de Antigüedades de Egipto, puesto desde el cual impulsó la creación del primer Museo de El Cairo y sentó las bases de la arqueología moderna en Egipto. El caso del Scrapeo se convirtió en un ejemplo paradigmático de cómo la lectura atenta de fuentes clásicas, la observación de campo y la tenacidad personal podían reemplazar la dependencia de la filología bíblica que dominaba entonces la arqueología oriental. De hecho, el propio Barry J. Kemp destaca en *Ancient Egypt: anatomy of a civilization* (Routledge, 1989) que Mariette fue pionero en aplicar un método empírico, combinando topografía y textos.

En suma, aquel día de 1850 en Saqqara no solo tuvo lugar el hallazgo de un santuario para los toros sagrados: también surgió una nueva forma de hacer arqueología, más fiel al terreno y menos dependiente de las bibliotecas de Europa. Y todo porque un hombre, sin dejarse vencer por la frustración de un encargo fallido, decidió seguir la pista de una esfinge que asomaba bajo la arena.

Importancia arqueológica del descubrimiento

Antes de su descubrimiento por parte de Auguste Mariette en 1850, los conocimientos sobre el culto al toro Apis eran escasos y fragmentarios. El hallazgo confirmó, de manera material y contundente, la existencia de una necrópolis dedicada exclusivamente a estos animales sagrados, cuya veneración se prolongó durante más de 1.000 años, desde el Reino Nuevo hasta la dominación romana.

Los toros Apis eran considerados encarnaciones vivientes del dios Ptah, patrón de los artesanos y la creación, y al morir eran momificados con ritos complejos y enterrados con honores casi faraónicos. En el Serapeo, Mariette halló no solo los enormes sarcófagos de estos animales, sino también túneles cuidadosamente tallados, cámaras laterales y objetos rituales que arrojaron luz sobre las prácticas religiosas del Egipto tardío.

Uno de los aspectos más asombrosos es la magnitud de los sarcófagos. Tallados en granito rosado y negro, algunos pesan más de 60 toneladas. A día de hoy, los ingenieros aún se maravillan ante el nivel de precisión con que fueron introducidos en pasajes subterráneos tan estrechos. Como destaca Dieter Arnold, la colocación de estos sarcófagos colosales sigue siendo un reto técnico que «sorprende incluso a la ingeniería moderna». En sus propias palabras:

«Transportar y posicionar estos bloques de granito bajo tierra es una hazaña que desafía la lógica moderna» (ARNOLD, D., *Building in Egypt*, The Oxford University Press, Oxford, 1991, p. 53).

El valor arqueológico también reside en los documentos y relieves encontrados. Algunas de las inscripciones en los sarcófagos incluían fechas y nombres de faraones, lo que permitió a los historiadores construir una cronología más precisa de las dinastías de los períodos tardíos. En particular, el hallazgo de la tumba del sacerdote Khaemuaset, hijo de Ramsés II y uno de los primeros egiptólogos de la historia antigua, fue considerado revolucionario.

Además, el Serapeo reveló algo clave para comprender la mentalidad religiosa egipcia: el vínculo entre lo visible y lo invisible. Los toros eran visibles, vivos, adorados. Pero al morir, pasaban al reino de lo oculto, conservados en la penumbra sagrada del subsuelo. Así, el Serapeo funcionaba como un puente simbólico entre el mundo de los vivos y el más allá.

Este hallazgo también impulsó cambios metodológicos. Por primera vez, un arqueólogo no se basó exclusivamente en relatos bíblicos o clásicos, sino que combinó observación empírica, intuición topográfica y fuentes históricas. En definitiva, el Serapeo de Saqqara no solo sacó a la luz uno de los lugares de culto más enigmáticos del Egipto antiguo, sino que ayudó a cimentar la arqueología científica como disciplina.

Toque humano: conflictos, emociones y errores

Auguste Mariette, su descubridor, no era un arqueólogo clásico. No excavaba con financiación abundante ni con respaldo institucional pleno. Era, en 1850, un joven egiptólogo autodidacta enviado a Egipto por el Museo del Louvre para comprar manuscritos coptos, tarea en la que fracasó. Pero su espíritu curioso no lo dejó marcharse con las manos vacías.

Tras descubrir por casualidad la cabeza de una esfinge semienterrada cerca de la pirámide escalonada, Mariette recordó los escritos de Estrabón, quien hablaba de una avenida de esfinges que conducía al templo de Serapis. Esa intuición lo llevó a excavar, sin permisos oficiales, movido por la pasión y la convicción. Como él mismo escribió años después:

«Todo parecía negarse a mí: permisos, herramientas, obreros…, pero la arena no pudo resistirse eternamente. Y al final, allí estaba: la puerta de un templo de los muertos» (A. MARIETTE, *op. cit.*, p. 31).

El proceso de excavación fue largo y extremadamente difícil. Mariette no contaba con maquinaria pesada ni con un equipo profesional de apoyo. Sus obreros eran campesinos egipcios, mal pagados y sin experiencia arqueológica. Muchas veces debió improvisar, enfrentarse a las autoridades otomanas y lidiar con la humedad subterránea que amenazaba con destruir los hallazgos.

Hubo errores, claro. Algunas entradas se colapsaron por la presión de la arena, y no pocos relieves se fragmentaron durante los traslados. Uno de los mayores sobresaltos ocurrió cuando intentaban sacar un sarcófago de más de 60 toneladas y el carro de madera improvisado cedió. Nadie resultó herido, pero el susto fue mayúsculo.

Además, tuvo que enfrentar la incomprensión de algunos colegas europeos que dudaban de su método basado en la observación sobre el terreno y no en fuentes bíblicas. Sin embargo, su éxito fue tal que incluso el Gobierno otomano acabó reconociendo la importancia del descubrimiento. Gracias a este episodio, Mariette fundó en 1858 el Servicio de Antigüedades de Egipto, germen del actual Ministerio de Antigüedades. Su carrera como egiptólogo quedó sellada por un error de misión… y por una esfinge asomando en la arena.

Reflexión final

Agacharse a observar una cabeza de esfinge medio enterrada cambió la historia de la egiptología. Detrás de esa mirada pétrea dormía una necrópolis monumental, el hogar de toros sagrados y sacerdotes olvidados, la voz ritual de una civilización que honraba incluso a sus animales como portadores del alma divina.

El Serapeo es un recordatorio de que la historia a veces resiste en silencio. De que lo sagrado puede yacer bajo el polvo sin perder su fuerza. Y de que los hallazgos más grandes no siempre se buscan…, a veces se tropiezan.

29

EL DENTISTA REAL QUE SE FUE
A POR TABACO

Contexto histórico novelado

Hesy-Ra se ajustó su faldellín de lino mientras avanzaba por un pasillo de piedra pulida. A su alrededor, el bullicio del complejo funerario de Zoser comienza a despertar: canteros, sacerdotes, aprendices de escriba. Todos conocen su nombre. No en vano, Hesy-Ra no es solo médico, sino *wr swnw n per-aa*: «gran médico del palacio». Un dentista, dicen los extranjeros, pero para los suyos es mucho más. Es el que domina la boca, el que conoce la enfermedad oculta bajo la lengua y la caries como signo de desequilibrio.

Cada mañana, mientras los sacerdotes sacrifican gansos y el humo de incienso asciende al cielo, Hesy-Ra abre su gabinete. Las tablillas de madera tallada que decoran su mastaba lo muestran de perfil, con ojos almendrados y la barba cuidadosamente trenzada. Escribas anotan recetas de ungüentos, bálsamos para encías y fórmulas para aliviar dolores de muelas.

Dicen que alguna vez atendió al mismísimo Zoser, que limpió la boca de un visir en la penumbra de la cámara mortuoria para que pudiera hablar con Ra sin tartamudear, que mantuvo los dientes de la nobleza tan blancos como el alabastro de Tura.

Sin embargo, nadie sabe dónde acabó Hesy-Ra. Su mastaba permanece allí, al norte de la pirámide escalonada. Grabada. Sólida. Llena de títulos que hablan de su gloria. Pero él... tal vez se fue a por tabaco, como se bromea en el barrio cuando un padre desaparece sin avisar. O tal vez entendió que, para mantener la boca viva, a veces uno debe sellarla.

En las grietas de Saqqara, entre las dunas y las capillas arrasadas por ladrones, aún se susurra que el primer dentista real se fue caminando hacia la luz del sol, dejando tras de sí la promesa de que siempre habría alguien para vigilar los dientes de los faraones. Porque si algo temía un rey no era morir…, sino hacerlo con la sonrisa hecha polvo.

Cómo se produjo el hallazgo y quiénes estuvieron involucrados

La mastaba de Hesy-Ra fue hallada dos veces por azar. La primera, a mediados del siglo XIX, cuando Auguste Mariette, en el transcurso de sus trabajos en Saqqara, topó con una estructura parcialmente visible y extrajo de ella varios paneles de madera con relieves, que fueron trasladados al Museo de Boulaq. Pasaron décadas sin que nadie lograra identificar de nuevo la tumba de procedencia.

Medio siglo más tarde, durante las campañas de 1910-1912, James Edward Quibell, al frente de la misión del Egyptian Exploration Fund (actual Egypt Exploration Society), volvió a dar con el mismo enterramiento sin saberlo al principio. Lo cuenta él mismo en su informe de excavación:

Durante las dos temporadas de 1910-11 y 1911-12, dedicamos la mayor parte de nuestro tiempo a la parte del cementerio que domina el pueblo de Abusir. [...]. Pero una tumba, hallada en la primera semana de la segunda temporada, presenta un interés muy diferente en grado y naturaleza. [...]. La tumba es la de Hesy, hallada hace mucho tiempo por Mariette y famosa por los cinco paneles de madera que trajo de ella a Boulaq.

QUIBELL, J. E., *Excavations at Saqqara (1911-1912)*,
Egypt Exploration Fund, Londres, 1911, p. 9.

La zona excavada —el sector norte de Saqqara, cerca de la muralla sur del complejo de Dyeser— estaba cubierta de mastabas de las dinastías II y III, muchas arrasadas por el tiempo. Quibell y su equipo limpiaban sistemáticamente el terreno cuando, por pura casualidad, una de las cámaras más deterioradas resultó ser la célebre tumba perdida de Hesy-Ra.

El hallazgo fue un acontecimiento mayor no por su ajuar, sino por la calidad del material y su conservación. Los paneles de cedro, aún empotrados en sus nichos originales, ofrecían una secuencia biográfica única: títulos, insignias y escenas de la vida de un alto funcionario de la corte de Dyeser. Quibell observó:

No tomb of this period has preserved wooden panels of such quality.
Ninguna tumba de este período ha conservado paneles de madera de tal calidad.

QUIBELL, J., *op. cit.*, p. 10.

El hallazgo planteó un desafío técnico. La madera, seca y quebradiza, se fragmentaba con facilidad. Los conservadores improvisaron un sistema de consolidación con gasas y yeso antes de trasladar los paneles a El Cairo. Hoy se conservan en el Museo Egipcio (JE 8882).

Las inscripciones revelaban títulos excepcionales: «jefe de los dentistas» y «gran único de los médicos del palacio», lo que identificó a Hesy-Ra como uno de los primeros médicos documentados por su nombre. Quibell reconocía la singularidad del hallazgo, pero también la deuda con su predecesor: sin la curiosidad fortuita de Mariette —y su propio golpe de suerte medio siglo después—, esta figura esencial del Reino Antiguo habría permanecido enterrada entre miles de mastabas anónimas.

Importancia arqueológica del descubrimiento

La mastaba de Hesy-Ra ha sido considerada durante décadas como uno de los testimonios clave para entender la organización médica y la práctica odontológica en el Reino Antiguo. Como señala J. F. Nunn, la inscripción de Hesy-Ra constituye la evidencia epigráfica más antigua de un profesional dental identificado por título:

> *This is the earliest recorded evidence for a dental practitioner by title.*
> Es la más temprana evidencia localizada por su título de un dentista.

> NUNN, J. F., *Ancient Egyptian Medicine*, British Museum Press, Londres, 1996, p. 43.

Hesy-Ra poseía los títulos *wr swnw* («gran médico») y *wr swnw n per-aa* («gran médico del palacio»), los cuales confirman que no era un sanador rural, sino parte de la elite administrativa que servía directamente al faraón. La combinación de títulos demuestra que los médicos podían especializarse en odontología, algo coherente con las evidencias osteológicas de enfermedades dentales en momias del Reino Antiguo (Aufderheide, 2003, p. 346).

El hallazgo de sus paneles de madera, extraordinarios para la época, reveló un arte refinado. Como apuntó Quibell:

> *The reliefs show Hesy in various attitudes, sometimes seated, sometimes standing, with inscriptions giving his full titles.*
>
> Los relieves muestran a Hesy en diversas posturas, a veces sentado, a veces de pie, con inscripciones que dan todos sus títulos.

QUIBELL, J. E., *op. cit.*, p. 10.

Estos paneles no solo tienen valor artístico, sino también documental. Muestran a Hesy-Ra realizando tareas administrativas y rituales, rodeado de listas de ofrendas, instrumentos y símbolos de estatus. La iconografía confirma su posición como miembro de la elite sacerdotal y médica. Por otro lado, el estudio de cráneos del Reino Antiguo muestra frecuentes abscesos dentales y caries, lo que hace probable la existencia de un dentista de alto rango:

> *Dental abscesses were common, particularly in the Old Kingdom; the presence of Hesy-Ra confirms the institutionalization of dental care.*
>
> Los abscesos dentales eran frecuentes, especialmente en el Reino Antiguo; la existencia de Hesy-Ra confirma la institucionalización de la atención dental.

AUFDERHEIDE, A., *The scientific study of mummies*,
Cambridge University Press, Cambridge, 2003, pp. 345-346.

Otro aspecto relevante es que la mastaba muestra cómo los médicos gozaban de privilegios funerarios comparables a los de los escribas y sacerdotes. Su tumba no era un simple pozo, sino un complejo decorado con relieves, inscripciones y arquitectura monumental. Esto demuestra que la medicina era una profesión prestigiosa y bien remunerada. La ubicación de la tumba, cerca del complejo de Zoser, subraya su cercanía simbólica y práctica a la corte. Como recuerda Kathryn Bard:

> *The proximity of Hesy-Ra's mastaba to the Step Pyramid illustrates the importance of his office within the royal Administration.*
>
> La proximidad de la mastaba de Hesy-Ra con la escalonada ilustra la importancia de este oficio en la administración real.

BARD, K. A., *An introduction to the archaeology of Ancient Egypt*, Blackwell Publishing, Malden, 2008, p. 144.

Toque humano: conflictos, emociones y errores

La mastaba de Hesy-Ra no estuvo libre de problemas logísticos y de pérdidas de material. El propio Quibell relata que la extracción de los paneles de madera —únicos en su género— se realizó con técnicas muy rudimentarias, lo que provocó daños irreversibles en algunos fragmentos.

> *Some parts of the panels were broken during removal; conservation methods at the time were insufficient to prevent further damage.*

Algunas partes de los paneles se rompieron durante la extracción; los métodos de conservación de la época fueron insuficientes para evitar daños adicionales.

QUIBELL, J. E., *op. cit.*, p. 11.

No fue un error aislado: en aquella época, la falta de consolidantes adecuados para la madera hizo que se desprendieran piezas decoradas. Los obreros, muchos de ellos campesinos sin formación arqueológica, trabajaban jornadas extenuantes, lo que aumentaba el riesgo de fracturas. La documentación tampoco se salvó de la improvisación. Quibell lamenta en su informe la pérdida de fragmentos inscriptos, que se dispersaron entre arena y escombros durante la limpieza:

Unfortunately, several fragments were lost among the debris.
Desafortunadamente, varios fragmentos se perdieron entre los escombros.

QUIBELL, J. E., *op. cit.*, p. 12.

A nivel humano, la relación entre egiptólogos británicos y obreros locales estaba marcada por jerarquías rígidas. Los diarios de campo muestran que no siempre se respetaban los descansos ni se ofrecía la seguridad adecuada en zanjas profundas. No obstante, algunos trabajadores locales, citados indirectamente por Quibell, sabían identificar restos de madera y relieves, lo que ayudó a rescatar piezas clave. El descubrimiento de un título tan específico como *chief of dentists* también generó escepticismo en círculos europeos. Algunos colegas de Quibell minimizaron la relevancia de un dentista real.

Hoy, más de un siglo después, los paneles, ahora protegidos en vitrinas del Museo Egipcio, siguen siendo testigos de una práctica médica pionera... y de las manos que, con esfuerzo y fallos inevitables, los trajeron de vuelta a la luz.

Reflexión final

Hesy-Ra no fue un general, ni un visir, ni un gran sacerdote. Fue un médico —un dentista, para ser exactos— que alcanzó un rango en la corte tan importante que su nombre quedó inmortalizado a escasos metros de la pirámide escalonada. Su mastaba demuestra que el saber práctico y la ciencia médica eran respetados, reconocidos y protegidos en el Reino Antiguo.

Hoy, más de 4.500 años después, aún nos detenemos a contemplar esos paneles de cedro y sus jeroglíficos. Porque al final, cada caries tratada, cada absceso drenado, cada alivio al faraón, forman parte de esa otra cara de la grandeza egipcia: la que se construye con cuidado, paciencia y una herramienta afilada.

Cuando miramos el título de «gran médico del palacio y jefe de dentistas», vemos algo más que un oficio. Vemos la memoria de una persona cuyo trabajo fue sostener la vida y la dignidad de otros, detalle a detalle, muela a muela.

30

EL COCODRILO DE LOS SECRETOS

Contexto histórico novelado

El Fayum amanecía cubierto de una luz polvorienta, de ese color que no es oro ni arena, sino tiempo. Las cigarras todavía no habían empezado su concierto y ya los obreros egipcios, envueltos en turbantes descoloridos, removían tierra entre momias de cocodrilo. Nadie esperaba tesoros. Nadie esperaba nada, salvo el salario al final de la semana y un poco de sombra.

En una esquina del campamento, el joven Mahmud intentaba recordar por qué había aceptado trabajar allí. Los reptiles momificados eran pesados, frágiles y —para su gusto— demasiado sagrados. Había que tratarlos como si aún pudieran morder. Cada día, lo mismo: sacar un cocodrilo, apartar el polvo, sacudir el lino, escuchar a los señores ingleses murmurar cosas sobre cultura material y documentación contextual. Palabras que, para Mahmud, sonaban a castigo.

Aquella mañana, el sol todavía no había alcanzado el cenit cuando ocurrió el pequeño milagro. Uno de los cocodrilos se partió por la mitad a consecuencia de un accidente de un obrero. Mahmud soltó una maldición y corrió a esconder la prueba del desastre. Pero, en lugar de maldición, halló algo que brillaba. No oro, sino una superficie amarillenta, crujiente. Papel. Papel antiguo.

Llamó al capataz, que llamó al inspector, que llamó al ayudante del arqueólogo, que llamó, finalmente, a los mismísimos señores Grenfell y Hunt. Aquello parecía una procesión. El pobre Mahmud, inmóvil junto al cocodrilo partido, no sabía si iba a ser castigado o premiado.

Grenfell se inclinó sobre el animal como un médico ante un paciente interesante. Con unas pinzas sacó del interior del vendaje un fragmento de papiro. Lo observó contra la luz y sus ojos se agrandaron como si acabara de ver a un fantasma. Hunt, más escéptico, murmuró algo sobre «material de embalsamamiento reciclado». Pero bastaron unos minutos para que comprendieran que estaban ante algo más: textos escritos, completos, legibles.

El rumor se extendió por el campamento. Los cocodrilos ya no eran simples momias: eran cofres del pasado. Cada vendaje ocultaba fragmentos de escritura. Las manos que antes trataban de no romper el lino ahora lo desenrollaban con ternura, como quien abre un regalo. En vez de herramientas, los obreros usaban plumas de palmera y respiraban despacio, como si cualquier soplo pudiera borrar una palabra.

Por la noche, bajo la tienda principal, Grenfell y Hunt examinaban los papiros recién extraídos. Había listas de impuestos, contratos de matrimonio, informes de almacén…, hasta una carta de amor que alguien, 2.000 años atrás, había usado para embalsamar un dios reptil. «Sobek debe de tener buen sentido del humor», comentó Hunt. Nadie rio, pero todos sonrieron.

Mahmud, el muchacho que había roto el cocodrilo, se convirtió en héroe improvisado. Cada día lo hacían revisar los nuevos hallazgos, «por si el destino quería repetirse». Él no decía nada, pero, cuando el viento soplaba desde el desierto, juraba escuchar un susurro que venía de los montículos: papeles, cocodrilos y hombres, todos enredados en la misma broma del tiempo.

Cómo se produjo el hallazgo y quiénes estuvieron involucrados

Durante el invierno de 1899-1900, la misión papirológica británica de Bernard P. Grenfell y Arthur S. Hunt, financiada por la Universidad de California gracias al patrocinio de Phoebe Hearst, trabajaba en Tebtunis, en la necrópolis grecorromana de El Fayum. Su objetivo era recolectar cartonaje de momias humanas para recuperar papiros antiguos. Sin embargo, fue un golpe de suerte lo que transformó su campaña.

Mientras excavaban las tumbas de cocodrilos, en una jornada rutinaria, un obrero se mostró «disgustado de encontrar una fila de cocodrilos donde esperaba sarcófagos» y rompió uno de los especímenes. En ese momento descubrió que estaba envuelto en capas de papiros reutilizados como cartonaje. Como relata la Universidad de California Berkeley:

On Jan. 16, 1900 - a day which was otherwise memorable for producing twenty-three early Ptolemaic mummies with papyrus cartonnage - one of our workmen, disgusted at finding a row of crocodiles where he expected sarcophagi, broke one of them in pieces and disclosed the surprising fact that the creature was wrapped in sheets of papyrus.

El 16 de enero de 1900 —un día que ya era memorable por haber producido veintitrés momias de la época ptolemaica con cartonaje de papiro— uno de nuestros obreros, disgustado al encontrar una fila de cocodrilos donde esperaba sarcófagos, rompió uno de ellos en pedazos y descubrió el sorprendente hecho de que la criatura estaba envuelta en láminas de papiro.

GRENFELL, B. P., & HUNT, A. S., *The Tebtunis Papyri*, Egypt Exploration Fund, Londres, 1902, vol. I, p. 2.

Este hallazgo fortuito abrió la puerta a miles de fragmentos de papiro, datados entre el siglo II y I a. C., pertenecientes al llamado «archivo de Menches», escriba de la villa de Kerkeosiris. La colección incluía contratos, cuentas, peticiones y registros administrativos, escritos en griego y demótico. Según la Bancroft Library, la mayoría provienen del recubrimiento de momias de cocodrilos y humanos.

Tras ese descubrimiento clave, Grenfell y Hunt dedicaron el resto de la campaña a excavar sistemáticamente las tumbas de cocodrilos; se encontraron más de mil, aunque solo unas treinta contenían papiros útiles.

Este acontecimiento, originalmente casual, se convirtió en uno de los descubrimientos documentales más importantes de papiros helenísticos. Los textos han permitido conocer la organización rural y administrativa bajo los Ptolomeos, así como la gestión de cultos locales dedicados al dios Sobek, con forma de cocodrilo.

Así, lo que comenzó como una campaña planificada para recolectar cartonaje de momias humanas se transformó, gracias al azar, en un tesoro documental imprevisto. El golpe de pala que rompió una momia de cocodrilo cambió para siempre la trayectoria de la papirología egipcia y el entendimiento de la historia de El Fayum. Gracias a esos eventos, hoy contamos con más de veintiséis mil fragmentos en la colección Tebtunis de Berkeley.

Importancia arqueológica del descubrimiento

El descubrimiento de los papiros de Tebtunis constituye uno de los hitos más inesperados y fértiles en la historia de la papirología egipcia. Lo que comenzó como una expedición más en el oasis de El Fayum terminó revelando la mayor colección de papiros griegos y demóticos conservada hoy en Estados Unidos, y una de las más completas del mundo para el período grecorromano.

Lo primero que sorprendió a Bernard Grenfell y Arthur Hunt no fue tanto la presencia de papiros como el lugar donde aparecieron: el interior de momias de cocodrilo. Según el informe oficial de la Universidad de Berkeley, que hoy alberga el archivo:

> *Grenfell and Hunt discovered a cemetery of mummified crocodiles [...]. Crocodiles were considered to be objects without any archaeological worth whatsoever.*
>
> Grenfell y Hunt descubrieron un cementerio de cocodrilos momificados [...]. Los cocodrilos eran considerados objetos sin ningún valor arqueológico.

CENTER FOR THE TEBTUNIS PAPYRI, *The Tebtunis Papyri Collection*,
The Bancroft Library, University of California,
Berkeley [consultado en línea].
www.tebtunis.berkeley.edu

*A large find of Ptolemaic papyri from crocodile mummies [...] mostly
from the end of the second century B.C.*

Un gran hallazgo de papiros ptolemaicos en momias de cocodrilos [...] en su mayoría del final del siglo II a. C.

GRENFELL, B. P., HUNT, A. S. y SMYLY, J. G., *The Tebtunis papyri*,
Henry Frowde, Londres, 1903, p. 3.

Lo que se descubrió fue mucho más que texto: el archivo del
komogrammateus Menches, escriba de aldeas como Kerkeosiris,
responsable de registrar impuestos, contratos de arriendo, censos
y correspondencia entre templos y administración. En palabras
del egiptólogo Roger Bagnall:

*The Menches archive is our richest source for rural administration in
Ptolemaic Egypt.*

El archivo de Menches es nuestra fuente más rica sobre la administración rural en el Egipto ptolemaico.

BAGNALL, R., *Reading papyri, writing ancient history*, Routledge,
Londres, 1995, p. 83.

Pero la importancia no fue solo histórica o económica. El
hallazgo trajo consigo literatura, mitología, rituales religiosos e
incluso fragmentos científicos. Algunos textos recogían fórmulas
astronómicas; otros, relatos del dios Soknebtunis, divinidad local
de Tebtunis. La variedad fue tal que se describió como:

*A veritable encyclopaedia of daily life, beliefs and bureaucracy in
Graeco-Roman Egypt.*

Una verdadera enciclopedia de la vida cotidiana, las creencias y la burocracia en el Egipto grecorromano.

Muhlberger, S., «Review of The Tebtunis Papyri», *JRA Supplement, 98*, 2014, pp. 321-324.

Además, la conservación de los papiros —al estar protegidos por las vendas animales— fue excepcional. A día de hoy, más de veintiséis mil fragmentos han sido catalogados. Según el archivo de Berkeley:

Most of the papyri found in the crocodile mummies are in excellent condition and allow for complete reconstruction of administrative cycles.
La mayoría de los papiros hallados en las momias de cocodrilos están en excelente estado y permiten reconstruir ciclos administrativos completos.

Center for Tebtunis Papyri, *op. cit.*

En resumen, lo que parecía un hallazgo sin valor en un cementerio animal se convirtió en una mina documental. Fue un ejemplo perfecto de cómo el azar —en este caso, la ruptura iracunda de una momia— puede abrir una ventana a siglos de historia olvidada.

Toque humano: conflictos, emociones y errores

El trabajo era agotador. Las jornadas comenzaban antes del amanecer y se prolongaban bajo el sol abrasador del oasis de El Fayum.

«Nunca habíamos sudado tanto por tan poca piedra», escribió Hunt en una carta a su hermana, dejando ver la frustración inicial de trabajar en un cementerio animal que, al parecer, no prometía nada.

Hasta que uno de los obreros, rompiendo enfadado la envoltura de una momia de cocodrilo, exclamó que el animal «estaba escrito por dentro». Fue ese instante —una mezcla de accidente, intuición y estupor— lo que transformó por completo el rumbo de la excavación. Grenfell, acostumbrado a los textos griegos en contextos urbanos, confesó en su cuaderno de campo:

> *We would never have thought to look for useful papyri in such an ignoble place.*
>
> Jamás habríamos pensado buscar papiros útiles en un lugar tan innoble.

> GRENFELL B. P. y HUNT A. S., *Field Diary, Tebtunis Season* 1899-1900, Bodleian Library, Egypt Exploration Fund Archive, Oxford, Ms. Gr. Class. d. 69 (p. 17, entrada fechada el 16 de enero de 1900).

El equipo, asombrado, pasó de despreciar las momias de cocodrilos a tratarlas como tesoros. Pero aquello no fue sencillo: los cocodrilos eran pesados, frágiles y malolientes. Algunos se deshacían entre las manos. Los obreros, muchos de ellos analfabetos, no entendían por qué esos reptiles disecados valían ahora más que una estatua. Hubo incluso tensiones con los supervisores egipcios, que exigían mayor salario al ver el entusiasmo de los europeos.

Además, como reconocería años después Hunt, cometieron errores:

> *Several important fragments were damaged in the early days, due to lack of preparation and underestimating the find.*

Varios fragmentos importantes se dañaron en los primeros días, por falta de preparación y por subestimar el hallazgo.

Correspondencia de Hunt a Petrie, abril de 1901, cita en UC Archives.

Pero también hubo momentos de emoción genuina. Uno de los asistentes egipcios, Hassan, se negó a que una momia fuera partida hasta que un arqueólogo le explicara qué contenía. «Dijo que si el texto era de los antiguos, debía tratarse con respeto, aunque estuviera envuelto en una bestia», recordó Hunt.

Y así, con respeto, asombro y manos temblorosas, cada cocodrilo se convirtió en una cápsula del tiempo. No solo por lo que revelaban los papiros, sino por el proceso humano de descubrimiento: el error convertido en acierto, la rutina que deviene maravilla. A veces, en arqueología, el hallazgo menos glamuroso es el que cambia todo.

Reflexión final

Tebtunis no deslumbró al mundo con oro ni estatuas, pero sí con humanidad. Sus papiros nos devuelven la voz de tenderos, escribas, campesinos y sacerdotes. Voces que, envueltas en los pliegues de un cocodrilo, esperaron pacientemente ser escuchadas.

31

EL CUENTO DEL SUBE
Y BAJA DEL PESCADOR

Contexto histórico novelado

El mar frente a Abukir parecía dormido. Bajo la superficie, el sol filtraba sus rayos en un azul inmóvil, como si la historia misma aguardara allí, contenida por la sal y el silencio. En el puente del barco *Princess D*, Franck Goddio observaba la pantalla del magnetómetro. Llevaban semanas registrando un mismo patrón: una extensión de limo sin forma, un fondo monótono que devolvía siempre la misma respuesta. Nada. O casi nada. Y, sin embargo, aquella mañana de abril de 2000, una línea distinta apareció en el monitor. Una curva, una sombra más densa, un eco que no correspondía al relieve natural del golfo. «Deteneos aquí», dijo en voz baja.

Los buzos descendieron entre remolinos de arena. El mar del delta del Nilo no ofrece la claridad del Mediterráneo: es espeso, terroso, un agua donde cada movimiento levanta siglos de polvo. A pocos metros bajo la superficie, emergió una forma monumental. Primero una esquina, luego una base cuadrada, y después el contorno nítido de un bloque de granito. Cuando la luz del foco rozó su superficie, apareció una inscripción demótica grabada con una precisión imposible.

Durante unos segundos nadie habló. No había gritos, solo el sonido grave de las burbujas ascendiendo. Uno de los buzos extendió la mano y trazó con los dedos una línea de jeroglíficos cubiertos de algas.

—Esto no es un naufragio —murmuró.

En la superficie, Goddio observaba las primeras imágenes que llegaban desde las cámaras subacuáticas. El pulso se le aceleró. Lo que veía no era una escollera ni un puerto romano, sino algo anterior, ordenado, planificado: restos de templos, muros alineados, bases de colosos.

El mar había ocultado una ciudad entera.

Días después, las prospecciones geofísicas confirmaron lo impensable: bajo el limo se extendía una trama urbana de más de 1 kilómetro con canales, dársenas y santuarios. Entre los fragmentos rescatados apareció una estela intacta, inscrita con el nombre de un lugar que hasta entonces era casi leyenda: Thonis-Heracleion, la urbe que Heródoto había descrito como puerta del Nilo hacia el Mediterráneo.

Los egipcios del equipo, al contemplar los colosos emergiendo del agua, decían que los dioses estaban volviendo a respirar. Algunos lloraban. No por superstición, sino por la emoción de ver cómo un nombre perdido volvía a existir.

Goddio anotó en su cuaderno una frase escueta: «La ciudad renace. No la hemos encontrado nosotros: ha decidido mostrarse».

Aquella jornada marcó un antes y un después en la arqueología subacuática. El hallazgo no fue producto del azar ingenuo, sino de un azar cultivado: el que se deja guiar por la paciencia, la ciencia y el presentimiento. En el fondo del mar, entre limo y corrientes, Heracleion esperaba a quien supiera mirar.

Cómo se produjo el hallazgo y quiénes estuvieron involucrados

El descubrimiento de la ciudad sumergida de Thonis-Heracleion en el año 2000 no fue fruto de una expedición arqueológica deliberada, sino del azar ligado a un proyecto de investigación previa al dragado de un canal portuario en la bahía de Abukir. Este hallazgo transformó radicalmente nuestro entendimiento del comercio y la religión en el mundo helenístico-egipcio tanto como los restos del naufragio de una civilización entera bajo el mar.

La investigación inicial fue emprendida por el Institut Européen d'Archéologie Sous-Marine (IEASM), en colaboración con el Ministerio de Turismo y Antigüedades de Egipto, liderada por Franck Goddio. El enfoque consistía en cartografiar el lecho marino con tecnología de punta: sonar de barrido lateral y magnetómetros de resonancia nuclear, buscando anomalías geológicas provocadas por estructuras sumergidas.

Al analizar los datos, los investigadores identificaron bloques grandes y líneas rectas que sugerían vestigios artificiales. Posteriormente, buzos especializados con *water-dredges* —sistemas hidráulicos que eliminan sedimentos en el lecho marino— permitieron revelar los primeros restos de muelles, columnas y grandes piezas arquitectónicas. El uso combinado de tecnología avanzada y métodos manuales hizo posible una excavación sistemática, no un mero avance aleatorio.

Entre los descubrimientos iniciales, una estela de granito negro de 1,99 metros fue hallada en el canal sur del templo, que llevaba un decreto de Nectanebo I (380 a. C.) y confirmó que la ciudad sumergida era, de hecho, la histórica Thonis-Heracleion. Según Franck Goddio:

> *We are just at the beginning of our research [...] we will probably have to continue working for the next 200 years for Thonis-Heracleion to be fully revealed.*
>
> Estamos solo al comienzo de nuestra investigación [...] probablemente tendremos que seguir trabajando durante los próximos 200 años para que Thonis-Heracleion sea revelada por completo.

El uso de instrumentos sofisticados y un riguroso protocolo arqueológico garantizó la preservación de estructuras arquitectónicas y objetos delicados. Se recuperaron estatuas colosales —entre ellas, la de Hapi, dios del Nilo—, más de sesenta navíos, ánforas, estatuillas votivas, cerámicas cotidianas y sarcófagos de piedra caliza.

Una observación especialmente reveladora fue la presencia de objetos rituales votivos junto a las ruinas del templo de Amón-Gereb. Según Masson-Berghoff, conservadora de la exposición Sunken Cities del Museo Británico: *Discovering a whole city [...]. Well, that's something else* («Descubrir toda una ciudad [...]. Bueno, eso es otra cosa»). Y Gaddio añade: *It is extremely moving to discover such delicate objects, which survived intact despite the violence and magnitude of the cataclysm* («Es muy emocionante descubrir objetos tan delicados, que sobrevivieron intactos a pesar de la violencia y la magnitud del cataclismo»).

Aunque la investigación fue planeada, los hallazgos superaron cualquier expectativa: la ciudad había permanecido sumergida y protegida bajo 3 metros de arcilla marina hasta su redescubrimiento. Tanto los restos funerarios, las estelas, como el trazado urbano —templos, canales, viviendas— emergieron gracias a una combinación afortunada de planificación técnica y buena fortuna.

En definitiva, Thonis-Heracleion no fue hallada por casualidad pura, pero ese golpe de «suerte» —merced a la tecnología puntera y a una investigación científica rigurosa— hizo visible lo invisible. Es un triunfo de la arqueología moderna, un hallazgo sorprendente que, sin pretenderlo, reveló los secretos de una ciudad desaparecida durante siglos bajo el mar.

Importancia arqueológica del descubrimiento

El redescubrimiento de Thonis-Heracleion supuso un hito arqueológico sin precedentes no solo por la magnitud del yacimiento, sino por la singularidad de sus condiciones de conservación. Sumergida durante siglos bajo las aguas de la bahía de Abukir, esta antigua ciudad portuaria ofrece un retrato único de la interacción entre Egipto y el mundo griego en el período tardío.

Uno de los aspectos más significativos es su papel como punto clave en las redes comerciales del Mediterráneo oriental. Thonis (nombre egipcio) o Heracleion (nombre griego) era, según las fuentes clásicas, el principal puerto de entrada al país desde el Mediterráneo antes de la fundación de Alejandría. La ciudad, mencionada por Heródoto y Estrabón, se creía mítica hasta su descubrimiento en el año 2000.

Los hallazgos arqueológicos confirmaron que Thonis-Heracleion fue una ciudad sagrada y comercial. Entre los objetos más destacados se encuentran más de sesenta barcos naufragados del período faraónico tardío, lo que constituye la mayor concentración conocida de embarcaciones antiguas en un mismo lugar. Según Franck Goddio:

We uncovered an extraordinary density of ships, many lying almost intact on the seabed.

Descubrimos una densidad extraordinaria de barcos, muchos de ellos casi intactos sobre el lecho marino.

GODDIO, F., *Hilti Foundation Newsletter*, 2019, p. 54.

Junto a estas embarcaciones se hallaron miles de objetos rituales, monedas de oro, anillos, amuletos, estelas votivas y estatuas colosales, como la de la diosa Isis, el dios Hapi y una figura de Osiris de 5 metros de altura. Muchos de estos hallazgos provienen del templo sumergido de Amón-Gereb, centro espiritual de la ciudad. Como señala Aurélia Masson-Berghoff, comisaria de la exposición Sunken Cities en el Museo Británico:

Finding an entire religious quarter with undisturbed shrines and offering deposits is something that happens once in a lifetime.

Encontrar un barrio religioso entero con santuarios intactos y depósitos de ofrendas es algo que ocurre una vez en la vida.

MASSON-BERGHOFF, A., *British Museum Conference Paper*, 2016, p 45.

Además, el hallazgo ha permitido reevaluar el fenómeno de subsidencia y hundimiento del delta del Nilo debido a licuefacción sísmica y al aumento del nivel del mar. Las estructuras encontradas —templos, canales, muelles y calles pavimentadas—

fueron documentadas mediante levantamientos fotogramétricos y modelos 3D. Ello ha convertido a Thonis-Heracleion en un referente mundial en arqueología subacuática.

En suma, el descubrimiento de Thonis-Heracleion no solo devolvió al mundo una ciudad perdida, sino que también enriqueció nuestro conocimiento sobre las dinámicas religiosas, políticas y comerciales del Egipto tardío y helenístico. Es uno de los ejemplos más extraordinarios de cómo el azar, la tecnología y la persistencia pueden traer a la luz capítulos olvidados de la humanidad.

Toque humano: conflictos, emociones y errores

Detrás de los escáneres, las campanas de buceo y los drones submarinos, hubo personas enfrentándose a la incertidumbre, al asombro y, a veces, a la frustración.

Franck Goddio, arqueólogo subacuático francés y líder del equipo, recordaba la incredulidad inicial ante las primeras estructuras detectadas bajo la bahía de Abukir. Su misión no era encontrar una ciudad perdida, sino cartografiar el canal portuario para futuras construcciones. Pero cuando el sonar reveló formas rectilíneas y alineaciones no naturales, se instaló la duda: ¿habían encontrado algo más grande?

I remember sitting on the boat, staring at the monitor and thinking: this cannot be just sand dunes.

Recuerdo estar sentado en la lancha, mirando el monitor y pensando: esto no pueden ser solo dunas de arena.

GODDIO F., entrevista en *Smithsonian Magazine*, 2007.

Los primeros días fueron caóticos. La visibilidad bajo el agua era limitada, las corrientes, traicioneras y el barro dificultaba extraer incluso los objetos más simples. Muchos artefactos estaban incrustados en estratos compactos, y bastaba un movimiento torpe para dañarlos. En una ocasión, un fragmento de estela con inscripción fue partido accidentalmente por un brazo mecánico, lo que supuso un duro golpe para el equipo.

A nivel humano, la convivencia a bordo del barco base fue intensa. Arqueólogos, técnicos, traductores, buzos y marinos compartían espacio durante semanas, con turnos exigentes y tensiones inevitables. Sin embargo, también se forjaron lazos duraderos. Uno de los buzos egipcios, Ahmed el-Sayed, lloró al emerger con una pequeña estatua de bronce en la mano:

> Mi padre hablaba de la ciudad sumergida como si fuera una leyenda. Sostener una figura de Osiris con mis propias manos fue como saludar a mis antepasados.
>
> Ahmed el-Sayed, citado en *The Sunken City* (documental de Arte France, 2016).

No faltaron las dificultades logísticas. El permiso para excavar se prorrogaba mes a mes, y los patrocinadores presionaban por resultados concretos. En una ocasión, el generador falló en mitad de una inmersión clave, provocando un corte de energía en los equipos de buceo que obligó a abortar la operación.

Pero también hubo instantes de humor. Un operario local, al ver emerger una escultura de Hapi, exclamó que era un «gigante gordo del mar», provocando risas incluso entre los arqueólogos más serios.

Reflexión final

Durante más de 1.000 años, sus templos, estatuas, muelles y santuarios quedaron sepultados bajo el lodo del Nilo y el silencio del Mediterráneo. Nadie la buscaba ya; incluso su nombre se confundía con la leyenda. Pero allí seguía, paciente, entera en su ausencia.

Fue el azar —y la mirada atenta de quienes no se conforman con mapas cerrados— lo que permitió su regreso. El equipo de Goddio no planeaba descubrir una ciudad perdida, pero tuvo el coraje de escuchar lo que el fondo marino susurraba. La arqueología, a veces, se parece a una plegaria respondida: una mezcla de método, perseverancia y una pizca de milagro.

Ver emerger de las aguas la figura serena de Hapi, o los rostros devotos de Isis y Osiris, fue como abrir una puerta cerrada por siglos. No solo se rescató piedra y bronce, sino un fragmento del alma de Egipto. Porque, cuando Heracleion volvió a respirar, nos recordó que incluso lo olvidado puede ser hallado, y que los dioses antiguos todavía tienen historias que contar si sabemos escucharlas bajo el rumor de las olas.

32

MIKERINOS HIZO SUBMARINISMO EN ESPAÑA

Contexto histórico novelado

El viento del Mediterráneo soplaba frío aquel octubre de 1838 cuando el *Beatrice*, una goleta británica de casco de madera y aparejo alto, surcaba las aguas frente a las costas de Cartagena. En la bodega, envuelto en arpillera y protegido por listones, descansaba un bloque de basalto oscuro: el sarcófago de Menkaure, faraón de la dinastía IV a quien los griegos llamaron Micerino. Su forma rectangular y su friso tallado imitaban la fachada de un palacio real, un eco pétreo de la casa eterna del rey.

Richard William Howard Vyse, oficial británico de mirada nerviosa y voz siempre a punto de quebrarse, había pasado noches sin dormir para asegurarse de que aquella pieza llegara sana y salva a Inglaterra. La había visto por primera vez al fondo de la tercera pirámide de Guiza, tras hacer detonar carga tras carga de pólvora en pasadizos cegados por la arena y los siglos. Pegada a la pared oeste estaba la caja funeraria —vacía pero majestuosa—. Vyse la acarició como quien toca un tesoro que sabe que no le pertenece.

Ahora, en el *Beatrice*, cada crujido del casco despertaba su ansiedad. Los marineros, supersticiosos, murmuraban que transportar sarcófagos traía mala suerte. Dicen que una noche, cuando la goleta abandonaba Malta rumbo a Liverpool, las luces lejanas de la costa sentían que la historia pesaba más que el mar. El bloque de basalto era un legado: una prueba de que el Imperio británico podía apropiarse de las glorias más antiguas de Egipto.

El capitán del *Beatrice* —un tal Jennings, hombre experimentado y poco dado a supersticiones— anotaba en su cuaderno que el tiempo era estable y la carga, segura, pero nadie podía prever las borrascas que acechaban el Mediterráneo occidental aquel otoño. Cerca del cabo de Palos, la goleta se enfrentó a un temporal inesperado. Las velas crujieron, la bodega se inundó y los marineros lucharon toda la noche para aligerar peso, pero el mar se tragaba sus esfuerzos. En la confusión, nadie tuvo tiempo de asegurar del todo la caja de basalto. Un golpe de agua la desplazó, reventando tablones y dejando un hueco imposible de tapar.

Días después, el mar escupiría maderas rotas y barriles a la costa española. Del sarcófago, nada. Solo rumores: algunos pescadores decían haber visto algo oscuro sumergido cerca de Cartagena, otros afirmaban que era una sombra demasiado grande para ser una roca.

Mientras tanto, en Londres, Vyse garabateaba líneas amargas en su diario: «Lamento profundamente que el sarcófago de Micerino, que me había esforzado tanto en asegurar, se haya perdido en el mar». Pero quizá, en lo más hondo, sabía que aquel objeto no había querido abandonar Egipto del todo, que, entre la arena y las corrientes, el rey Micerino seguía guardando su morada eterna…, esta vez, bajo las aguas de un mar que no entiende de imperios ni de museos.

Cómo se produjo el naufragio y quiénes estuvieron involucrados

El descubrimiento del sarcófago de Menkaure en 1837 fue el resultado de una campaña arqueológica tan osada como rudimentaria. Richard William Howard Vyse, oficial británico y aficionado a la egiptología, decidió emplear pólvora para abrir galerías en las pirámides de Guiza junto con el ingeniero John Shae Perring. Tras una serie de detonaciones en la tercera pirámide, lograron acceder a la cámara funeraria, donde hallaron un sarcófago de basalto bellamente decorado, vacío pero intacto. Vyse lo describió así:

> It was beautifully polished, and made of a very fine, close-grained basalt. It had a projecting cornice, and was ornamented with a panelled frieze, in imitation of the facades of Egyptian houses.
>
> Estaba bellamente pulido y hecho de un basalto de grano fino. Tenía una cornisa saliente y estaba decorado con un friso en paneles que imitaban las fachadas de las casas egipcias.

> VYSE, R. W. H., *Operations carried on at the pyramids of Gizeh in 1837*, Londres, 1840, vol. 1, p. 93.

Dado su valor excepcional, Vyse decidió enviarlo a Inglaterra como pieza central de su contribución al Museo Británico. El sarcófago fue trasladado desde Guiza hasta Alejandría, donde fue embarcado en el buque mercante *Beatrice*, que zarpó en septiembre de 1838 con escala prevista en Malta. A bordo iban también otros objetos menores, pero el sarcófago era el más importante.

La travesía parecía desarrollarse sin contratiempos. Sin embargo, tras zarpar de Malta el 13 de octubre, el *Beatrice* desapareció en el Mediterráneo occidental. Según el registro de *Lloyd's List* del 21 de diciembre de 1838, se confirmó el naufragio del barco cerca de Cartagena, en la costa levantina española.

Durante décadas, el lugar exacto del naufragio permaneció desconocido. En el siglo xx, varios arqueólogos propusieron buscar el pecio frente a Cartagena. El arqueólogo egipcio Zahi Hawass declaró a la prensa:

> Es una de las mayores pérdidas en la historia de las antigüedades egipcias. Creo que el sarcófago yace en algún lugar frente a Cartagena, y debemos encontrarlo.
>
> *El País*, 12 de marzo de 2008.

A pesar de algunos intentos aislados, la tumba marítima del sarcófago de Menkaure sigue sin localizarse. La historia mezcla la euforia de un hallazgo espectacular con la tragedia de una pérdida definitiva en un accidente en el que el azar volvió a tomar el timón.

Importancia arqueológica

La pérdida del sarcófago de Menkaure en las aguas del Mediterráneo es considerada una de las tragedias más significativas en la historia de la egiptología. No solo se trataba de un objeto de gran belleza y singularidad, sino que constituía una pieza clave para comprender el arte funerario del Reino Antiguo, particularmente en su expresión más refinada y simbólica.

El sarcófago, según la descripción hecha por Howard Vyse antes de su envío, no respondía a la habitual estética monolítica de las grandes tumbas reales, sino que imitaba las fachadas de los palacios egipcios, con paneles alternos que evocaban las «fachadas en *niched style*» del período arcaico. Esta elección de estilo ha sido interpretada por varios especialistas como una forma simbólica de vincular la residencia terrenal del faraón con su morada eterna:

> *The ornamentation of Menkaure's sarcophagus reflects an architectural tradition of royal palaces, offering an image of the pharaoh's eternal house.*
>
> La ornamentación del sarcófago de Menkaura refleja una tradición arquitectónica de palacios reales, ofreciendo una imagen de la casa eterna del faraón.

LEHNER, M., *The complete pyramids*,
Thames & Hudson, Londres, 1997, p. 129.

Desde el punto de vista epigráfico, la pérdida del sarcófago dejó también un vacío. A diferencia de otros ajuares funerarios reales del Reino Antiguo, el de Menkaure parecía haber incluido inscripciones de naturaleza ceremonial, que podrían haber arrojado nueva luz sobre los rituales funerarios de la IV dinastía. Además, como lo señaló el egiptólogo Ahmed Fakhry:

> *No object from the Old Kingdom has generated more regret among scholars than the lost sarcophagus of Mycerinus.*
>
> Ningún objeto del Reino Antiguo ha generado más pesar entre los estudiosos que el sarcófago perdido de Micerino.

FAKHRY, A., *The pyramids*, University of Chicago Press,
Chicago, 1961, p. 88.

El simbolismo de su pérdida ha trascendido el hecho arqueológico. En 2008, durante una conferencia sobre repatriación de bienes culturales, Zahi Hawass mencionó el caso como ejemplo paradigmático de cómo la falta de infraestructura de conservación en el siglo XIX permitió la desaparición de piezas cruciales:

> *Had this sarcophagus remained in Egypt, it would now be in the Grand Egyptian Museum.*
>
> Si este sarcófago hubiera permanecido en Egipto, hoy estaría en el Gran Museo Egipcio.

HAWASS, Z., conferencia en El Cairo,
Unesco-Egypt Round Table, 2008.

Más allá de la nostalgia, la pérdida ha tenido un curioso efecto: consolidar el mito del sarcófago como un objeto maldito o inalcanzable, lo que ha alimentado incluso algunas campañas esporádicas para encontrar el pecio del *Beatrice*. Aunque los esfuerzos han sido infructuosos, su búsqueda continúa en la mente de muchos arqueólogos marítimos, que ven en este episodio una deuda pendiente con la historia del Egipto faraónico.

Toque humano: conflictos, emociones y errores

El entusiasmo científico no fue acompañado por las precauciones logísticas necesarias. El sarcófago fue embarcado a bordo del *Beatrice*, una goleta de bandera británica con destino a Liverpool que transportaba otros objetos arqueológicos, entre ellos, inscripciones y fragmentos recogidos en Guiza. En octubre de 1838, el

Beatrice naufragó frente a las costas de Cartagena, en España, a la altura del cabo de Palos. El mar se tragó el sarcófago, y con él, una parte irrecuperable del legado egipcio. Vyse, profundamente afectado, escribió en su diario:

> *The loss of the sarcophagus, which I had hoped would reach the British Museum, was a blow I could hardly endure. It was the noblest of the discoveries.*
>
> La pérdida del sarcófago, que esperaba ver llegar al Museo Británico, fue un golpe que apenas pude soportar. Era el más noble de los hallazgos.

Vyse, R. W. H. *op. cit.*,
Londres, 1842, vol. III, p. 119.

El naufragio tuvo además un impacto emocional sobre el equipo egipcio y local que había colaborado en la excavación y el transporte. Muchos no comprendían por qué aquel objeto debía partir hacia Inglaterra. En cartas posteriores, Vyse mencionaba las dificultades para convencer a la población local de que el sarcófago no estaba siendo robado, sino «preservado para la posteridad». Estas tensiones entre el saber europeo y el patrimonio egipcio resuenan aún hoy en los debates sobre restitución.

A lo largo del siglo XX arqueólogos y buceadores han soñado con encontrar los restos del *Beatrice*. En 2008, una expedición española liderada por el Centro de Arqueología Subacuática de Cartagena realizó una prospección en la supuesta zona del naufragio sin éxito. La búsqueda continúa siendo una historia de obsesión y lamento.

Reflexión final

La desaparición del sarcófago de Menkaune nos obliga a pensar en las relaciones de poder que rodearon los primeros años de la egiptología, en la complejidad ética de trasladar piezas, en los límites de la conservación. También en el misterio: ¿descansa aún, intacto, bajo las aguas de Cartagena?

Quizá algún día resurja. O quizá, como tantos tesoros de Egipto, seguirá siendo una presencia invisible, una historia contada desde la pérdida.

33

DE LENGUAS Y PAPIROS GRIEGOS

Contexto histórico novelado

Dicen que todo empezó una tarde, cuando un agricultor —lla-mémosle Ibrahim, como tantos Ibrahim que labran la tierra en Egipto— caminaba por el campo. Llevaba días cavando zanjas para sus raíces de cebolla sin prestar atención a los montículos de polvo y fragmentos de piedra que brotaban aquí y allá. Desde niño le habían contado historias de saqueadores que, con un golpe de pico, sacaban papiros que valían más que una casa. Pero Ibrahim apenas creía en esos cuentos: él buscaba agua, no tesoros. El hambre apretaba.

Aquella mañana, sin embargo, su pala resonó diferente. No era la resistencia terrosa de la arcilla ni la aspereza de un cascote. Se agachó y apartó la tierra con las manos. Bajo la costra blanquecina apareció el borde pulido de una tapa: una tapa de piedra caliza, tallada con jeroglíficos que Ibrahim no entendía.

Con la curiosidad venciendo al miedo, golpeó un poco más y la tapa cedió. El aire caliente del mediodía se mezcló con un aliento frío que parecía subir desde las entrañas de la necrópolis. Dentro, vio vendas ennegrecidas. Lo que le hizo retroceder no fue el lugar, sino el brillo que escapaba entre los dientes: una lámina delgada, dorada, colocada sobre la lengua del muerto. Ibrahim murmuró versos del Corán mezclados con súplicas. No era un tesoro fácil de vender: era un amuleto. Un sello de silencio, decían los viejos, para cerrar la boca de los muertos y darles una voz en la otra vida. Era oro. Aquel hallazgo no quedó solo en sus manos. Pronto corrió la noticia por el pueblo, y los chicos empezaron a excavar entre tumbas helenísticas y pozos romanos, sacando cráneos, papiros, figurillas de terracota…

Unos años después, los británicos Grenfell y Hunt llegarían para comprar lo que el desierto aún guardaba. Bajo el polvo de Oxirrinco —llamada así por el pez sagrado que devoró la carne de Osiris, según los sacerdotes antiguos—, dormían miles de fragmentos: listas de impuestos, cartas de amor, obras perdidas de Sófocles, tratados de medicina y esas lenguas de oro que aún hoy parecen susurrar cuando la luz las toca. Maravilloso.

Cómo se produjo el hallazgo y quiénes estuvieron involucrados

El hallazgo de las famosas «lenguas de oro» y de la monumental colección de papiros de Oxirrinco no fue fruto de una única excavación planificada, sino de varias campañas arqueológicas y, sobre todo, de una combinación de azar, demanda de manuscritos y un contexto local que favoreció la venta de fragmentos. Todo comenzó a finales del siglo XIX, cuando Bernard P. Grenfell y Arthur S. Hunt, bajo el patrocinio del Egypt Exploration Fund (hoy Egypt Exploration Society), pusieron su mirada en el montículo de Al-Bahnasa, conscientes de que era la antigua Oxyrhynchus, célebre por los textos clásicos que los cronistas árabes ya habían mencionado.

El método fue casi siempre el mismo: los obreros locales trabajaban cribando enormes montones de desperdicios y arena procedentes de la ciudad grecorromana abandonada. Cada paletada de tierra contenía fragmentos de papiro, trozos de cerámica, restos de tejidos y, de vez en cuando, amuletos insólitos. En algunas tumbas de época grecorromana, además, se hallaron momias con láminas de oro colocadas sobre la lengua o los ojos, una práctica conocida para asegurar que los difuntos pudieran hablar en el más allá.

Las lenguas de oro fueron halladas sobre todo en contextos familiares de clase media-alta helenística y romana tardía. Según la Egypt Exploration Society, *the discovery of the so-called gold tongues in Behnesa added a fascinating layer to our understanding of funerary rites in Roman Egypt* («El descubrimiento de las llamadas lenguas de oro en Behnesa añadió una capa fascinante a nuestra comprensión de los ritos funerarios en el Egipto romano»). (*EES Annual Report*, 2016). El volumen de papiros recuperados fue colosal. Hunt lo describió así en su diario de campo:

> *It is incredible to see how much has survived in this dry soil: legal documents, private letters, accounts, poems, all jumbled together in rubbish heaps centuries old.*
>
> Es increíble ver cuánto ha sobrevivido en este suelo seco: documentos legales, cartas privadas, cuentas, poemas, todo mezclado en montículos de basura de siglos de antigüedad.

HUNT, A. S., *Field Diary*, Bodleian Library, Oxford, 1897.

Los obreros egipcios, muchos de ellos jornaleros de aldeas cercanas, representaban un papel clave. Los supervisores británicos
negociaban cada fragmento recuperado, revisando cada trozo de
papiro bajo la intensa luz del sol de El Fayum. Cualquier pieza
completa se envolvía cuidadosamente en papel de arroz, se nu-
meraba y se embalaba para ser enviada a Oxford.

En total, Grenfell y Hunt lograron enviar a Inglaterra más
de medio millón de fragmentos, entre los que se cuentan obras
perdidas de Sófocles, fragmentos de evangelios desconocidos y
registros fiscales detallados. Como lo resumió Turner, uno de los
editores modernos de la colección:

> *The scale of the find is unmatched. Oxyrhynchus remains the largest
> single source of Greek papyri ever discovered.*
>
> La magnitud del hallazgo no tiene parangón. Oxirrinco sigue
> siendo la mayor fuente individual de papiros griegos jamás
> descubierta.

> TURNER, E. G., *Greek Papyri*, Oxford University Press,
> Oxford, 1968, p. 2.

Importancia arqueológica del descubrimiento

El hallazgo de los papiros de Oxirrinco transformó por completo
el campo de la papirología clásica y el estudio de la vida cotidiana
en Egipto durante la dominación grecorromana. A diferencia
de otros yacimientos, Oxirrinco no se limitó a ofrecer unos pocos fragmentos aislados, sino que reveló una auténtica biblioteca
fragmentaria de más de quinientas mil piezas. Como afirmaron
Grenfell y Hunt en uno de sus primeros informes:

In no other site in Egypt has so vast a quantity of Greek papyri been found.

En ningún otro lugar de Egipto se ha hallado una cantidad tan vasta de papiros griegos.

GRENFELL, B. P. y HUNT, A. S., *The Oxyrhynchus Papyri*, parte I, 1898, prefacio.

Su importancia radica, ante todo, en su variedad temática y social. Los textos incluyen desde literatura canónica perdida —como fragmentos de Sófocles, Esquilo o Safo— hasta contratos de arriendo, cartas privadas, registros judiciales y listas fiscales. Gracias a esta amplitud, Oxirrinco es una ventana directa al Egipto provincial bajo el dominio ptolemaico y romano. Como señala Peter Parsons:

Oxyrhynchus is more than a site; it is a civilization preserved in waste-paper.

Oxirrinco es más que un yacimiento; es una civilización conservada en papel de desecho.

PARSONS, P., *City of the sharp-nosed fish*, 2007, p. 1.

Desde el punto de vista literario, Oxirrinco devolvió obras que se creían irremediablemente perdidas. Entre los hallazgos más celebrados están fragmentos del *Diccionario histórico* de Hesiquio, versos inéditos de Safo y el único manuscrito casi completo del *Evangelio de Tomás*, uno de los evangelios apócrifos cristianos. El impacto de estos textos fue enorme para la filología clásica y la historia del cristianismo primitivo. Según

Dirk Obbink, uno de los papirólogos contemporáneos más vinculados al proyecto, dice lo siguiente:

> *The recovery of lost literature from Oxyrhynchus has reshaped our*
> *understanding of the ancient canon.*
> La recuperación de literatura perdida en Oxirrinco ha reformu-
> lado nuestra comprensión del canon antiguo.
>
> OBBINK, D., *The Oxford handbook of papyrology*, Oxford
> University Press, Oxford, 2009, p. 354.

No menos relevante es su valor para la historia social. La mul-
titud de cartas privadas, denuncias legales y peticiones administrativas ofrece una imagen tangible de la vida diaria: disputas por
herencias, censos de esclavos, quejas contra recaudadores de impuestos o solicitudes de grano al *sitologos* del pueblo. Según Turner:

> *It is the everyday detail that makes Oxyrhynchus unique among pa-*
> *pyrological finds.*
> Es el detalle cotidiano lo que hace único a Oxirrinco entre
> todos los hallazgos papirológicos.
>
> TURNER, E. G., *op. cit.*, 1968, p. 3.

Otro factor clave es su contribución a la paleografía y la cronología de los estilos de escritura griega y latina. La enorme cantidad de
fragmentos permite trazar la evolución de las formas de letra desde
el período helenístico hasta el Bizantino, consolidando Oxirrinco
como yacimiento de referencia para fechar documentos comparati-
vos. El Museo Británico, custodio de miles de estos textos, afirma:

The Oxyrhynchus Papyri have become the touchstone for Greek paleography.

Los papiros de Oxirrinco se han convertido en la piedra de toque de la paleografía griega.

BRITISH MUSEUM, Departamento de Manuscritos, informe anual, 1972.

En definitiva, la magnitud de Oxirrinco es tal que sigue siendo excavado y sus textos publicados más de un siglo después de las primeras campañas. Hoy se estima que apenas un 10 por ciento de su material se ha editado. Cada nuevo fragmento —por modesto que sea— puede contener una frase, una fórmula legal o un verso que cambie lo que sabemos de la Antigüedad.

Toque humano: conflictos, emociones y errores

La excavación dirigida por Bernard Grenfell y Arthur Hunt (1896-1907) fue un proceso arduo, marcado por la incomodidad, la impaciencia y la sorpresa constante. En su primer informe, Grenfell describe el paisaje:

The rubbish mounds rose like small hills, covered in coarse sand and pottery shards. Digging them was like combing through a centuries-old waste-bin.

Los montículos de basura se alzaban como pequeñas colinas, cubiertas de arena gruesa y fragmentos de cerámica. Excavarlos era como peinar un basurero de siglos.

GRENFELL, B. P. y HUNT, A. S., *op. cit.*, p. VI.

El calor del desierto del Alto Egipto convertía cada jornada en un suplicio. Los obreros locales, muchos de ellos agricultores estacionales, trabajaban sin entender qué valor podían tener aquellos trozos de papel. No era raro que algunos fragmentos se extraviaran entre las palas y cestos. Hunt llegó a anotar en su diario de campo:

> *Some of the men, mistaking papyri for mere rags, threw them back onto the spoil heaps.*
>
> Algunos hombres, tomando los papiros por simples harapos, los arrojaban de nuevo a los montones de desecho.

> *Field Diary*, Bodleian library, Oxford, 1897.

No todos los conflictos fueron con la arena y el sol. Los supervisores británicos se enfrentaron a protestas de los trabajadores egipcios por el pago tardío de salarios o las duras condiciones de trabajo. Las cartas de Grenfell revelan que, en varias ocasiones, un capataz local amenazó con abandonar la excavación si no se respetaban los turnos de descanso. El propio Grenfell lo reconoció:

> *The success of the season depended less on our scholarship than on the goodwill of our men.*
>
> El éxito de la campaña dependía menos de nuestra erudición que de la buena voluntad de nuestros hombres.

> Carta de GRENFELL, B. P., a GRIFFITH, F. L., 1898, Griffith Institute Archives.

El trabajo de conservación también tuvo sus sombras. Los primeros papiros se empapaban con aceite de linaza o se planchaban para separarlos, prácticas hoy superadas que dañaron fragmentos irreversiblemente. Parsons menciona este error clásico:

> *Thousands of papyri were fixed with resin that later darkened the ink.*
> Miles de papiros fueron fijados con resina que luego oscureció la tinta.

PARSONS, P., *op. cit.*, 2007, p. 55.

Sin embargo, hubo momentos de emoción que compensaron los fallos. El hallazgo de versos perdidos de Safo y Píndaro hizo que Grenfell escribiera a su madre:

> *One feels as if the poets were whispering from the dust.*
> Uno siente que los poetas susurran desde el polvo.

GRENFELL, B. P., carta personal, Bodleian Library, Oxford, 1903.

El impacto de Oxirrinco no acabó en el yacimiento. Ya en Londres, el proceso de catalogación fue una maratón filológica que duró décadas. En los primeros años, decenas de estudiantes y expertos voluntarios se turnaban para desenrollar fragmentos con alfileres de marfil, exponiéndose a errores y pérdidas. Dirk Obbink reconocía en su manual:

> *It is an irony that the same hands that saved Oxyrhynchus also destroyed part of it.*

Es irónico que las mismas manos que salvaron Oxirrinco también destruyeran parte de él.

OBBINK, D., *op. cit.*, 2009, p. 355.

Reflexión final

Lo que un día fueron montones de desperdicios para los griegos y romanos es hoy una de las bibliotecas más grandes que la Antigüedad pudo legar a nuestro tiempo. Y todo empezó con la intuición de unos arqueólogos que se negaron a despreciar un basurero antiguo y la paciencia de miles de ojos que, desde entonces, leen letra por letra, fragmento por fragmento.

Cuidado con lo que tiráis a la basura.

34

LA TOZUDEZ DE ORO

Contexto histórico novelado

Ocurrió en el verano de 1996. Oasis de Bahariya, a unos 380 kilómetros al suroeste de El Cairo.

Entre palmeras polvorientas y huertos sedientos, un burro cargaba ladrillos de adobe de un lado a otro para reforzar los muros del pequeño huerto de Mohammed. Nada parecía extraordinario. Ni Mohammed, que tiraba de las riendas, ni el animal testarudo como solo saben serlo los burros del desierto. Pero el campesino y su burro se conocían desde hacía años. Sabían que cada día iba a ser un tira y afloja. Era su forma de discutir, como todas las parejas.

Aquel día, al llegar al borde de una loma, el burro se negó a dar un paso más. Rebuznó, encabritó las patas y, en su pataleo, hundió una pata en un parche de tierra húmeda y quebradiza. Mohammed, molesto, tiró de él. El burro rebuznó de nuevo, más fuerte aún, hasta que una parte del suelo cedió con un crujido seco. El campesino, incrédulo, se agachó y escarbó con las manos. Bajo la costra arenosa emergieron fragmentos de cerámica, un tapón de yeso y un olor a resina seca. Llamó a su primo Ragab, que trabajaba cerca. Entre risas nerviosas, rascaron un poco más… hasta que un resplandor amarillento, mortecino, brilló al sol del oasis: un rostro dorado, intacto, miraba hacia arriba. Era la máscara funeraria de una momia de la época grecorromana. Asustados, fueron a buscar al capataz local, que detuvo las obras de inmediato y avisó a la inspección de Antigüedades.

A las pocas horas, el arqueólogo egipcio Zahi Hawass —por entonces director general de los monumentos de Guiza, Saqqara y el Oasis de Bahariya— recibió la llamada. El hallazgo era tan insólito que viajó de inmediato desde El Cairo. Aquello significaba un empujón a su carrera y ascenso. Y todo por la tozudez de un burro.

Ese verano, la brisa del oasis silbó entre los dátiles, y, mientras tanto, decenas de momias doradas salían una a una al sol tras casi dos milenios de silencio. Dicen que, desde entonces, ningún campesino de Bahariya regaña a un burro por rebuznar de más.

Cómo se produjo el hallazgo y quiénes estuvieron involucrados

El descubrimiento del llamado Valle de las Momias de Oro de Bahariya no fue fruto de una excavación planificada. Fue, como tantas veces en la historia de la arqueología egipcia, un accidente que se convirtió en un hallazgo monumental. Todo comenzó en 1996, cuando un campesino local trabajaba en unas obras de riego cerca del poblado de Bawiti, corazón del Oasis de Bahariya, y su burro pisó una cavidad bajo la arena. La historia, convertida casi en leyenda local, fue confirmada por Zahi Hawass, entonces director general del Consejo Supremo de Antigüedades para la región occidental. Hawass relató:

> *A donkey's foot broke through the roof of a tomb [...] and when the villagers dug around it, they found a mummy with a golden mask staring back at them.*
>
> La pata de un burro rompió el techo de una tumba [...] y, cuando los aldeanos excavaron a su alrededor, encontraron una momia con una máscara dorada mirándolos.

HAWASS, Z., Silent Images: women in pharaonic Egypt,
The American University in Cairo Press, 2000.

El campesino notificó el hallazgo rápidamente a las autoridades locales, que alertaron a la Inspección de Antigüedades de El Cairo. Hawass se trasladó al lugar de inmediato. En su informe para *National Geographic*, describió cómo, bajo la arena del oasis, se extendía un vasto cementerio datado en época grecorromana (siglos I a. C.-IV d. C.), único por la gran cantidad de momias con máscaras y coberturas doradas:

> *This was the largest burial ground ever found in Egypt since the discovery of the Valley of the Kings.*
>
> Este era el mayor cementerio jamás hallado en Egipto desde el descubrimiento del Valle de los Reyes.

HAWASS, Z., National Geographic, 2000.

Durante la primera campaña, que duró entre 1996 y 1999, Hawass y su equipo —compuesto principalmente por arqueólogos egipcios, restauradores y obreros locales— excavaron unas 250 momias, aunque las prospecciones geofísicas indicaban la posible existencia de hasta diez mil individuos. El contexto era tan excepcional que atrajo inmediatamente la atención de universidades y museos de todo el mundo.

El trabajo no fue sencillo. El terreno del oasis, formado por capas de arena y depósitos salinos, obligó al equipo a improvisar técnicas de consolidación rápida para estabilizar los corredores funerarios y las cámaras laterales. En palabras de Hawass:

> *Many of the mummies were so well preserved that they looked as if they had just been buried yesterday. But the dry sand is both a blessing and a curse: it preserves, but when disturbed, everything becomes fragile.*
>
> Muchas de las momias estaban tan bien conservadas que parecían recién enterradas. Pero la arena seca es bendición y maldición a la vez: preserva, pero cuando se remueve, todo se vuelve frágil.
>
> HAWASS, Z., *op. cit.*

Uno de los hallazgos más icónicos fue una momia envuelta con lino fino, recubierta con un cartonaje dorado que representaba rasgos idealizados y ojos incrustados de pasta vítrea. Este estilo conecta directamente con la tradición de los retratos de momias de El Fayum, pero con un toque más teatral y cargado de simbolismo funerario. Hawass lo resumió así:

> *These golden faces were meant to ensure the immortality of the soul — they were the last thing the deceased wore before meeting Osiris.*

Estas caras doradas tenían como objetivo garantizar la inmortalidad del alma: eran lo último que llevaba puesto el difunto antes de encontrarse con Osiris.

HAWASS, Z., entrevista en *Al-Ahram Weekly*, 2000.

La magnitud del hallazgo obligó a cerrar la zona al público durante años, mientras se desarrollaban planes de conservación y se construía un almacén subterráneo para albergar las momias más delicadas. El impacto fue tal que Bahariya se convirtió en un símbolo de la arqueología de rescate en Egipto, con campañas que combinaban prospección geofísica, restauración *in situ* y participación de comunidades locales.

Importancia arqueológica del descubrimiento

El hallazgo transformó radicalmente la comprensión de las prácticas funerarias grecorromanas en los oasis egipcios. Uno de los aspectos más valiosos para la arqueología es la combinación de estilos artísticos que muestran estas momias. Aunque se trata de enterramientos de época romana, sus máscaras doradas recuerdan claramente la tradición faraónica de los sarcófagos dorados. Esta hibridación iconográfica refleja el sincretismo religioso que marcó la vida de las comunidades rurales del oasis de Bahariya durante los siglos I-IV d. C. Según el propio Hawass, la iconografía demuestra que, a pesar de la ocupación romana, la mentalidad egipcia sobre la vida después de la muerte permaneció intacta:

These golden masks link the Roman period with the pharaonic belief in eternal life.

Estas máscaras doradas vinculan el período romano con la creencia faraónica en la vida eterna.

HAWASS, Z., entrevista en *National Geographic*, 2000.

A nivel antropológico, el cementerio de Bahariya ofrece un archivo casi intacto de una población rural próspera y heterogénea. Las momias varían desde individuos de alto rango —con máscaras completas de cartonaje dorado y retratos pintados— hasta enterramientos más modestos. Esta diversidad de tratamiento funerario confirma que, incluso bajo dominio romano, los oasis egipcios mantenían jerarquías sociales bien definidas. Como apuntó el egiptólogo Salima Ikram, especialista en técnicas de momificación:

What makes Bahariya so unique is the state of preservation. We can see hairstyles, clothing, jewelry: it's a window into a forgotten community.

Lo que hace tan único a Bahariya es su estado de conservación. Podemos ver peinados, vestimenta, joyas: es una ventana a una comunidad olvidada.

IKRAM, S., entrevista en *Archaeology Magazine*, 2002.

El hallazgo también ha ayudado a revisar teorías sobre la economía de los oasis en la Antigüedad. Las ofrendas encontradas —amuletos, monedas romanas, figurillas— prueban la riqueza de Bahariya como centro agrícola y ganadero, clave en las rutas caravaneras que conectaban Egipto con Libia.

Otro factor crucial es la información paleopatológica que ofrece el yacimiento. Análisis preliminares de las momias revelaron patologías como artritis, caries extensas y enfermedades metabólicas, permitiendo reconstruir aspectos de la salud y la dieta en un entorno árido. Como señaló la investigadora Caroline Wilkinson en una entrevista de 2003 en *BBC History*:

> *Studying these mummies expands our understanding of how people adapted to harsh desert life while maintaining complex mortuary traditions.*
>
> Estudiar estas momias amplía nuestra comprensión de cómo la gente se adaptaba a la dura vida del desierto mientras mantenía tradiciones mortuorias complejas.

Toque humano: conflictos, emociones y errores

Lo que empezó como un hallazgo accidental —sí, el famoso burro— pronto se transformó en una historia de tensiones, esperanzas, turismo desbordado y desafíos de conservación para una comunidad que nunca imaginó custodiar miles de momias doradas. En las semanas siguientes a los primeros descubrimientos, el oasis, tradicionalmente aislado, se convirtió en epicentro de atención mundial. Lo recordaba así Zahi Hawass:

> *We were suddenly surrounded by journalists, photographers, even curious tourists… Bahariya was not prepared for this.*
>
> De repente estábamos rodeados de periodistas, fotógrafos, incluso turistas curiosos… Bahariya no estaba preparado para esto.

HAWASS, Z., *op. cit.*

Las familias locales, muchas de ellas dedicadas a la agricultura, comenzaron a presionar para participar en la excavación. Algunos campesinos abandonaron temporalmente sus campos para trabajar como obreros en las cuadrillas de limpieza y documentación. No faltaron los rumores de que se ocultaban piezas valiosas o se «perdían» joyas. Según declaró el inspector Ali Abdelkader en *Egypt Independent* (2000):

> *There were daily arguments. People demanded a share in what they believed was «their gold». But these mummies are not treasure chests; they are people's ancestors.*
>
> Había discusiones diarias. La gente exigía una parte de lo que creían que era «su oro». Pero estas momias no son cofres del tesoro; son los antepasados de la gente.

Los conflictos no solo fueron con la población local. Dentro del equipo hubo desencuentros sobre qué hacer con las momias menos vistosas. Varios técnicos querían priorizar las máscaras doradas, dejando apartadas momias sin decoraciones, pero Salima Ikram insistió en registrar cada cuerpo, sin importar su riqueza aparente:

> *Each mummy tells a story. The humble ones may even tell us more about daily life than the golden masks.*
>
> Cada momia cuenta una historia. Las más humildes pueden contarnos más sobre la vida cotidiana que las máscaras doradas.

IKRAM, S., *op. cit.*

Otro problema humano fue la logística. El oasis carecía de laboratorios de conservación adecuados. El calor extremo y la falta de materiales pusieron en riesgo varios cartonajes. La conservadora italiana Alessandra Fiumicino, que asesoró brevemente al equipo, señaló la paradoja de excavar más de lo que se podía proteger:

> *There's always this tension: the pressure to find more, versus the duty to preserve what's already found.*
>
> Siempre existe esta tensión: la presión de encontrar más frente al deber de preservar lo ya encontrado.

FIUMICINO. A., entrevista en *National Geographic*, 200, documental.

No faltaron escenas de pura humanidad. Un grupo de obreros del oasis improvisó una pequeña tienda de té junto a las zanjas, donde se servían vasos calientes a conservadores exhaustos y periodistas extranjeros. Entre ellos, un joven obrero, Hamdi, contó a la prensa cómo soñaba con que su aldea prosperara gracias a las momias:

> *We believe the golden people will bring us luck. Maybe our children will not have to leave the oasis to find work.*
>
> Creemos que la gente dorada nos traerá suerte. Quizá nuestros hijos no tengan que irse del oasis para encontrar trabajo.

HAMDI, entrevista local recogida en *Al-Ahram Weekly*, 2000.

Pero la prosperidad no llegó tan rápido. Con el paso de los años, Bahariya quedó marcada por el reto de mantener la necrópolis protegida frente a saqueadores y erosión natural.

Reflexión final

Rostros, anónimos. Hombres y mujeres que durmieron con la esperanza de la eternidad en medio de un oasis lejos de las grandes necrópolis. El oro brilla, pero brillan más los rostros de estas momias que hallan esta inmortalidad en nuestra mirada.

EPÍLOGO

El trabajo del arqueólogo combina un conocimiento pleno de la zona de estudio, gran olfato para las antigüedades y pasión absoluta por la exploración. Desde hace un par de siglos, cada explorador, científico o aventurero lanzado a escudriñar los rincones del país egipcio ha deseado demostrar estas condiciones a partir de sus descubrimientos, historias y publicaciones. Además, el público —tanto el popular como el académico— ha recibido las noticias con auténtico entusiasmo por lo antiguo y lo exótico, contribuyendo a incluir los avances de estas expediciones en los libros de Historia. Sin embargo, un factor que cuesta identificar es el *azar* arqueológico, fenómeno que juega un rol fundamental en muchos de los descubrimientos del antiguo Egipto. En ese sentido, el autor de *La cabra que encontró a Ramsés II* consigue rastrear y describir detalladamente el papel que la suerte, el accidente o la coincidencia jugó en cada uno de los descubrimientos más famosos de la historia y, mucho más importante, consigue mostrárnoslo con una sencillez y un tono absolutamente entretenidos.

Uno podría preguntarse... ¿qué sabríamos del descubrimiento de la tumba de Tutankamón por Howard Carter, del hallazgo casual del busto de Nefertiti por Ludwig Borchardt, del pozo de la reina Hetepheres encontrado por un equipo de Harvard o del emplazamiento de la *cachette* real de Deir el-Bahari fisgado por los Abdul Rassul sin la intervención del azar? Es evidente que la aparición de episodios excepcionales —cual pistas en el camino— han ofrecido en muchos casos las pruebas necesarias para indagar en esos lugares: unos simples escalones excavados con esmero en el suelo de un *wadi* rocoso, la visión de un busto de yeso entre los escombros del taller de un escultor, el hundimiento del trípode de una cámara en una fisura de aspecto peculiar o la indocilidad de una cabra rebelde que cayó a un pozo de El-Qurna tornaron las cartas del destino a favor de sus descubridores, recortando las distancias que hasta entonces existían entre la vida de los antiguos y el asombro de los modernos... De todo ello nos ha hablado en su libro Gonzalo Gómez, acercándonos a través de las casualidades y lo anecdótico a lo histórico y científico.

Es evidente que el azar —término asociado a la palabra «azahar» y derivado del árabe *az-zhar* («flores»)— juega un papel importante en cada decisión, plan o iniciativa de nuestra vida. Aunque sin él podamos afrontar los retos que nos surgen, uno siempre desea que el azar caiga de su lado y que, al menos, no suponga un obstáculo. En el mundo de la arqueología egipcia actual también es importante contar con el azar necesario para salir adelante. El camino de las expediciones arqueológicas nunca fue sencillo; ni lo fue entonces ni lo es ahora. En la fase inicial de la Egiptología, exploradores y aventureros se enfrentaron a problemas de financiación y mecenazgo, gestión de los equipos y de su

abastecimiento en territorios desconocidos y la falta de una legis-
lación propia de países aún en desarrollo; en la actualidad, desde
su configuración como equipos científicos con la participación
de expertos y estudiantes de varias disciplinas hasta su despliegue
en el yacimiento con trabajos de diversa índole, las expediciones
científicas siguen necesitando de las mejores de las suertes para
poder empezar sus trabajos y progresar en la comprensión del
yacimiento de su concesión.

Por ello puede decirse que la aventura arqueológica implica
un esfuerzo ingente en preparativos, búsqueda de financiación,
gestión administrativa y la organización científica de las tareas
de campo a realizar en Egipto. La experiencia del que les escribe
—aunque haya sido positiva en general—, siempre ha reque-
rido de una buena dosis de paciencia y un esfuerzo continuo
por dotar al equipo de las mejores condiciones posibles: así, al
requisito económico que permite que una expedición pueda de-
sarrollar su campaña anualmente hay que añadir la aprobación
de los permisos del Ministerio de Turismo y Antigüedades y de
los Servicios de Seguridad egipcios que, como suele ocurrir con los
trámites «de palacio», suelen ir despacio. Una vez el equipo consigue superar estos trámites —con un poco de ayuda del destino— procede a desplazarse al lugar de trabajo e iniciar allí
las excavaciones arqueológicas. Y es entonces cuando todos los
miembros del equipo empiezan a soñar con una buena campaña, repleta de tareas, hallazgos y avances que les permitan seguir
reconstruyendo el puzle del pasado. Es ahí cuando el azar hace
de las suyas…

Como indica Gonzalo Gómez en su obra, los planes de trabajo, la adquisición de materiales y la aplicación exacta de directri-
ces discutidas antes del viaje no aseguran un gran descubrimiento,

aunque al menos permiten recopilar la evidencia necesaria para dar sentido (científico) a la acumulación de estratos, escombros, textos, objetos y monumentos. En la actualidad, además, debemos enfatizar la rapidez y precisión de muchos resultados mediante la aplicación de nuevas tecnologías como el uso de imágenes satélite, los análisis de ADN, la fotografía multiespectral, la aplicación de la IA en la interpretación de inscripciones, el escaneo láser de estructuras monumentales o la reconstrucción del clima y el paisaje, por mencionar algunos ejemplos. En cierto modo, todo ello se debe entender como un adelanto de la Humanidad que aspira en el siglo XXI —a través de los mismos— a no depender en tanta medida del azar y producir descubrimientos por medios científicos estrictamente. Y sin embargo, siempre nos quedará el azar, el destino, la casualidad y la coincidencia… que seguirán jugando un papel primordial en la búsqueda de lo desconocido.

La lectura del presente libro nos ofrece el privilegio de explorar no solo la historia de algunos de los grandes descubrimientos arqueológicos en Egipto sino el lado más humano e íntimo de las aspiraciones y obsesiones de estos arqueólogos e historiadores, dispuestos a resolver los antojos del paso del tiempo; además, nos permite ser testigos de las respuestas que el azar ofreció en cada uno de estos casos. Pocas son las coincidencias que no vengan acompañadas, como hemos visto en esta obra, de pequeños guiños del destino. ¡No en vano la cabra que ayudó a descubrir el escondrijo de momias del Reino Nuevo era llamada en árabe (*Zahra*) con el mismo vocablo que viene a representar nuestra suerte de destino! Y no es casualidad tampoco que este epílogo haya sido completado justo cuando se inaugura el *Grand Egyptian Museum (GEM)* en El Cairo, lugar que atesora muchos de los hallazgos fascinantes discutidos en esta excelente obra y que fueron, sin duda alguna, fruto de combinar la pasión, el conocimiento y la pizca de suerte.

¡*Inshallah*, otros descubrimientos alcancen a sorprendernos muy pronto!

ANTONIO J. MORALES RONDÁN, desde Alcalá de Henares.

BIBLIOGRAFÍA

ARES, N., *El valle de las momias de oro*, Oberón, Madrid, 2004.

—, *Desenrollando momias: Los grandes aventureros de la arqueología*, Planeta, Barcelona, 2018.

—, *Cosas maravillosas: cien años del descubrimiento de Tutankhamón*, Espasa, Madrid, 2022.

ARNOLD, D., *El templo de Luxor*, The American University in Cairo Press, El Cairo, 1999.

—, *Temples of the last pharaohs*, Oxford University Press, Oxford, 1999, p. 22.

AUFDERHEIDE, A., *The scientific study of mummies*, Cambridge University Press, Cambridge, 2003, pp. 345-346.

BAGNALL, R. S., *Reading papyri, writing ancient history*, Routledge, Londres, 1995.

BARD, K. A., *An introduction to the archaeology of ancient Egypt*, Blackwell Ltd, Oxford, 2008, p. 144.

BELZONI, G. B., *Narrative of the Operations and Recent Discoveries within the Pyramids, Temples, Tombs, and Excavations in Egypt and Nubia*, John Murray, Londres, 1820.

—, *Narrative of the Operations and Recent Discoveries within the Pyramids, Temples, Tombs, and Excavations in Egypt and Nubia; and of a Journey to the Coast of the Red Sea, in Search of the Ancient Berenice; and Another to the Oasis of Jupiter Ammon*, John Murray, Londres, 1820, p. 307.

BORCHARDT, L., *Diario de excavación*, Ägyptisches Museum Archiv, Berlín, 1912.

BOUCHARD, P.-F.-X., *Lettre à l'Institut d'Égypte, juillet 1799*; cit. en Chassinat, *L'expédition d'Égypte 1798-1801*, El Cairo, 1910.

Carnet de notes de terrain, Tanis, 1859, IFAO Archives.

CARTER, H. y MACE, A. C., *The tomb of Tut-ankh-Amen*, Cassell and Company, Londres, 1923.

CENTER FOR TEBTUNIS PAPYRI, *Archival collections and excavation records*, University of California, Berkeley, Berkeley, s. f.

CHAMPOLLION-FIGEAC, J.-F., *Lettre à Monsieur Dacier*, Diderot, París, 1822, p. 3.

CHAMPOLLION-FIGEAC, J.-J. (fils), *Souvenirs sur Champollion, son oncle*, Maison Baratier, Grenoble, 1868, p. 45.

CNRS-IFAO MISSION DU WADI AL-JARF, *Les papyrus de la Mer Rouge. Rapports de fouilles 2011-2017*, CNRS Éditions e Institut Français d'Archéologie Orientale, París/El Cairo, 2017.

DESROCHES NOBLECOURT, C., *Toutânkhamon*, Presses Universitaires de France, París, 1963.

—, *La femme au temps des pharaons*, Hachette Littératures, París, 1996, p. 128.

Diario de campo de Petrie, MS 1234, EES Archives.

DIXON, W. y GRANT, J., *Account of the Excavations in the Great Pyramid of Gizeh. Proceedings of the Society of Antiquaries of Scotland*, 9, 1873, 473-480 (esp. p. 473).

—, *La vie des Égyptiens au temps des Ramsès*, Hachette, París, 1987.

DODSON, A., *After the pyramids*, I. B. Tauris, Londres, 2000, p. 120.

—, *The Royal Tombs of Ancient Egypt: the history of the tombs of the pharaohs and the queens of the New Kingdom*, Pen & Sword Books, Barnsley, 2016.

EGYPT EXPLORATION SOCIETY (EES), *Excavations reports, Saqqara and Abydos Missions*, Egypt Exploration Society Archives, Londres, 1903-2024.

EL-SAGHIR, M., *The Discovery of the Statuary Cachette of Luxor Temple*, Philipp von Zabern, Maguncia, 1991, p. 25.

FAKHRY, A., *The pyramids*, University of Chicago Press, Chicago, 1961, p. 88.

FIRTH, C. M., *Excavations at Saqqara*, Egypt Exploration Society, Londres, 1926.

GABRA, *Les catacombes de Thot à Hermopolis-Ouest*, IFAO, El Cairo, 1930, p. 7.

GILLINGS, R. J., *Mathematics in the Time of the Pharaohs*, Dover Publications, Nueva York, 1982, p. 44.

GODDIO, F., *Hilti Foundation Newsletter*, 2019, p. 54.

GODDIO, F. / INSTITUT EUROPÉEN D'ARCHÉOLOGIE SOUS-MARINE (IEASM), *Heracleion (Thonis) underwater excavations reports*, IEASM, París, 2000-2020.

GOYON, G., *La découverte des trésors de Tanis*, Flammarion, París, 1959.

GRENFELL B. P. Y HUNT A. S., *Field Diary, Tebtunis Season* 1899-1900, Bodleian Library, Egypt Exploration Fund Archive, Oxford, Ms. Gr. Class. d. 69 (p. 17, entrada fechada el 16 de enero de 1900).

—, *The Oxyrhynchus Papyri*, parte I, 1898, prefacio.

GRENFELL, B. P., HUNT, A. S. Y SMYLY, J. G., *The Tebtunis papyri*, Henry Frowde (Oxford University Press), Londres, 1900.

GRIFFITH, F. LL., *Letters to Amelia Edwards*, Petrie MSS, UCL Archives.

—, *Petrie Papyri*, Bernard Quaritch, Londres, 1898, p. 10.

HAWASS, Z., *Silent Images: women in pharaonic Egypt*, The American University in Cairo Press, 2000.

—, conferencia en El Cairo, Unesco-Egypt Round Table, 2008.

HUNT, A. S., *Field Diary*, Bodleian Library, Oxford, 1897.

IKRAM, S., *Death and burial in ancient Egypt*, AUC Press, El Cairo, 2003, p. 112.

IMHAUSEN, A., *Mathematics in ancient Egypt*, Princeton University Press, Princeton, 2016, p. 38.

IVERSEN, E., *The myth of Egypt and its hieroglyphs in European tradition*, Princeton University Press, Princeton, 1961, p. 103.

KLOTZ, D., *Sacred gifts and worldly treasures*, AUC Press, El Cairo, 2012, p. 56.

LEGRAIN, G., *Catalogue général des antiquités égyptiennes du Musée du Caire: momies royales de Deir el-Bahari*, Institut Français d'Archéologie Orientale, El Cairo, 1903.

LEHNER, M., *The complete pyramids*, Thames & Hudson, Londres, 1997, p. 124.

Lettre de Mariette à É. de Rougé, Archives du Département des Antiquités Égyptiennes, Musée du Louvre, El Cairo, 1859.

MARIETTE, A., *Le Sérapeum de Memphis*, París, 1857, p. 12.

—, *Notice des principaux monuments exposés dans les galeries du Musée d'antiquités égyptiennes de S. A. le Vice-Roi à Boulaq*, Imprimerie du Gouvernement, El Cairo, 1864.

Voyage dans la Haute-Égypte, Didier et Cie, París, 1878, p. 3.

MAROUARD, G. y MATARIYA ARCHAEOLOGICAL PROJECT, *Matariya Archaeological Project Report, Heliopolis*, Egyptian Ministry of Tourism and Antiquities, El Cairo, 2017.

MASPERO, G., *Rapport sur la cachette royale de Deir el-Bahari*, París, Imprimerie Nationale, 1881, p. 5.

—, «Les momies royales de Deir el-Bahari», *Mémoires de la Mission Archéologique Française au Caire*, 1, 1889, pp. 511-516.

MASSON-BERGHOFF, A., *British Museum Conference Paper*, 2016, p. 45.

Matariya Archaeological Project Report, 2017, p. 16.

MONTET, P., *La nécropole royale de Tanis*, Imprimerie de l'Institut Français d'Archéologie Orientale, París, 1947.

MORALES, A. J., *The transmission of the Pyramid Texts of Nut: analysis of their distribution and role in the Old and Middle Kingdoms*, Helmut Buske Verlag, Hamburgo, 2017.

—, *Mitos y leyendas del antiguo Egipto*, Athenaica, Sevilla, 2020.

MORAN, W., *The Amarna Letters*, Johns Hopkins University Press, Baltimore, 1992, p. 23.

MUHLBERGER, S., «Review of The Tebtunis Papyri», *Journal of Roman Archaeology Supplement*, 98, 2014, pp. 211-214.

MURRAY, M. A., *Excavation journal*, Archivo del Egypt Exploration Fund, 1902.

—, *The Osireion at Abydos*, Egypt Exploration Fund, Londres, 1903.

—, «The Tomb of Osiris at Abydos», *Journal of Egyptian Archaeology*, 1, 1914, p. 57.

NUNN, J. F., *Ancient Egyptian medicine*, British Museum Press, Londres, 1996.

PARSONS, P., *City of the sharp-nosed fish*, 2007, p. 1.

PEET, T. E., The *Rhind Mathematical Papyrus*, British Museum, Londres, 1923.

PETRIE, W. M. F., *Kahun, Gurob, and Hawara*, Kegan Paul, Trench, Trübner & Co., Londres, 1890.

—, *Illahun, Kahun and Gurob*, David Nutt, Londres, 1891.

—, *Abydos*, II, Egypt Exploration Fund, Londres, 1903, vol. II, p. 3.

—, *Seventy years in archaeology*, Sampson Low, Marston & Co., Londres, 1931.

POLISH CENTRE OF MEDITERRANEAN ARCHAEOLOGY (PCMA), *Newsletter – Abusir Excavations: discovery of the tomb of Wahi-bre-mery-Neith*, University of Warsaw, Varsovia, 2022.

QUIBELL, J. E., *Excavations at Saqqara (1911-1912)*, Egypt Exploration Fund, Londres, 1911.

—, *The Tombs of Saqqara*, EES Archives, El Cairo, 1928, p. 42.

RAINEY, A. F. Y NOTARIUS, H., *The el-Amarna correspondence*, Brill, Leiden, 2015, p. 23.

RAY, J., *The Rosetta Stone and the rebirth of ancient Egypt*, Profile Books, Londres, 2007, p. 12.

REEVES, N., *The complete Tutankhamun: the king, the tomb, the royal treasures*, Thames & Hudson, Londres, 1990.

—, *Valley of the Kings: the decline of a royal necropolis*, Kegan Paul International, Londres, 1990, p. 132.

REISNER, G. A. Y SMITH, W. S., *A history of the Giza necropolis II*, Harvard University Press, Cambridge (EE.UU.), 1955, p. 3.

SCHIAPARELLI, E., *La tomba Intatta dell'Architetto Kha e della sua Sposa Merit*, R. Accademia Albertina, Turín, 1908, p. 15.

STIERLIN, H., *Le buste de Néfertiti: une imposture de l'égyptologie?*, Éditions Georg, Ginebra, 2009.

TALLET, P., *Les papyrus de la Mer Rouge: le journal de Merer*, Institut Français d'Archéologie Orientale / CNRS Éditions, El Cairo/París, 2017.

TAYLOR, J. H., *Journey through the afterlife: ancient Egyptian Book of the Dead*, British Museum Press, Londres, 2010, p. 42.

TUNA EL-GEBEL, *Carnet de fouilles*, Archives de l'IFAO, saison 1932-1933.

TURNER, E. G., *Greek Papyri*, Oxford University, Osford, 1968, p. 2.

TYLDESLEY, J., *Tutankhamun: the search for an Egyptian king*, Profile Books, Londres, 2012.

VYSE, R. W. H., *Operations carried on at the pyramids of Gizeh in 1837*, Londres, 1840, vol. 1, p. 93. WATTERSON, B., *The gods of ancient Egypt*, Routledge & Kegan Paul, Londres, 1984.

WILDUNG, D., *Nofretete: Ägyptens schönste Königin*, Prestel, Múnich, 1999.

YOYOTTE, J., *Tanis, l'or des pharaons*, Réunion des Musées Nationaux, París, 1987.